Friedhelm Schmidt-Welle

Mexiko als Metapher

Inszenierungen des Fremden
in Literatur und Massenmedien

Diese Publikation erscheint mit finanzieller Unterstützung
des Wilhelm und Alexander von Humboldt-Sonderlehrstuhls
des Deutschen Akademischen Austauschdienstes.

Averell Dalton: „Knrps! Ich liebe die exotische Küche.
Wie nennt sich denn die delikate Kruste hier um die Frizoles?"
Emilio Espuelas: „Die nennt sich Tonschüsselchen, Amigo!"
(*Lucky Luke. Tortillas für die Daltons*)

Friedhelm Schmidt-Welle

Mexiko als Metapher

Inszenierungen des Fremden
in Literatur und Massenmedien

edition tranvía · Verlag Walter Frey
Berlin 2011

Bibliografische Information der Deutschen Bibliothek
Die Deutsche Bibliothek verzeichnet diese Publikation in der
Deutschen Nationalbibliografie; detaillierte bibliografische
Daten sind im Internet über http://dnb.ddb.de abrufbar.

Druck: Rosch-Buch, Scheßlitz
ISBN 978-3-938944-49-3
Berlin 2011

edition tranvía · Postfach 15 04 55 · 10666 Berlin
E-mail: Tranvia@t-online.de · Internet: www.tranvia.de

*Dieses Buch wurde auf alterungsbeständigem und säurefreiem Papier
gedruckt.*

INHALT

1. Einleitung   7

2. Harry Graf Kessler: Der Dandy und das Ende des Reisens   17

3. Mythos Revolution: John Reed und Sergei Eisenstein   29

   3.1 Literarische Reportage und Selbstvergewisserung
      im Angesicht der Revolution   29

   3.2 Vitalität und Revolution: Eisensteins ewiges Mexiko   35

4. Fern der Utopie und jenseits moderner Zivilisation.
   Mexiko in den Reiseberichten von D. H. Lawrence,
   Aldous Huxley und Graham Greene   49

   4.1 Ein zivilisationsmüder Engländer bei den ‚Wilden‘   50

   4.2 „Und haben wir die Wilden verstehn gelernt, entdecken wir,
      daß wir auch die Zivilisierten verstehn." Aldous Huxley
      auf D. H. Lawrence' Spuren in Mexiko   59

   4.3 Unter Geiern. Graham Greene besichtigt die mexikanische
      Revolution und ihre Folgen   67

5. Böses Blut: *Die gefiederte Schlange* und *Die Kraft und die
   Herrlichkeit*   77

   5.1 Von Quetzalcoatl zur christlichen Dreifaltigkeit   77

   5.2 Land ohne Gott. Graham Greenes Tabasco   87

6. Auf der Suche nach dem surrealistischen Land *par excellence*:
   André Breton und Antonin Artaud   93

   6.1 André Bretons wunderbares Mexiko   93

   6.2 Antonin Artaud im Land des Rauschs   100

7. Egon Erwin Kisch: Literarische Reportage und Exil
   in Mexiko   111

8. Vom *Greaser* zum *Good Neighbor* und zurück:
Mexiko in US-amerikanischen Filmen 125

9. Stierkampf, Barbarei und die Fremdheit des Eigenen 151

9.1 Abscheu und Faszination des Barbarischen:
Alfons Goldschmidt, Jack Kerouac, Katherine Anne Porter 153

9.2 Maryse Holders und James M. Cains wahre Machos 161

9.3 „Blut, echtes Blut" 164

9.4 Stierkampf als exemplarische Mexikoerfahrung 166

10. Grenzgänger: B. Traven, Malcolm Lowry und Luis Buñuel 169

10.1 B. Traven: Von der anarchistischen Utopie zur Kritik
der mexikanischen Revolution 169

10.2 Malcolm Lowry: Die Abgründe des Eigenen 176

10.3 Luis Buñuel in Mexiko: Zwischen Kompromiss und Kritik 181

11. Exotisierung und Selbstexotisierung 189

Bibliografie 205

Filmografie 225

1.

EINLEITUNG

Das vorliegende Buch ist das Ergebnis der unregelmäßigen Befassung mit der Repräsentation von Alteritätserfahrungen in Literatur und Massenmedien über einen Zeitraum von nahezu zwanzig Jahren. Da ich mich mit diesem Thema immer wieder auseinandergesetzt habe, schlugen sich die Ergebnisse meiner Forschung überwiegend in Form von verstreut publizierten Aufsätzen sowie Seminaren an Universitäten in Deutschland (Freie Universität Berlin) und Mexiko (Universidad Nacional Autónoma de México, Universidad de Guadalajara, Universidad Autónoma de Nuevo León, Monterrey) nieder.

Trotz solcher im akademischen Betrieb nicht eben ungewöhnlicher Widrigkeiten lassen die Aufsätze neben einer thematischen Kontinuität über die Jahre eine Weiterentwicklung und Änderung meiner Forschungsperspektive erkennen, die grob folgendermaßen umrissen werden kann: Ging es mir zu Beginn der Auseinandersetzung mit dem Thema vorwiegend um eine Kritik der exotistischen Fantasien und Bilder, die sich europäische sowie US-amerikanische Literaten und Filmemacher von Mexiko im 20. Jahrhundert gemacht haben (Schmidt 1992a, 1992c, 1997), so rückten später die Wechselwirkungen von Fremd- und Selbstbildern (Schmidt-Welle 2007), die Asymmetrien in den europäisch-lateinamerikanischen Kulturbeziehungen, die Geschichte sowie die Wege und Irrwege der wechselseitigen Perzeption und Rezeption in den Vordergrund (Birle/Schmidt-Welle 2007; Römer/Schmidt-Welle 2007). Anders gesagt, der Schwerpunkt meiner Forschung verschob sich nicht zuletzt aufgrund weiterer Forschungsinteressen von der klassischen Imagologie zur mehr an den kulturellen Wechselwirkungen orientierten Befassung mit den Austausch- und Transkulturationsprozessen zwischen verschiedenen kulturellen Sphären.

Dies geschah auch vor dem Hintergrund einer allgemeinen Verschiebung der Forschungsansätze in der Literaturwissenschaft. Für die Imagologie und die Alteritätsforschung (Holdenried 2004) seit den 1970er Jahren waren die Ansätze von Edward Said (1991) zur Geschichte des Orientalismus, Tzvetan Todorovs zur Eroberung der Amerikas (1982) sowie die Arbeiten Michel de Certeaus (1986) und Stephen Greenblatts (1991) von entscheidender Bedeutung. Daneben spielten diverse *cultural turns* (Bachmann-Medick 2006) eine Rolle, welche die Verarbeitung ethnologischer

Forschungsansätze – etwa der selbstkritischen Ethnologie James Cliffords (1988) und Clifford Geertz' (1973a, 1988, 1991) – in der Literaturwissenschaft mehr denn je salonfähig machten (Iser 1993).

Seit den 1980er Jahren rückten daneben Deutungen kultureller Übersetzung im postkolonialen Kontext (Bassnett/Trivedi 1998) sowie Theorien der Heterogenität und Hybridität (Bueno Chávez 2004; Cornejo Polar 1982, 1994; García Canclini 1990; Schmidt-Welle 2006) in den Vordergrund, welche die besondere Komplexität transkultureller, vor allem postkolonialer Prozesse verdeutlichen sollten. Darüber hinaus gewannen auch Arbeiten zu performativen kulturellen Techniken (Fischer-Lichte 2001) sowie zu Rollen, Ritualen und Inszenierungen (Kolesch 2004) für die Untersuchung des Eigenen und des Fremden an Bedeutung. Hinzu kommt eine veränderte Deutung der historischen Beziehungen der sogenannten „alten" und „neuen" Welt in der Geschichtswissenschaft, die Fragen der gegenseitigen Perzeption und Rezeption sowie des Wissenstransfers und der Wissenszirkulation im atlantischen Raum stärker gewichtet (Bailyn 2005).

Die Paradigmenwechsel innerhalb der Forschung dürfen aber nicht darüber hinwegtäuschen, dass auch Begriffe wie kulturelle Übersetzung, Wissenstransfer und Wissenszirkulation ihre Tücken haben. Zwar betonen sie die Austauschprozesse und damit die Dynamik der wechselseitigen Perzeption und Rezeption. Doch suggerieren sie des Öfteren ein Gleichgewicht des Transfers und der Zirkulation, das in der Realität nur in Ausnahmefällen gegeben ist. Allerdings konnte durch die veränderten Begrifflichkeiten eine Tendenz zur ahistorischen Typologie des gewaltsamen Aufeinandertreffens von Kulturen in den „klassischen" Arbeiten zur Thematik – insbesondere in Saids Orientalismus-Kritik (Warraq 2003) und Todorovs Alteritätsbegriff (Adorno 1991; Schmidt 1996a: 212-214) – aufgedeckt werden, was zu einer veränderten Dynamik in neueren Untersuchungen beigetragen hat.

Vor diesem Hintergrund hat sich auch meine eigene Perspektive von der klassischen, weitgehend am Paradigma der Interkulturalität orientierten Imagologie hin zum asymmetrischen, an Transkulturationsprozessen orientierten Wissens- und Kulturtransfer, von der Kritik der Fremdbilder hin zur Untersuchung der Wechselbeziehungen zwischen Fremd- und Eigenbildern entwickelt.

Zu diesem Wandel der Forschungsperspektive gehört auch die zunehmende Auseinandersetzung mit den Repräsentationen von Alteritätserfahrungen in den Massenmedien, beginnend mit Film und Fotografie (Schmidt 1992d, 1997) und weitergeführt in einer kürzlich erschienenen Arbeit, die unter anderem Comic(-film) und Werbung behandelt (Schmidt-Welle

2007). Das hat weniger mit einer (teils modischen) Verschiebung der Forschungsansätze innerhalb der eigenen Disziplin zu tun als vielmehr mit der langsam gereiften Erkenntnis, dass diese Medien einen weitaus größeren Einfluss auf die Mexikobilder im 20. und beginnenden 21. Jahrhundert haben als die Literatur. Eben auf diesem Gebiet bleibt aber noch viel zu tun, zumal ein Teil des relevanten Materials bis heute nicht einmal „ausgegraben" bzw., etwa im Fall von Produkten aus der Anfangszeit der Filmindustrie, verloren gegangen ist.

Darüber hinaus hat die aktuelle Diskussion über transnationale und transkulturelle Phänomene, Praktiken und Inszenierungen auch ein Überdenken der früheren Alteritätskonzepte angeregt. So rücken Schriftsteller wie etwa B. Traven oder Regisseure wie Luis Buñuel erneut ins Blickfeld, die sich in den Grenzräumen zwischen verschiedenen kulturellen Sphären bewegen, zwischen diesen Sphären changieren oder die Nationalität wechseln. Solche Prozesse lassen sich zwar auch für frühere Epochen nachweisen, erhalten aber durch die derzeitigen Migrationsprozesse vor dem Hintergrund der vierten Phase beschleunigter Globalisierung und vor demjenigen der Entwicklung neuer Informationstechnologien eine andere Qualität. Auch dieser Zusammenhang trug zu einer Verschiebung meiner Forschungsperspektive von der Interkulturalität hin zu den (wesentlich komplexeren) Transkulturationsprozessen bei (Schmidt-Welle 2006, 2008).

Allerdings gibt es noch zwei weitere Konstanten in meiner Befassung mit der Repräsentation von Alteritätserfahrungen – seien Letztere nun real oder fiktiv. Es handelt sich einerseits um eine Kritik der Metapher, die ich mir in meinen Aufsätzen zur Thematik eher implizit denn explizit zu eigen gemacht habe. Sie geht auf Clifford Geertz zurück, der in seinem Aufsatz „Deep Play: Notes on the Balinese Cockfight" schreibt:

> Der Hahnenkampf ist ebenso wenig der Schlüssel zum balinesischen Leben wie der Stierkampf zum spanischen. Was er über dieses Leben aussagt, bleibt durch andere, gleichermaßen vielsagende kulturelle Darstellungen weder uneingeschränkt noch unangefochten. [...] Die Kultur eines Volkes ist ein Ensemble von Texten, die selbst wiederum Ensembles darstellen, welche der Ethnologe über die Schultern derer zu lesen versucht, denen sie eigentlich gehören. [...] Solche Formen als „etwas über etwas aussagen" anzusehen, das an jemanden gerichtet wird, bedeutet zumindest die Möglichkeit einer Analyse zu eröffnen, die sich mehr mit deren Substanz auseinandersetzt als mit reduzierten Formeln, die vorgeben, sie zu erklären (Geertz 1973b: 452-453, Übersetzung FSW)[1].

---

[1] „The cockfight is not the master key to Balinese life, any more than bullfighting is to

Nun kann man sicher Geertz' semiotisches Kulturverständnis und (mit Einschränkungen) auch seinen Kulturrelativismus kritisieren. Doch zeigt sich im auf seinen Feldforschungen basierenden Text über den Hahnenkampf ein grundsätzliches Misstrauen gegenüber der Reduzierung kultureller Praktiken auf einige wenige Metaphern oder Schlüssel zum Verständnis ganzer Kulturen oder Gesellschaften, das mir für den Kontext meiner Forschung von entscheidender Bedeutung zu sein scheint. Eines der wesentlichen Probleme der im vorliegenden Buch untersuchten Fremd- und Selbstbilder liegt gerade darin, dass sie die Erfahrung von Alterität anhand eines kleinen Ausschnitts kultureller Praxis auf eine ganze, als homogen bloß **empfundene** Kultur hochrechnen und so die konkrete (oder auch fiktive) Alteritätserfahrung zu einer die Kultur des Anderen vollständig umfassenden Metapher stilisiert wird. Insofern ist Geertz' Maxime des „etwas über etwas aussagen", bei aller Modellhaftigkeit und aller Möglichkeit des Irrtums, die auch dieser wissenschaftlichen Technik anhaftet, gerade für die Analyse von Alteritätserfahrungen ein adäquates Verfahren der Interpretation, um der Herausbildung von Stereotypen entgegenzuwirken.

Die andere Konstante ist der Versuch, sich nicht nur die Historizität der jeweiligen Selbst- und Fremdbilder, sondern auch die der eigenen Position soweit wie möglich bewusst zu machen. Die Analyse der Texte, Filme usw. beinhaltet folglich immer auch einen Metakommentar in dem von Fredric Jameson (1988) postulierten Sinne, ein selbstkritisches Moment gegenüber der historischen (Ein-)Gebundenheit eigener Positionen oder ideologischer Prämissen.

Die thematische Beschränkung des vorliegenden Buches auf das 20. Jahrhundert[2] bedeutet selbstverständlich nicht, dass ich mir der historischen Entwicklung der Mexikobilder seit der sogenannten Entdeckung und der (mit Recht so genannten) Eroberung der Amerikas nicht bewusst wäre. Ich möchte daher an dieser Stelle wenigstens einen kursorischen Überblick

---

Spanish. What it says about that life is not unqualified nor even unchallenged by what other equally eloquent cultural statements say about it. [...] The culture of a people is an ensemble of texts, themselves ensembles, which the anthropologist strains to read over the shoulders of those to whom they properly belong. [...] to regard such forms as ,saying something of something', and saying it to somebody, is at least to open up the possibility of an analysis which attends to their substance rather than to reductive formulas professing to account for them" (Geertz 1973b: 452-453).

[2] Lediglich im zweiten Kapitel wird dieser Rahmen mit der Interpretation von Harry Graf Kesslers 1898 erschienenen *Notizen über Mexico* geringfügig erweitert.

zu den Mexikobildern von der Conquista bis zum 19. Jahrhundert geben, ohne den Anspruch auf eine umfassende Erörterung zu erheben. Es geht mir lediglich darum, den historischen Kontext zu beleuchten, in dessen Folge die Mexikobilder des 20. Jahrhunderts entstehen, um so Kontinuitäten und Brüche aufzeigen zu können.

Die ‚Entdeckung' und Eroberung der Neuen Welt war von vornherein durch Vorstellungen eines verloren geglaubten Paradieses gekennzeichnet, die durch Thomas Morus' zuerst 1516 erschienenes Buch *Utopia* (Morus 1992) neue Nahrung erhielten. Entsprechend überlagern Paradiesvorstellungen auch die frühe Perzeption und Rezeption des späteren Mexiko. Für ein positives Bild Neuspaniens in der frühen Kolonialzeit zeichnet vor allem Bartolomé de las Casas verantwortlich, der in seinen Schriften die Friedfertigkeit und Sanftmütigkeit der amerikanischen Ureinwohner gegenüber der Grausamkeit der Eroberer hervorhob und das Bild vom „guten Wilden" wesentlich prägte. Die daran anknüpfende Vorstellung vom „guten Indianer" erfreut sich insbesondere in Deutschland seit den Romanen Karl Mays nahezu ungebrochener Beliebtheit, ohne dass die Rezipienten eine irgendwie geartete regionale Unterscheidung treffen würden.[3] Das Bild vom „guten Wilden" bezieht sich also nicht nur auf Mexiko, sondern auf die Amerikas ganz allgemein (Kohl 1981). Darüber hinaus wurde die Neue Welt mit dem Mythos des El Dorado als Synonym unermesslichen Reichtums belegt, ein Bild wiederum, das vor allem durch den Kontakt mit den mittel- und südamerikanischen Hochkulturen entstand.

Allerdings gibt es bereits in der Kolonialzeit deutliche Unterschiede in der Wahrnehmung einzelner Regionen, auch wenn diese Perzeption durch allgemeinere, geografisch nicht genau verortete Vorstellungen wie etwa die vom „guten Wilden" überlagert wurde. Zwar war sowohl in der spanischen als auch in der portugiesischen Eroberung die Idee eines verlorenen Paradieses virulent, aber die Spanier wurden im Norden und Westen des Kontinents sehr schnell mit den Hochkulturen der Azteken, Maya und Inka konfrontiert, deren Existenz die Idee einer „jungfräulichen", völlig unberührten Natur konterkarierte.[4] Dieser Unterschied – hier die auch architektonisch deutliche Sichtbarkeit der Hochkulturen auf der mexikanischen Hochebene, in Mittelamerika sowie im heutigen Peru sowie die damit einhergegange-

---

[3] Vgl. etwa die zahlreichen *links* von Indianerfreunden und Indianerfans unter <http://www.indianerwww.de> (10.03.2008).

[4] Eine hervorragende Darstellung dieser unerwarteten Konfrontation mit den Zivilisationen der Neuen Welt am Beispiel der Hochebene von Anáhuac (dem Gebiet des heutigen Mexiko-Stadt) findet sich bei Alfonso Reyes (1953).

nen zivilisatorischen Veränderungen der Landschaft, im Amazonasgebiet dagegen eine noch relativ unberührte Natur – sollte sich später auch in den Fremdbildern der verschiedenen Regionen des Kontinents niederschlagen.

Neben die Paradiesvorstellungen beziehungsweise diejenigen des unermesslichen Reichtums, des Eldorado[5] der Neuen Welt, tritt aber bereits in der Kolonialzeit eine gegenläufige Vorstellung von den amerikanischen Zivilisationen als Hort der Barbarei. Die Menschenopfer der Azteken sowie der rituelle Kannibalismus der Tupinamba im heutigen Brasilien, die durch die Berichte der Eroberer (Hernán Cortés)[6] beziehungsweise ihrer Begleiter (Hans Staden)[7] nach Europa gelangten, prägten früh das Bild der neuen Welt in der alten (Gewecke 1986) und blieben bis zu Beginn des 19. Jahrhunderts nahezu unverändert (Harbsmeier 1997: 79-105). Selbst die Aufklärung änderte daran nur wenig, und die Texte ihrer Vertreter waren teils von einer erschreckenden Unkenntnis geprägt, die allerdings auch dem Fehlen eigener Anschauung geschuldet war (Rall 2005: 348-349).[8]

So oszillieren die Perzeptionen des heutigen Mexiko, aber auch der Amerikas während der Kolonialzeit zwischen *locus amoenus* und *locus terribilis*, zwischen dem idyllischen Ort der Liebe und des Gesangs, dem Ort der Glückseligkeit oder dem fiktiven Paradiesgarten inmitten einer unberührten Natur einerseits und der „grünen Hölle" andererseits (Harden 2003: 273-274).[9]

Die hier angeführten Beispiele dürfen nicht darüber hinwegtäuschen, dass die Verbreitung der genannten Amerikabilder auf zahlenmäßig geringem Material beruhte und mehr vagen, mündlich tradierten Vorstellungen als dem Studium von schriftlichen Zeugnissen über die Neue Welt

---

[5] Auch hier wirkte bereits die Metaphorisierung. Das ursprüngliche Bild einer vergoldeten Person oder Figur (El Dorado) wurde zum Sinnbild des Ganzen: Eldorado als das Land des unermesslichen Reichtums an Goldschätzen.

[6] Bereits 1524 erschien eine lateinische Übersetzung der Briefe Cortés' in Nürnberg; 1550 folgte die erste deutsche Übersetzung in Augsburg (Kohut 2005).

[7] Die Diskussion um den Wahrheitsgehalt des Berichts von Staden kann hier nicht im Einzelnen wiedergegeben werden. Siehe dazu Whitehead (2000).

[8] Vgl. zu einigen dramatischen und Prosatexten des 18. und frühen 19. Jahrhunderts zur Conquista: Mecky Zaragoza (2010).

[9] Auch wenn die Vorstellung von diesen Orten nicht exakt mit deren Requisiten in der europäischen Literatur bis zum Barock übereinstimmt, so wird die Struktur des Bildes doch im Exotismus auf die tropische Landschaft übertragen (Harden 2003: 273-274). Vgl. zu den die Bilder von der Neuen Welt präjudizierenden Vorstellungen von irdischem Paradies und Barbarei seit der Antike auch Gewecke (1986: 59-88).

folgte – auch wenn Letztere oft die Grundlage für solche Rezeptionsprozesse bildeten. So wurden zum Beispiel zwischen der Entdeckung Brasiliens im Jahr 1500 und dem Beginn der Französischen Revolution nur etwa 60 Schriften zu Brasilien in deutscher Sprache veröffentlicht (Briesemeister 1994: 66). Die Situation für das heutige Mexiko sah aufgrund der wirtschaftlichen und politischen Bedeutung des Vizekönigreichs Neuspanien anders aus, wenngleich die Fremdbilder auch hier im Wesentlichen mündlich tradiert wurden. Alexander von Humboldt betrat also mit seiner Mexikoreise kein absolutes Neuland (Pietschmann 2005: XV-XVI). Doch für die „schöne" Literatur kann man festhalten, dass nicht nur die Anzahl der Publikationen gering blieb (Rall 2005: 352), sondern die in der frühen Kolonialzeit entstandenen Fremdbilder auch bis Ende des 18. Jahrhunderts keine wesentlichen Veränderungen erfuhren (Rall 2005: 355, 360).

Erst Ende des 18. und vor allem im 19. Jahrhundert beginnt eine zweite, „wissenschaftliche" Entdeckung Amerikas (Bernecker 1997: 332-342; Briesemeister 1994: 66). Die damit, hauptsächlich im Gefolge Alexander von Humboldts, einsetzende Flut von Reise- und Exkursionsberichten bot grundsätzlich die Möglichkeit zur Herausbildung differenzierter Amerikabilder – die in der Tat wenigstens teilweise entstanden –, lässt jedoch die bereits vorhandenen Klischees und Stereotype oft genug unangetastet oder schreibt sie fort. Wissenschaftliche Reiseberichte enthalten ebenfalls Vorurteile, wenn diese auch wegen des Bemühens um eine möglichst objektive Beobachtung eine andere Qualität haben als diejenigen anderer Textsorten, wie etwa János Riesz (1997) am Beispiel französischer Reiseberichte des 19. Jahrhunderts zu Brasilien nachgewiesen hat. Wie vorurteilsbehaftet auch wissenschaftliche Texte über Mexiko im 19. Jahrhundert sein können, lässt sich unter anderem am Reisebericht eines der bedeutendsten deutschen Geografen des 19. Jahrhunderts, Friedrich Ratzel, ablesen, dessen geografische Erkenntnisse während der Zeit in Mexiko beständig von rassistischen und kolonialistischen Anmerkungen zu Land und Leuten überlagert werden (Zermeño 2009).

Die Fortschreibung der Klischees hängt allerdings nicht nur von (literarischen) Texten ab. Vielmehr wird sie wesentlich von der Geschichte der Illustrationen mitbestimmt.[10] So werden etwa die Kupferstiche Theodor de Brys aus der frühen Kolonialzeit bis heute als „historische" Illustrationen Büchern zur Geschichte der Amerikas beigegeben und prägen derart unsere

---

[10] Vgl. zur gegenseitigen Perzeption und Rezeption zwischen Mexiko und dem deutschsprachigen Raum im 19. Jahrhundert in Literatur, Musik, Kunst und Geschichtsschreibung Kohut/Mayer/von Mentz/Torales (2010).

Vorstellungen der Hemisphäre (Monsiváis 1984: 202; Öbermeier 2000: 115). Der Einfluss der Illustrationen auf die Ikonografie und die europäische Perzeption insbesondere der indigenen überseeischen Bevölkerung kann in diesem Zusammenhang gar nicht hoch genug veranschlagt werden (Obermeier 2000).

Im deutschsprachigen Raum hat das Werk Johann Moritz Rugendas' die bildliche Vorstellung von Mexiko wesentlich mitbestimmt sowie ältere Fremdbilder korrigiert (Briesemeister 1994: 69). Doch bei aller Detailtreue und allem Realismus des Malers folgt die Wahl der Sujets – tropische beziehungsweise subtropische, nahezu unberührte Landschaften sowie Darstellungen der indigenen Bevölkerung – weiterhin den tradierten Vorstellungen über ein idyllisch und angesichts der Monumentalität der Landschaft nahezu menschenleer anmutendes Mexiko (Monsiváis 1984: 203), wie es übrigens auch in Humboldts *Ansichten der Natur* anzutreffen ist (Badenberg 1992a: 21-23).

Die Berichte Alexander von Humboldts nährten einmal mehr den Mythos eines an sich reichen, nur aufgrund historischer Umstände armen und primitiven Mexiko und beeinflussten gar die Politik europäischer Mächte gegenüber dem Land am Vorabend seiner Unabhängigkeit und darüber hinaus (Bernecker 1997: 332-342). Außerdem leiten die Mexikoberichte Humboldts eine Phase der wissenschaftlich technologischen ‚Entdeckung', aber auch Eroberung des Landes ein und wecken so das Interesse an dessen kapitalistischer Ausbeutung (Badenberg 1992a: 20-21). Viele der Reisenden auf Humboldts Spuren waren darum bemüht, die Reichtümer der Neuen Welt jenseits aller Mystifizierung zu katalogisieren oder statistisch zu erfassen, um ihre spätere Ausbeutung vorzubereiten (Monsiváis 1984: 205, 214). Die Ästhetisierung einer vorgeblich geschichtslosen Landschaft (und im weiteren Sinne Gesellschaft) und deren daraus begründbare Erschließung und Ausbeutung gingen dabei Hand in Hand (Solloch 2005: 22-25).

Das änderte sich schlagartig mit der Hinrichtung Kaiser Maximilians, die in Europa das lange tradierte Bild eines barbarischen Mexiko wieder aufleben und das Pendel vom Paradies wieder in Richtung Hölle ausschlagen ließ (Monsiváis 1984: 223). Dieses Bild eines barbarischen, gewalttätigen Volkes wird durch die mexikanische Revolution wenigstens in konservativen Kreisen in Europa noch verstärkt, während gleichzeitig bei der europäischen und US-amerikanischen Linken eine meist romantisch verklärte Vorstellung von der Revolution im Lande vorherrschend wird (Schmidt 1992b: 11).

Die relativ positiven und weniger klischeehaften Bilder, die in Reiseberichten und durch wissenschaftliche Exkursionen im 19. Jahrhundert transportiert werden, dürfen jedoch nicht darüber hinwegtäuschen, dass sich parallel dazu die Vorstellungen von Paradies und Hölle, meist mit der Betonung auf Letzterer, auch bereits vor der Erschießung Maximilians halten. Vor allem in der Populärliteratur bleiben die Bilder auf diese Extreme reduziert, soweit sich dies zum gegenwärtigen Zeitpunkt aufgrund einer relativ geringen Zahl von Arbeiten zur Populärliteratur sagen lässt. Hier wird eine zunehmende Zweiteilung der Rezeption deutlich, die sich im 20. Jahrhundert verstärkt. Auf der einen Seite die durch immer präzisere, auch empirische Informationen gestützte wissenschaftliche Beschäftigung mit Mexiko, die unter anderem in eine Kritik des Exotismus und der Stereotypen mündet; auf der anderen eine Fortschreibung der Exotismen und Stereotype in der Populärkultur und den Produkten der Kulturindustrie, die im Zeitalter nahezu weltweit verbreiteter Massenmedien auch nicht mehr an die im 19. Jahrhundert vorherrschende Rezeption in einem Sprachraum gebunden bleibt, sondern zunehmend internationalisiert wird.

So wird die Perzeption Mexikos im deutschsprachigen Raum durch Reiseberichte französischer Surrealisten oder englische und französische Romane aufgrund der gestiegenen Anzahl von Übersetzungen, in erster Linie aber durch US-amerikanische Filme und Comics oder seit den letzten Dekaden des 20. Jahrhunderts durch Werbespots mindestens ebenso geprägt wie durch die früheren und zeitgenössischen deutschen ‚Quellen' (Schmidt 1992a; 1997; Schmidt-Welle 2007).

In diesem historischen Rahmen eines Fortbestehens überkommener Stereotype bei gleichzeitiger Zunahme der wissenschaftlichen Kritik derselben bewegen sich mithin die Mexikobilder im 20. Jahrhundert, die ich in den folgenden Kapiteln analysieren werde.

Einer zeichnet verantwortlich, so will es das Genre. Aber es sind immer die kollektiven Anstrengungen und die zahlreichen Dialoge und Diskussionen mit Kolleginnen und Kollegen sowie Studentinnen und Studenten, die sich in wissenschaftlichen Publikationen niederschlagen. Mein Dank gilt daher allen, die über die Jahre auf die eine oder andere Weise zur Weiterentwicklung der Gedankengänge dieses Buches beigetragen haben; sie alle einzeln zu nennen, würde den Rahmen dieser Einleitung sprengen.

Darüber hinaus gilt mein besonderer Dank dem El Colegio de México, der Universidad Nacional Autónoma de México (UNAM) und dem Deutschen Akademischen Austauschdienst (DAAD), die mir durch die Berufung auf den Wilhelm und Alexander von Humboldt-Lehrstuhl die Möglichkeit gegeben haben, meine in Forschung und Lehre gewonnenen Erkenntnisse zu dieser Thematik zu erweitern, sowie dem Dartmouth College in Hanover, New Hampshire, an dem ich im Sommer 2010 als William P. and Dewilda N. Harris German/Dartmouth Distinguished Visiting Professor die Arbeit am vorliegenden Buch zu Ende führen konnte.

2.
HARRY GRAF KESSLER:
DER DANDY UND DAS ENDE DES REISENS

> Unsere Zeit ist möglicherweise die letzte gewesen, zu der man noch
> reisen konnte; schon wir kommen kaum noch aus unserer Zivilisa-
> tion hinaus; das Bild bleibt sich von Weltteil zu Weltteil erstaunlich
> gleich. Nach den Abenteurern haben die Entdecker und Gelehrten uns die
> Fremde erobert, und dann die Künstler unser Nervensystem nach
> allen exotischen Schwingungstakten vibrieren lassen. Jetzt gibt es
> keine Entfernungen mehr, die genügen, um Abenteuer glaubhaft zu
> machen (Kessler 1998: 13).

So beginnt Harry Graf Kessler die „Vorrede"[11] zu seinem 1898 in Berlin
erschienenen Reisebericht *Notizen über Mexico*. Damit umreißt er ein Di-
lemma, das sich im Laufe des 20. Jahrhunderts verstärken wird und unter
anderem von Aldous Huxley während seines Mexikoaufenthaltes beklagt
wird (Huxley 1934: 240). Immer auf der Suche nach dem Exotischen, dem
auch kulturell außerhalb der westlichen Welt zu Verortenden, dem absolut
Fremden, ‚entdecken' europäische (wie später auch US-amerikanische)
Reisende auf den Spuren der Eroberer und Wissenschaftler, die ihnen vor-
ausgingen, im 19. Jahrhundert zuvor verborgene Orte und Kulturen und
entziehen sie damit gerade jener Exotik, jener Andersartigkeit, die das Ziel
ihrer Entdeckungen war (Easton 2002: 78), verwandeln das Reisen in Tourismus. Auch Kessler bewegt sich im Wesentlichen auf den ausgetretenen
Pfaden seiner Vorgänger durch das Land, einer Reiseroute, „[...] die schon
damals den touristisch reizvollen Bedingungen folgte: die Hauptstadt Mexiko und Umgebung, der Nordwesten und Westen der Kordilleren, der
Südosten und die Halbinsel Yucatán" (Ritter 1998: 162).

Angesichts der (zum Teil aber selbst gewählten) Unmöglichkeit, etwas
wirklich Neues zu entdecken, fährt Kessler daher fort: „Nur noch wer hinter bekannten Zeichen fremde Bedeutungen zu erkennen die Phantasie hat,
[...] wird häufiger und nicht bloß zufällig durch Veränderung seines Auf-

---

[11] Die in neueren Ausgaben als „Vorrede" publizierte Einleitung erschien zunächst unter
dem Titel „Selbstanzeige" in *Die Zukunft* 6, 31 (1898): 219-220.

enthalts Neues empfinden" (Kessler 1998: 13). Doch diese besondere Sensibilität ist nicht allen gegeben, sie ist vielmehr nur dem Künstler eigen, dessen empfindliches Nervensystem ganz im Sinne der Denktradition des *fin de siècle* für diese veränderte Wahrnehmung ausgelegt ist. Dieser in besonderem Maße für die sinnliche Wahrnehmung Sensibilisierte „[…] liebt das Reisen als die Heilung für den müden und durch Enttäuschungen oberflächlich gewordenen Geist" (Kessler 1998: 14). Mit anderen Worten: Der zivilisationsmüde Schriftsteller der *décadence* entflieht dem Gewohnten auf der Suche nach dem Anderen, er nutzt seine privilegierte Wahrnehmungsweise, vermittels derer „ihm alltägliche Kunst durch neue Zusammenhänge zu Symbolen wird" (Kessler 1998: 13). Dass damit die Metaphorisierung der Alteritätserfahrung bereits vor der eigentlichen Reise angelegt ist, bedarf kaum weiterer Erläuterung. Das Abenteuer der konkreten Erfahrung des Anderen wächst in Kesslers Augen insofern weniger mit der realen Entfernung vom Ort der Abreise als vielmehr mit dem Grad der Fantasie, die der Reisende aufbringt, um diesen fernen Ort angesichts weltweiter kultureller Angleichung als anderen zu konstruieren.

Und doch ist das Reisen am Ende des 19. Jahrhunderts und an der Schwelle zu seiner vorgeblichen Verwandlung in bloßen Tourismus noch immer so beschwerlich, dass Kesslers Route seinem Herausgeber Alexander Ritter noch hundert Jahre später Respekt einflößt. „In der Zeit vom 9./10. November 1896 bis zum 11. Januar 1897 bewältigt er innerhalb von 63 Tagen ca. 5860 km Landweg (mit Seereise nach Yucatán: 7160 km)" (Ritter 1998: 162). Bedenkt man den Zustand der Infrastruktur in großen Teilen Mexikos zu jener Zeit, so kann man sich auf der einen Seite die Strapazen vorstellen, die Kessler auf sich nahm, um das Land zu durchqueren. Allerdings thematisiert er selbst diese Anstrengungen nicht – im Unterschied etwa zu den sich bis heute an „alternativen" Reiseführern entlang hangelnden „Travellern", die sich auf diese Weise von „normalen" Touristen zu unterscheiden glauben. Andererseits bekommt man aber auch eine Vorstellung davon, wie oberflächlich die vom Autor privilegierte sinnliche Er-Fahrung des Landes angesichts der zu bewältigenden Strecke gewesen sein muss und wie sehr der europäische Reisende von Lektüre im Vorfeld der Reise und von (noch dazu Französisch sprechenden) Informanten vor Ort abhängig gewesen sein muss.

Zu Beginn seiner Reise, bei seiner Fahrt von Texas aus durch den mexikanischen Norden bis nach Mexiko-Stadt und bei der Beschreibung von deren Architektur sowie den Ausführungen über den Vorort Xochimilco, lässt sich Kessler noch von den sinnlichen Eindrücken leiten, ohne diese im Einzelnen zu bewerten. „Die ersten Tage habe ich es dem Zufall überlassen, mich zu führen. Aus Gelegenheitseindrücken bildet sich langsam ein Instinkt für das, was am neuen Lande dem eigenen Ich von Wert sein kann, für die Art der lebendigen Berührung, die zwischen beiden möglich ist" (Kessler 1998: 24). Er lässt sich folglich auf das Andere in einem unverstellten Sinne ein, ohne es auch zunächst mit dem Eigenen zu vergleichen.

Aber in dem Moment, in dem Kessler versucht, zu einem Verständnis des Gesehenen, der fremden Kultur im Ganzen zu gelangen, greift er auf Bekanntes, auf Lektüre zurück. So schreibt er im Folgenden in unmittelbarem Anschluss an Motive des Mexikoreiseberichts von Friedrich Ratzel: „Was hier interessiert, ist der tropische Mensch und die tropische Menschengesellschaft: die Psychologie des Einzelnen und des Volksganzen in einem heißen Lande […]" (Kessler 1998: 29). Wie Ratzel (1969), Begründer der Anthropogeografie wie auch des Lebensraum-Begriffs, auf den sich die Nationalsozialisten später berufen werden, so sieht auch Kessler die Probleme des Landes mentalitätsgeschichtlich begründet, und die Spuren des 20 Jahre zuvor veröffentlichten Reiseberichts des bedeutenden Geografen sind in den Äußerungen Kesslers nur allzu deutlich.[12]

So behauptet er die „physiologische Trägheit" des „tropischen" Menschen, die mit „eine[r] Schwächung des Willens und der Nervenempfindlichkeit" (Kessler 1998: 30-31) einhergehe. „Die Freiheit von Nervosität, die jeder unentwickelten Rasse eigen ist, steigert sich bis zur Stumpfheit […]", notiert Kessler (1998: 31) und lässt damit endgültig seine positivistisch rassistische Grundeinstellung gegenüber den Mexikanern erkennen. In deren „Nerventrägheit" will er den Hauptunterschied zum Europäer erkennen, dessen empfindsames Wesen er ja bereits eingangs thematisiert hatte.

Da „[…] diese Trägheit des Nervensystems eine von den Tatsachen ist, die die Psychologie des Mexicaners am meisten beeinflussen […]", und man deren „[…] modifizierende Wirkung durch alle Gebiete des individuellen und des gesellschaftlichen Lebens verfolgen […]" kann (Kessler 1998: 31), darf es nicht verwundern, dass der Autor sie als universelle Erklärung für unterschiedliche Aspekte mexikanischer Kulturen heranzieht – von Architektur und bildender Kunst über Ernährung und Kleidung bis zu den Formen politischer Organisation und dem angeblichen Mangel an individueller Lebensplanung (Kessler 1998: 29-38). Darin sieht Kessler dann auch die Fantasielosigkeit der Mexikaner begründet, die sich zum

---

[12] Auch wenn Ritter (1998: 161) schreibt, es gebe keine Dokumente zu einem möglichen Einfluss Ratzels auf Kesslers Reisebericht, so scheinen mir insbesondere die Äußerungen zur Psychologie des „tropischen Menschen" doch deutlich auf diesen Einfluss hinzuweisen.

einen in vom Instinkt und einer unreflektierten Leidenschaft geprägten Liebesbeziehungen (Kessler 1998: 36) äußere und zum anderen in der mexikanischen Malerei deutlich werde, über die er durchweg Abfälliges schreibt (Kessler 1998: 34-37).

Wie sehr Kessler seine Interpretation des mexikanischen Individuums wie auch der Gesellschaft von den geografischen Bedingungen und insbesondere vom Klima abhängig macht, wird an seiner Beschreibung der Menschen auf der Halbinsel Yucatán ersichtlich, stimmt doch hier die Geografie mehr noch als im mexikanischen Hochland mit den europäischen Vorstellungen von den Tropen als heißer, von hoher Luftfeuchtigkeit geprägter Zone überein. Er skizziert die Mentalität der indigenen Bevölkerung Yucatáns folgendermaßen:

> Der regelmäßigen, ausdauernden Willenstätigkeit sind die heutigen Mayas psychologisch unfähig. Ihr Charakter ist noch stärker als der mexicanische vom Klima beeinflußt. [...] Von Kraftlosigkeit zeugt schon der Gang der Männer; man sieht sie kaum anders als mit gekreuzten Armen. Unterwürfig, wie resigniert ihres Weges gehen. Geld ist ihnen gleichgültig, der Reiz des Verdienstes nicht stark genug, um ihre Apathie zu überwinden; durch Bezahlung sind sie zu nichts zu bringen; nur der Priester oder Gewalt und äußerer Zwang sollen wirksam sein (Kessler 1998: 96-97).

Doch erkennt Kessler im Folgenden immerhin an, dass neben den geografischen Bedingungen der Mentalität des „tropischen" Menschen auch die historische Erfahrung, die Jahrhunderte während Ausbeutung der indigenen Bevölkerung eine Rolle für deren resignative Haltung spielen könnte (Kessler 1998: 97; Easton 2002: 80).

Die Lektüre Ratzels und Wilhelm Wundts (Rothe 2008: 94) oder Auguste Comtes und die damit einhergehende positivistische bis rassistische Interpretation des kulturell Anderen ist im historischen Kontext durchaus nicht unüblich und wird noch bis weit ins 20. Jahrhundert hinein ihre Spuren hinterlassen – und das nicht nur in den Reiseberichten europäischer Schriftsteller, sondern auch in den Selbstbildern mexikanischer Intellektueller von Antonio Caso über Samuel Ramos bis zu Octavio Paz' *El laberinto de la soledad* (*Das Labyrinth der Einsamkeit*) (Caso 1972; Ramos 1934; Paz 1981).

Aber dies ist nicht der einzige intertextuelle Bezug bei Kessler. Denn neben den kontrastierenden Vergleich des europäischen mit dem „tropischen" Menschen tritt auch die Konstruktion einer kulturellen Ähnlichkeit Mexikos mit dem Orient in der Tradition des nach der Ägyptenexpedition Napoleons weitverbreiteten Orientalismus. So setzt er die Leidenschaft des

Mexikaners und die Erotik (ganz im Sinne der orientalistischen Texte Gustave Flauberts) mit der des „Orientalen" in eins (Kessler 1998: 36) und betont, „[...] wie die Sünde den Augen der Frauen hier ihre lockende Tiefe" verleiht (Kessler 1998: 131). Oder er vergleicht die Wände der präkolumbischen Ruinen von Mitla mit „orientalischen Teppichen" (Kessler 1998: 67). Und die Pyramiden von Teotihuacan nördlich von Mexiko-Stadt bezeichnet er (hier allerdings nicht von ungefähr) als „das mexicanische Giseh" (Kessler 1998: 55), auch wenn sie im Unterschied zu den ägyptischen nach heutigem Kenntnisstand nicht die Funktion einer Grabstätte hatten.[13]

Doch auch die Lektüre Karl Mays dürfte ihre Spuren hinterlassen haben, wie sich an Sätzen wie dem folgenden ablesen lässt: „Um das Feuer hocken schweigend meine vier Rothäute. Es ist Biwakstimmung, aber unter welchen Gestalten" (Kessler 1998: 60) – auch wenn sie in diesem Fall als ironischer Verweis auf den Klassiker der Indianerliteratur interpretiert werden kann.

Wie bereits gesagt, ist Kessler aufgrund der kurzen und beschwerlichen Reise neben Lektüren im Vorfeld auch auf Informanten vor Ort angewiesen, die ihm die Kommunikation ermöglichen. Trotz seiner polyglotten Bildung ist davon auszugehen, dass er des Spanischen nicht mächtig war und sich daher meistenteils, wie viele andere europäische Reisende nach ihm, auf Französisch verständigte. Das bedeutet allerdings auch, dass er sich hauptsächlich mit den Eliten des Landes verständigt, da nur diese Französisch beherrschten. So bilden Hacienda- und Schlossbesitzer, Politiker, Intellektuelle und einige Ausländer die wichtigsten Kontakte und Informationsquellen im Lande. Daneben knüpft Kessler auch Kontakte zu in Mexiko lebenden Deutschen, vor allem zum Deutsch-Österreicher Teobert Maler, der als Soldat im Gefolge Kaiser Maximilians nach Mexiko gekommen war. Der Graf übernachtet bei ihm im Dorf Ticul (Kessler 1998: 80), und aller Wahrscheinlichkeit nach dürfte ihn Maler, Entdecker und Erforscher zahlreicher Mayastädte der Halbinsel, zu den umliegenden Ausgrabungsstätten Uxmal, Labná und Kabah begleitet haben.

Kessler erweitert die bereits zuvor konstatierte kulturelle Differenz zwischen dem europäischen und dem „tropischen" Menschen in seinen Erläuterungen zu den Mayakulturen auf Yucatán noch einmal grundsätzlich, indem er die „[...] Trennung zwischen den Rassen der europäisch-asiatischen Kulturwelt und denen der amerikanischen [...]" (Kessler 1998: 84)

---

[13] Nach neueren Erkenntnissen der Archäologie hat es allerdings in anderen mesoamerikanischen Pyramiden Grabstätten für Herrscher gegeben.

behauptet. Diese, so der Autor, beeinflusse auch die ästhetischen Gesetze und die architektonischen Ideale in einer Weise, die es dem modernen Menschen, sprich Europäer, schwer mache, die Kunst des amerikanischen Kontinents zu verstehen. Damit führt er zwar einerseits die biologistischen Gedankengänge fort, die bereits zuvor deutlich geworden waren. Andererseits stellt er aber, im Unterschied zu vielen späteren Texten über Alteritätserfahrungen mit Mexiko, grundsätzlich das eigene Verstehen des Anderen aufgrund der kulturellen Differenz in Frage.

Gleichzeitig gerät Kesslers Idee von der Trägheit des „tropischen" Menschen und der von ihm geschaffenen Gesellschaft beim Betrachten der Ruinenstätten der Halbinsel ins Wanken, wenn er schreibt:

> Wenn Kunst, wie es scheint, auf seiten ihrer Schöpfer wie auf seiten derer, die sie genießen, eine Summe überschüssiger Kraft repräsentiert, dann muss man staunen, wie auf einem so kleinen Gebiet wie Yucatán so zahlreiche Kulturzentren möglich waren; das heißt, wie der Bruchteil von Arbeit, den diese Menge von Palästen und Tempeln verbraucht hat, immateriellen Bedürfnissen, Luxuswerken, zugewendet werden konnte […] (Kessler 1998: 102).

Angesichts der Masse präkolumbischer Städte auf engem Raum und angesichts von deren Monumentalität und architektonischer Qualität scheint das Urteil, das der von Blasiertheit nicht eben freie Autor zuvor über den mit Trägheit geschlagenen „tropischen" Charakter gefällt hat, kaum haltbar und schlägt in Bewunderung um. Wie prägend aber die Lektüren und das Ideengut sind, welche die konkrete Interpretation der Alteritätserfahrung präjudizieren, zeigt sich darin, dass er die soeben zitierten Anmerkungen mit dem Satz beendet: „[…] nichts gibt einen größeren Begriff von der verschwenderisch schenkenden Fruchtbarkeit der tropischen Natur" (Kessler 1998: 102). Was also zunächst wie eine Bewunderung für die kulturellen (insbesondere architektonischen) Leistungen der Maya erscheint, wird in sein Gegenteil verkehrt; nicht die komplexe Hochkultur der Ureinwohner hat uns die genannten Tempel und Paläste beschert, sondern die ausufernde tropische Natur. Es handelt sich nach Kessler also streng genommen gar nicht um eine historische, sondern eine von den natürlichen Bedingungen vorgegebene Entwicklung.

Doch immerhin ist sich Kessler im Unterschied zu vielen späteren Reisenden bewusst, dass seine Mexikoerfahrungen fragmentarischen Charakter haben. Das wird nicht nur in seinen Äußerungen zu den Mayastätten auf Yucatán deutlich, die „über das Wesentliche, das innere Leben der Maya-Menschheit" (Kessler 1998: 92) nur wenig aussagen. „Wir kommen an alles nur von außen hinan, und so bleibt es im Grunde genommen stumm und tot" (Kessler 1998: 94). Es zeigt sich auch generell in verstreuten Bemerkungen Kesslers zum Charakter des Reiseberichts. Die „Notizen" im Titel des Buches deuten bereits das Vorläufige, Unfertige an, und in der „Vorrede" nimmt er es „[…] als die natürliche und nicht reizlose Schwäche des Reisebuchs hin, daß es nur Unvollständiges, nicht ein fertiges Wissen zu bieten vermag und sich begnügen muß, einen Boden zu bereiten, auf dem dann vielerlei Frucht wachsen kann" (Kessler 1998: 14).

Dieses Bewusstsein ermöglicht es Kessler, bei allen von seinen Lektüren und dem Zeitgeist vorgefertigten Ansichten über den kulturell Anderen, bisweilen einer relativ unverstellten sinnlichen Wahrnehmung zu vertrauen, welche die kulturellen Differenzen und Ähnlichkeiten beschreibt, ohne sie in jedem Moment zu bewerten. Gerade diese von einer nahezu kindlichen Neugier zeugenden Passagen sind die poetischsten des Buches; und sie sagen bisweilen mehr über Mexiko aus als der kolonialistische Gestus des blasierten Adligen, mit dem Kessler den europäischen Menschen über den „tropischen" stellt.

So beschreibt er seine Ankunft im Hochtal von Anáhuac folgendermaßen:

Eine neue Seelenwelt beginnt sich einem in allem, was man wahrnimmt, aufzutun, in den Gebärden der Menschen, im Gesichtsausdruck, im Tonfall der Sprache, ebenso wie in den grellen Mänteln und Kopftüchern der Frauen oder im phantastisch-komischen Namen der Herberge im Ausflugsort Tula: Tienda a las delicias del amor (Hotel zu den Wonnen der Liebe). […] Abends aber erscheinen endlich über die Gebirgswelt die Gletschermassen der großen Vulkane, die das Tal von Mexico nach Süden begrenzen. Weltfremd und wunderbar einsam erglänzt ihr Schnee durch die Magnolien des tropischen Waldes, bis die Welt unten in Nacht verlischt und nur noch die Vulkangipfel wie rotglühende Silberkuppeln am klaren Himmel stehen (Kessler 1998: 22-23).

Und doch scheint, wenn Kessler die „Gelegenheitseindrücke" der konkreten Wahrnehmung in eine Interpretation gießt, immer wieder eine kulturelle Überlegenheit durch, die er für sich als Europäer in Anspruch nimmt.[14] Es sind diese Momente, in denen seine zunächst weitgehend unparteiische, von der konkreten Erfahrung bestimmte Haltung umschlägt, in denen der poetische und beschreibende dem kolonialistischen und bis-

---

[14] Dieses „europäische" Bewusstsein Kesslers hat allerdings auch seine positiven Seiten. So wird er sich später, vor allem während der Weimarer Republik, gegen jegliche Art von kulturellem Nationalismus und Volkstümelei zur Wehr setzen.

weilen rassistischen Diskurs weicht. Sein Biograf Friedrich Rothe merkt deshalb nicht von ungefähr an: „Was die «Notizen über Mexiko [sic!]»" für heutige Leser unerfreulich macht, sind die Einsprengsel, welche völkerpsychologische Begründungen Wilhelm Wundts und kolonialherrschaftliche Ansichten zu einem undurchsichtigen Netz von Vorurteilen verknüpfen" (Rothe 2008: 94).

Auch zu gesellschaftspolitischen Fragen äußert sich der Graf bisweilen. Dabei legt er besonderen Wert auf die Darstellung des diktatorisch regierenden mexikanischen Präsidenten Porfirio Díaz, den Kessler persönlich während seines Aufenthaltes in Puebla kennenlernte. Er beschreibt ihn als einen Gentleman mit vornehmem Äußeren und sehr guten Manieren (Kessler 1998: 74) und hebt damit die Ähnlichkeit zwischen dem Auftreten Díaz' und seinem eigenen hervor. Mehrfach drückt er seine Bewunderung für die Erfolge der Regierung bei der Modernisierung des Landes aus (Kessler 1998: 49-50). Allerdings erkauft Díaz diese Erfolge, wie auch Kessler einsieht, mit einer Gewaltherrschaft: „Man erstaunt in Mexico immer wieder über den Kontrast zwischen der Art der Erfolge, die die Díazregierung zeitigt, und der Gemeinheit der Mittel, durch die sie sich erhält" (Kessler 1998: 121).

Für Kessler sind die unmittelbare Gewalt des Regimes, die Verfolgung politischer Gegner (Kessler 1998: 108) sowie die Unterdrückung der indigenen Bevölkerung (Kessler 1998: 96-97) das Ergebnis einer noch unaufgeklärten Gesellschaft (er verweist in diesem Zusammenhang ausdrücklich auf Rousseau), in der die herrschende Ordnung noch nicht durch einen *contrat social* bestimmt wird (Kessler 1998: 121-122). Gleichzeitig verweist er aber auf eine vorgebliche Notwendigkeit dieser Art von Gewaltherrschaft aufgrund der Mentalität des mexikanischen Volkes: „Seine Ziele hat Díaz erreicht, weil er seine Mittel dem Charakter des Volks anpaßte" (Kessler 1998: 50). Prangert er auf der einen Seite mit Recht die Korruption, den Wahlbetrug sowie den politischen Einfluss der katholischen Kirche im Lande an (Kessler 1998: 46-52), so entwertet er diese Kritik an den konkreten, historisch gewachsenen Problemen immer wieder dadurch, dass er sie als bloßen Ausdruck der unverbrüchlichen Mentalität des „tropischen" Menschen betrachtet.

Trotz aller Kritik an der Ausbeutung der indigenen Bevölkerung entspricht Kesslers Bild derselben allerdings letztlich dem Schema von Zivilisation und Barbarei, wie es nicht nur seit der Eroberung der Amerikas in europäischen Berichten immer wieder auftaucht, sondern auch in lateinamerikanischen Quellen, so etwa in dem berühmten Buch des argentinischen Autors Domingo Faustino Sarmiento, *Civilización y barbarie (Bar-*

barei und Zivilisation). Dort, wo indigene Bevölkerungsgruppen sich tatsächlich, und im Widerspruch zur ihnen von Kessler angedichteten „tropischen" Trägheit, gegen ihre Unterdrückung zur Wehr setzen, wie in den lang anhaltenden kriegerischen Auseinandersetzungen der „Guerra de Castas" (Krieg der Kasten) im Yucatán des 19. Jahrhunderts, dort, wo sie die Gewaltherrschaft abschütteln, gerade dort sieht der Autor die „Barbarengrenze" (Kessler 1998: 88-89).

Aber es ist der das Buch beschließende Absatz zur politischen Situation Mexikos in der zweiten Hälfte des 19. Jahrhunderts, der das ideologisch fragwürdigste Urteil Kesslers zum Land beinhaltet. Und gerade weil er seine Reisenotizen damit abschließt, hinterlässt diese Gesamtschau einen besonders starken Eindruck beim Leser und soll daher hier in Gänze wiedergegeben werden:

> Von den drei Monarchen, die gerichtet worden sind, verdient Maximilian am meisten Interesse. Er war begabter als Ludwig XVI. und gewissenhafter als der englische Karl; seine Schönheit und seine Jugend, die Mannhaftigkeit seines Ausharrens trotz Wortbruchs und Verrats, die Würde und die Anmut seiner letzten Stunden, geben seiner Gestalt einen eigentümlichen, ritterlichen und menschlichen Zauber; und auch politisch zum Wohle Mexicos hat sich sein Schicksal nicht gerechtfertigt. Äußerlich ist er allerdings an der Phrase der >nationalen Freiheit< gescheitert; politisch, das heißt zufällig, an der perfiden Unterstützung, die Nordamerika seinen Gegnern gewährte; im letzten Grunde aber ging er unter, weil er versuchte, eine noch unentwickelte Rasse mit europäischen Mitteln, das heißt anständig, zu regieren. Seine Regierung ist die aufgeklärteste, die wirtschaftlich fruchtbarste und bis auf den offenen Krieg die unblutigste gewesen, die Mexico in diesem Jahrhundert gehabt hat. Ihr Mißerfolg hat nur die Notwendigkeit dargetan, Mexico zu regieren, wie es Diaz regiert. Nachdem noch einmal alles experimentiert worden war, hat Diaz schließlich doch dasselbe wie Maximilian, das heißt die Befriedung des Landes durch die Monarchie, erstreben müssen. Er hat sein Ziel erreicht, weil er die Stirn gehabt hat, das vielleicht einzige hier wirksame Mittel anzuwenden: die Ley Fuga[15] (Kessler 1998: 143-144).

In diesem abschließenden Urteil verschafft sich die reaktionäre und kolonialistische Perspektive Kesslers ihre Geltung. Er glorifiziert Maximilian I., Marionettenkaiser von Napoleons Gnaden, als Märtyrer und wahren Helden (schön, mannhaft und ritterlich) eines aufgeklärten Absolutismus,

---

[15] Die „Ley Fuga" (Gesetz der Flucht) bezeichnet eine in Mexiko während des Porfiriats, aber auch in Spanien verbreitete Praxis der Erschießung von Gefangenen „auf der Flucht" ohne vorherige Verurteilung.

seine Regierungszeit in Mexiko als „die unblutigste" - abgesehen von dem kleineren *faux pas* eines Bürgerkrieges – und als die wirtschaftlich erfolgreichste.

Das Scheitern Maximilians schreibt er nicht zu Unrecht dem Druck der USA auf die europäischen Mächte zu, sieht es allerdings, im Unterschied zur französischen kolonialistischen Intervention in Mexiko, die er nicht einmal erwähnt, als einen perfiden Akt an. In der Monarchie, die er auch in der Diktatur des Porfiriats verwirklicht sieht, glaubt er letztlich die adäquate Regierungsform zur Befriedung eines Landes zu erkennen, in dem eine noch „unentwickelte Rasse" mit „tropischem", das heißt von Trägheit geprägtem Charakter mit europäischen Regierungsformen zivilisiert werden muss. Dass er die französische Intervention, die seines Erachtens keiner Rechtfertigung bedarf, mit keinem Wort erwähnt und das Streben nach „nationaler Freiheit" in einer noch nicht vollständig politisch stabilisierten postkolonialen Gesellschaft als Phrase abtut, zeigt seine Vorstellung von der Überlegenheit europäischer Politik und Kultur gegenüber derjenigen Mexikos und seine Tendenz zur Geschichtsklitterung, um diese Überlegenheit zu legitimieren. Gleichzeitig deutet sich hier bereits Kesslers späteres Eintreten gegen jede Art von Nationalismus an; allerdings unterscheidet er nicht zwischen einem expansionistischen und chauvinistischen europäischen Nationalismus und dem antikolonialistischen Nationalismus, wie er im 19. Jahrhundert in vielen lateinamerikanischen Staaten gang und gäbe war.

Was folglich mit einer Schilderung subjektiver Sinneseindrücke am Beginn der Mexikoreise begann, einer Darstellung, die sich wenigstens in bestimmten Augenblicken auf das Fremde, den Anderen und dessen kulturelle Differenz einlässt, endet mit einer Beteuerung der eigenen kulturellen Überlegenheit. Dabei spielen die Vorbildung Kesslers, sein morphologisch organisches, ganzheitliches Kulturverständnis sowie eine dekadente Innerlichkeit (Ritter 1998: 159) vor dem Hintergrund der geistigen Krise zur Jahrhundertwende eine wichtige Rolle. So gelangt er, auch auf der Grundlage der Rezeption biologistischer und rassistischer Texte und Ideen seiner Zeit, zu einem vereinfachenden, die inneren kulturellen und sozialen Differenzen des Landes negierenden Bild. Je weiter sich der Autor von seiner konkreten, alltäglichen Wahrnehmung des Lebens in dem fremden Land entfernt, desto deutlicher werden die weniger wertenden Eindrücke von einer allgemeinen, am Zeitgeist geschulten Philosophie überformt. Derart werden die tatsächlichen Verhältnisse dem präjudizierenden Denkmodell angepasst, innerhalb dessen „[…] Mexiko lediglich als Vehikel einer intellektuellen Selbstbespiegelung dient" (Ritter 1998: 170). Insofern muss jegliche kulturelle Übersetzungsleistung in Kesslers Reisebericht misslingen.

Das elitäre Klassenbewusstsein, die reaktionäre politische Haltung und das Gefühl der kulturellen Überlegenheit des Europäers gegenüber dem Mexikaner formen mithin die konkrete, fragmentarische Reiseerfahrung des dekadenten Dandy um und überschreiben sie. Damit wird die kulturelle Vielfalt tendenziell aufgehoben in der Metapher vom trägen tropischen Menschen und der ebenso trägen Gesellschaft, die es nach europäischem Modell zu zivilisieren gilt. Das sich darin äußernde latent imperialistische Denken wird man auch bei späteren europäischen Reisenden in Mexiko wiederfinden, Kessler sollte an der Jahrhundertwende nicht sein letzter Vertreter bleiben. Allerdings wird es bei ihm im Unterschied zu manch anderem Reisenden vom ästhetizistischen Denken des *fin de siècle* überlagert.

3.
MYTHOS REVOLUTION:
JOHN REED UND SERGEI EISENSTEIN

3.1
Literarische Reportage und Selbstvergewisserung
im Angesicht der Revolution

In einer Widmung an Professor Charles Townsend Copeland, die John Reed seinem Buch *Insurgent Mexico* (*Aufruhr in Mexiko*)[16] voranstellt, betont der Autor mit Bezug auf seine Eindrücke von Mexiko, er habe von Townsend gelernt, „die verborgene Schönheit der sichtbaren Welt zu entdecken", und ohne dessen „Lehre niemals das gesehen [...], was [er] sah" (Reed 1984: 5). Diese poetisch ästhetische Beschreibung der Mexikoerfahrung mag zunächst verwundern, war Reed doch im Winter 1913/1914 als Kriegskorrespondent des *Metropolitan Magazine* nach Mexiko gekommen (Homberger 1990: 60), um über die aktuellen Auseinandersetzungen innerhalb der Revolution zu berichten.

Doch sie trifft den Kern der Sache: Reeds Reportagen aus Mexiko, die zuerst im *Metropolitan Magazine* und in *The Masses* erschienen, und mehr noch das anschließende Buch, in dem die Chronologie der Ereignisse der Revolution und diejenige seiner eigenen Reise manchmal zugunsten der Dramaturgie aufgelöst wird (Rosenstone 1975: 168), sind trotz ihres Kriegsthemas in erster Linie literarische Reportagen, deren ästhetische Qualität für den Autor eine wichtige Rolle spielt. Die Manipulation bestimmter Ereignisse, die Abwesenheit exakter Daten und Orte, die subjektive Sicht des Erlebten sowie Elemente des Bildungsromans und der Abenteuerliteratur (Peters 2010) sind Indizien für den Gebrauch dieses Genres, das erst ab den 1960er Jahren mit dem *New Journalism* in den USA (Tom Wolfe, Truman Capote, Norman Mailer u.a.) sowie den literarischen Chroniken in Mexiko (Carlos Monsiváis, Cristina Pacheco, Elena Poniatowska

---

[16] In den folgenden Kapiteln werden, soweit Übersetzungen der fremdsprachigen Texte vorliegen, im Allgemeinen die ins Deutsche übertragenen Fassungen zitiert, um die Lektüre zu erleichtern.

u.a.) seine Blüte erleben wird, aber bereits in den Reportagen Egon Erwin Kischs einen ersten Höhepunkt finden sollte.[17] Allerdings hat die Methode der literarischen Reportage Reed nach der anfänglichen Begeisterung beim Publikum und enthusiastischen Rezensionen von John Dos Passos, Rudyard Kipling und Walter Lippmann (Homberger 1990: 58) auch Kritik bei seinen Biografen eingetragen. Diese bemängeln nicht nur die Mischung von Fakt und Fiktion (Homberger 1990: 58; Rosenstone 1975: 150), sondern werfen ihm auch vor, mitunter das Poetische über den Journalismus (Rosenstone 1975: 167) und die Fiktion über die Fakten (Duke 1987: 84-88) zu stellen oder gar Geschichtsklitterung zu betreiben (Tuck 1984: 103-120).

Der subjektive Impetus und die Betonung einer gewissen Dramaturgie lassen sich bereits an dem unvermittelten, bildhaften Einstieg in die Schilderung der Ereignisse von *Mexiko in Aufruhr* erkennen, der ohne eine Erläuterung der historischen Zusammenhänge auskommt. „Als Chihuahua geräumt werden mußte, lag Mercados Föderale Armee, nach ihrem über vierhundert Meilen weiten dramatischen Rückzug durch die Wüste, drei Monate in Ojinaga am Rio Grande" (Reed 1984: 48). Das Bild versetzt den Rezipienten wie in einer Filmszene unvermittelt an den Ort des Geschehens. Aber Reed kann sich dabei auch auf die gut informierte Leserschaft des liberalen *Metropolitan Magazine* und des linken Blattes *The Masses* verlassen, welche die revolutionären Ereignisse im Nachbarstaat verfolgte. Gleichzeitig schreibt er gegen die herrschende Verunglimpfung der mexikanischen Revolutionäre in der konservativen Presse an (Rodríguez Cruz 2007).

In den nächsten Sätzen betont er seine eigene Wahrnehmung der Wüstenlandschaft und des Ortes Ojinaga; gleichzeitig manifestiert sich der orientalistische Kontext seiner Lektüre der sich vor seinem Auge auftuenden Szene: „[…] hier und da die orientalische Kuppel einer alten spanischen Kirche. Es war ein trostloses Land, ein Land ohne Bäume. Man hätte Minarette erwarten können" (Reed 1984: 48). Ein anderes Charakteristikum der Literatur über Mexiko findet sich im Verlauf des Textes ebenfalls wieder: Um den Effekt der Authentizität seines Berichts zu erhöhen, flicht Reed spanischsprachige Begriffe wie *siesta, sarape, compadre, ándale, aguardiente* ein (Reed 1984: 49, 59, 62, 67, 70), auch wenn er im Unterschied zu vielen anderen Mexikoreisenden eingesteht, dass er nur gebrochenes Spanisch spricht und so manches Kommunikationsproblem daher

---

[17] Auf die literarischen Reportagen Kischs über Mexiko werde ich in Kapitel 7 genauer eingehen.

rührt (Reed 1984: 69). Einige der aus der früheren Mexikoliteratur gängigen Klischees tauchen erneut auf: Mexikaner sind heißblütig, tanzwütig und feiern bei jeder Gelegenheit ausgelassen (Reed 1984: 52, 93, 96, 205); sie verschieben gerne alles auf morgen (Reed 1984: 319); die Frauen sind leidenschaftlich (Reed 1984: 77); die „Indios haben Gesichter wie Masken" (Reed 1984: 150).

Trotz dieser für den Exotismus charakteristischen Merkmale entsteht aber in Reeds literarischer Reportage ein differenziertes Bild des kulturell Anderen. Das hat zunächst einmal mit seiner grundsätzlichen Sympathie und einer gewissen Faszination für das Land und seine Bewohner zu tun (Homberger 1990: 67). So notiert er zum Beispiel:

> Im Abendsonnenschein war die Wüste ein glühendes Gebilde. Wir ritten durch ein stilles, verzaubertes Land, das einem Königreich auf dem Meeresgrunde glich. [...] Dieses Land mußte man einfach lieben, dieses Mexiko – ein Land, das wert ist, dafür zu kämpfen. [...] Ich betrachtete diese fröhlichen, liebenswerten und bescheidenen Menschen, die so viel von ihrem Leben und ihrer Bequemlichkeit aufgaben, um tapfer zu kämpfen (Reed 1984: 102).

Reeds Bewunderung für die Mexikaner ist mithin politisch motiviert. Neben der Schönheit der Landschaft ist es vor allem der Kampfgeist der Revolutionäre, aber auch die Mentalität der ‚einfachen' Bevölkerung (Rosenstone 1975: 159; Rodríguez Cruz 2007), die sein grundsätzlich positives Bild von Mexiko bestimmen.

Dies hindert ihn nicht daran, wenigstens zeitweise eine kritische Perspektive einzunehmen. Das wird etwa an der Darstellung verschiedener Formen von Gewalt deutlich. Wie in vielen anderen Texten europäischer und US-amerikanischer Reisender spielt auch bei Reed die Darstellung von Gewalt in Mexiko eine bedeutende Rolle. Allerdings handelt es sich in *Mexiko in Aufruhr* großenteils um eine historisch erklärbare Gewalt im Kontext der ersten Phase der mexikanischen Revolution bis 1914. Der Autor steht der Gewalt nicht grundsätzlich negativ gegenüber, zumal er aus seiner ideologischen Sympathie für die Sache der sozialen Revolution keinen Hehl macht. Aber er unterscheidet im Einzelfall, von wem die Gewalt in den Revolutionskämpfen ausgeht und wie sie begründet ist.

Am Anfang des Buches beschreibt er die willkürliche Gewalt der föderalen Truppen des Generals Mercado und die Einschränkung der Pressefreiheit, die er ironisch kritisiert (Reed 1984: 49). Die Gewalt der Föderalen löst wiederum Gewalt gleichen Ausmaßes unter den Revolutionssoldaten der Truppen Francisco (Pancho) Villas aus, die für Reed durch die

Taten Ersterer gerechtfertigt erscheint (Reed 1984: 104-105) Gleichzeitig kritisiert der Autor aber persönliche Gewalt- oder Racheakte einzelner Offiziere und Generäle auch dann, wenn sie auf Seiten Villas kämpfen (Reed 1984: 110-111, 190). Gewalt scheint Reed mithin als historisch politisch begründete, kollektive Gegengewalt legitim, sie ist es in diesem Sinne nur dann, wenn sie revolutionäre Veränderungen anstrebt. Wem dabei Reeds Sympathien gelten, wird im Verlauf des Buches ersichtlich. Er unterscheidet zwischen einer politischen Revolution zur Absetzung des Diktators Porfirio Díaz durch die konstitutionalistischen Generäle Francisco Madero und Venustiano Carranza auf der einen und einer sozialen Revolution der verarmten Bauern auf der anderen Seite (Rosenstone 1975: 154-155). Sein Misstrauen gegenüber Carranza (Rosenstone 1975: 164) und dessen Reformprogramm (Reed 1984: 184-185) sowie seine Sympathie für Pancho Villa, dem er mit seiner Reportage ein Denkmal setzt, sind nur allzu deutlich.

Diese in erster Linie politisch ideologisch motivierte Sympathie bzw. Antipathie zeigt sich auch in dem Porträt, das Reed im Verlauf des Buches von Villa zeichnet. Dessen Persönlichkeit glänzt umso mehr, als der Autor seine Eigenschaften von denen anderer Soldaten abhebt. So beschreibt er einen General der föderalen Truppen als großspurig, unentschlossen, weinerlich und pathetisch (Reed 1984: 50), kritisiert einen der Führer der Konstitutionalisten als typischen Macho (Reed 1984: 70, 72) und stellt einen Revolutionssoldaten als feige dar (Reed 1984: 59). Demgegenüber erscheint Pancho Villa nicht nur als ein bauernschlauer, hervorragender Militär (Reed 1984: 166-168) und hochintelligenter Mensch, der in wenigen Monaten lesen und schreiben lernte (Reed 1984: 166), sondern auch als armer, einfacher Bauer, der weder Wert auf Reichtum noch Etikette legt, als eine Art mexikanischer Robin Hood, der sich zum Inbegriff einer Agrarrevolution entwickelt hat (Reed 1984: 158-165; Pike 1992: 218-219), deren Forderungen im Gegensatz zu den Interessen der meisten Revolutionsoffiziere stehen (Reed 1984: 122).

Gleichzeitig wird Villa als eine Art Supermacho mit ausschweifendem Liebesleben beschrieben (Reed 1984: 176-178). Während Reed den Machismo der Mexikaner an anderer Stelle kritisiert und positiv registriert, dass sich die Frauen, bedingt durch die Revolutionsereignisse, gegen die Allmacht der Männer auflehnen (Reed 1984: 243-244), lässt er ihn bei Villa gelten und drückt in diesem Punkt sogar seine Bewunderung für den Revolutionshelden aus. Diese Bewunderung ist mehr als die bloße Begeisterung für den einfachen Revolutionär aus dem Volk und dessen militärische Erfolge. Sie ist auch ein Ausdruck der grundsätzlichen Distanz zwischen dem „Mann der Tat" Villa und dem Intellektuellen Reed, die in der Reportage eher implizit enthalten ist. Mehrfach wird die Sehnsucht des Reporters augenfällig, dazugehören zu wollen, sich in einen der Revolutionäre zu verwandeln. Er möchte keinesfalls als „Gringo" gelten (Reed 1984: 81) und ist sichtlich stolz auf seine gute Beziehung zu Villa.

Manchmal ist sich Reed der Distanz zwischen dem Revolutionsgeneral und dem außerhalb der unmittelbaren Kämpfe stehenden Intellektuellen durchaus im Klaren, so etwa, wenn er den Heldengestus seiner schreibenden Kollegen ironisch karikiert (Reed 1984: 305). Doch er selbst sieht sich aufgrund seiner Identifikation mit der sozialen Revolution und deren Vertretern nicht in der gleichen Rolle wie andere US-Journalisten. Vielmehr schreibt er ganz bewusst gegen die Vorurteile der US-Amerikaner gegenüber Mexiko und seinen Bewohnern an (Reed 1984: 91-92) und thematisiert auch das beiderseitige Unwissen über die Geschichte des jeweils Anderen (Reed 1984: 91-92, 115, 205) sowie die politischen Spannungen zwischen beiden Ländern, die kurz nach seiner Rückkehr in die Vereinigten Staaten in der US-Invasion in Veracruz ihren Höhepunkt finden sollten. Reed ist ein parteiischer Reporter und macht daraus auch keinen Hehl. Insofern kann ich der Verortung seiner Mexikotexte innerhalb seiner journalistischen Produktion, wie sie David C. Duke (1987) vornimmt, auch nicht zustimmen. Duke unterteilt Reeds Texte in drei Phasen – den Schriftsteller als Beobachter, als Aktivist und als Propagandist –, und er ordnet *Mexiko in Aufruhr* in die erste Phase ein. Meines Erachtens müssten die Mexikoreportagen allerdings zur zweiten Phase gerechnet werden, in der Reed sich bereits deutlich politisch positioniert und seine konkreten Beobachtungen, wie die obige Interpretation zeigt, bisweilen auch seiner Ideologie unterordnet.

Reeds Identifikation mit der sozialen Revolution und die Verquickung seines persönlichen Erlebens mit den politischen Kämpfen macht allerdings auch deutlich, dass seine Mexikoerfahrung mehr ist als ein journalistisches Unterfangen – was ja auch im Gebrauch des Genres der literarischen Reportage augenscheinlich wird. So schreibt Robert A. Rosenstone meines Erachtens zu Recht: „[…] viele seiner Berichte über Mexiko sagten ebenso viel über Reed aus wie über die Revolution. Die Verschmelzung des Ich mit dem geschichtlichen Ereignis fand statt, weil sein Schreiben eine Suche nach Sinn und Selbstbestimmung widerspiegelte"[18] (Rosenstone 1975: 150, Übersetzung FSW).

---

[18] „[…] much of his reporting from Mexico, told as much about Reed as about the revo-

Trotz der Identifikation mit der Revolution bleibt die Distanz zwischen den Revolutionären und dem sich mit ihnen identifizierenden Reporter bestehen. Insofern ist das Buch auch eine Art Selbstbespiegelung des Intellektuellen und seiner Rolle in der Gesellschaft, auch wenn diese eher implizit denn explizit zum Tragen kommt. Knapp sechzig Jahre nach dem Erscheinen von *Mexiko in Aufruhr* wird der mexikanische Regisseur Paul Leduc Reeds Mexikoreportage unter dem Titel *Reed, México insurgente* (Reed, Mexiko in Aufruhr) verfilmen und bei seiner Interpretation besonderes Augenmerk auf eben diese Distanz legen (Hess/Hess 1974), aber auch die Texte des US-amerikanischen Reporters mit der innermexikanischen Mystifizierung der Revolution konfrontieren.[19]

Zwar mag Reeds Reportage Vorurteile enthalten, welche die ältere exotistische Tradition fortschreiben, und *Mexiko in Aufruhr* ist sicher mindestens ebenso ein Text über die Revolution wie über die romantische Vorstellung, die sich der US-amerikanische Schriftsteller von ihr machte. Aber das Buch zeigt auch die inneren Kämpfe und Widersprüche und insofern ein realistisches und vielfältiges Bild Mexikos zur Zeit der Revolution. Reeds positives Fazit über die Zukunft der sozialen Revolution der bäuerlichen Massen sollte sich nicht bewahrheiten; allerdings muss man berücksichtigen, dass er Zeuge der Revolution in ihren hoffnungsvollsten und radikalsten Momenten wurde (Homberger 1990: 71).

In den Schlusssätzen seiner literarischen Reportage greift Reed dennoch auf eine Idee zurück, die bereits im 19. Jahrhundert von vielen Reisenden in Mexiko vertreten wurde und die uns aus den Reisenotizen Harry Graf Kesslers geläufig ist. Aus Anlass einer Theateraufführung schreibt er, dass ihm plötzlich klar wurde,

> [...] daß alles, was wir hier gesehen hatten, dem goldenen Zeitalter des Theaters in Europa beim Aufblühen der Renaissance gleichkam. Es war amüsant, daran zu denken, was wohl aus der mexikanischen Renaissance geworden wäre, hätte sie nicht so lange auf sich warten lassen.
> Doch an die engen Küsten des mexikanischen Mittelalters schlugen bereits die hohen Wogen modernen Lebens, des wissenschaftlich-technischen Zeitalters und der politischen Entwicklung. Mexiko wird eine Zeitlang auf sein goldenes Zeitalter des Dramas verzichten müssen (Reed 1984: 352-353).

---

lution. A fusion of self with historical event occured because his writing reflected a search for meaning and self-definition" (Rosenstone 1975: 150).

[19] Vgl. zu einer komparatistischen Analyse der Reportagen Reeds mit dem Film Leducs Peters (2010).

Am Ende verfällt auch Reed einem dem Ideengut des 19. Jahrhunderts verpflichteten Entwicklungsmodell, das in postkolonialen Gesellschaften nur eine frühere Entwicklungsstufe im Vergleich zu den Industrieländern sehen kann, ein mexikanisches Mittelalter, dessen Entwicklung sich aber immerhin bei dem US-amerikanischen Schriftsteller im Unterschied zu anderen Reisenden[20] durch die Revolution plötzlich mit Siebenmeilenstiefeln der Moderne und dem wissenschaftlich technischen Zeitalter annähert. In diesem Sinne repräsentiert die soziale Revolution in Mexiko zu Beginn des 20. Jahrhunderts für Reed eine Hoffnung, wenn auch eine, die sich an den Fortschrittsmodellen des 19. Jahrhunderts orientiert und die erste große, durch den Ersten Weltkrieg ausgelöste Krise dieses Modells noch vor sich hat.

3.2
Vitalität und Revolution: Eisensteins ewiges Mexiko

Eigentlich, so Inga Karetnikova, gab es im Leben Sergei M. Eisensteins nicht ein, sondern drei Mexikos: Das imaginäre Mexiko seiner Jugend; das reale Mexiko während seines Aufenthaltes dort zwischen Dezember 1930 und März 1932, als er Aufnahmen für den Film *Que viva Mexico!* drehte; und schließlich das Mexiko seiner Erinnerung, das ihn ein Leben lang begleiten sollte (Karetnikova 1991: 4)[21].

Den ersten Kontakt mit dem imaginären Mexiko hat Eisenstein 1920 im Kontext der russischen Avantgarde, als er für Boris Arvatovs Theaterfassung von Jack Londons Erzählung *The Mexican* das Bühnenbild entwirft. Die Inszenierung, in der bis auf die Hauptfigur alle Personen in kubistischen Kostümen auftreten, wird im März 1921 uraufgeführt (Weise 1975: 20-21). Darüber hinaus ist davon auszugehen, dass der spätere Filmregisseur John Reeds Reportagen über die mexikanische Revolution kannte (de la Vega Alfaro 1997: 25), da Reed wegen seiner Berichte über die russische Revolution auch in der Sowjetunion große Beliebtheit genoss und Eisenstein seinen Film *Oktober* (1927) mit dem Untertitel von Reeds Buch über die Revolution versah. Außerdem kann man annehmen, dass er Konstantin D. Balmonts sowie Wladimir Majakowskis Briefe, Reiseskizzen und Gedichte über ihre Mexikoerfahrungen kannte (Karetnikova 1991: 8;

---

[20] Vergleiche Kapitel 4 des vorliegenden Buches, in dem ich das Mexikobild der englischen Schriftsteller D. H. Lawrence, Aldous Huxley und Graham Greene erörtere.

[21] Vgl. zur Biografie Eisensteins auch Seton (1978).

de la Vega Alfaro 1997: 30-31).[22] Darüber hinaus gibt es im russischen Staatarchiv für Literatur und Kunst eine Seite aus der *Arbeiter Illustrierte Zeitung*, die Eisenstein gehörte und Fotografien des mexikanischen Allerseelenfestes zeigt, das ihn offenbar faszinierte (de los Reyes 2006: 39-40). 1927 schließlich trifft er Diego Rivera bei dessen Aufenthalt in der Sowjetunion; und Rivera versichert ihn seiner Bewunderung für *Panzerkreuzer Potemkin*, den er mit der mexikanischen Wandmalerei der Revolutionszeit vergleicht (Karetnikova 1991: 8-9). In den Gesprächen mit Rivera in Moskau wird nach Eisensteins Aussage sein konkretes Interesse an Mexiko geweckt (Karetnikova 1991: 10). Auch auf Eisenstein wirkt Rivera, wie auf viele Intellektuelle, etwa André Breton oder die deutschsprachigen Exilanten in den 1940er Jahren, als eine Art kultureller „Filter" für die Wahrnehmung Mexikos, als jemand, der die Perzeption des Landes in bestimmte Richtungen lenkt.[23]

Während seines Aufenthaltes in Kalifornien 1930 beschäftigt sich Eisenstein weiterhin mit dem Land, liest unter anderem Anita Brenners *Idols Behind Altars* und wahrscheinlich einige Nummern der Zeitschrift *Mexican Folkways*[24] (Geduld/Gottesman 1970: 5-6; de la Vega Alfaro 1997: 34-35; de los Reyes 2006: 167-171) – beide Publikationen gehörten auch für viele englischsprachige Reisende nach Mexiko zur Standardlektüre und prägten ihr Interesse an ausgewählten Aspekten der mexikanischen Kulturen. Als die Verhandlungen mit Paramount über diverse US-amerikanische Filmprojekte wegen Eisensteins politischer Haltung und einer antikommunistischen Hetzkampagne gegen ihn scheitern (O'Mahony 2008: 133) und Diego Rivera sowie der Filmregisseur Robert Flaherty ihm vorschlagen, einen Dokumentarfilm über Mexiko zu drehen (O'Mahony 2008: 134; Weise 1975: 88-91), entschließt sich der Regisseur, seinen Auslandsaufenthalt zu verlängern und das Mexikoprojekt anzugehen. Mit Unterstützung von Charlie Chaplin (Karetnikova 1991: 11; de los Reyes 2006: 85-87) erreicht

---

[22] Vgl. zu den Mexikobildern bei Balmont und Majakowski: Schimmelpfennig (1992); Schneider (1973).

[23] Vgl. zur Wahrnehmung Diego Riveras bei den zeitgenössischen europäischen Literaten Badenberg (1992b).

[24] Die von der US-Amerikanerin Frances Toor mit Unterstützung mexikanischer Regierungsstellen gegründete Zeitschrift *Mexican Folkways* (1925-1937) war das wichtigste englischsprachige Organ zur Verbreitung und Diskussion der zeitgenössischen Tendenzen in Kunst, Folklore und Ethnologie/Archäologie Mexikos, das für viele kulturinteressierte Mexikoreisende zur Inspirationsquelle wurde. Vgl. zu einer Geschichte der Zeitschrift Sandoval Pérez (1998).

er schließlich, dass das Ehepaar Upton und Mary Craig Sinclair sowie einige weitere Geldgeber eine Finanzierung des Films vertraglich zusichern (García Riera 1987-1990, Bd. 1: 189-190; Karetnikova 1991: 11; Weise 1975: 92).

Im Dezember 1930 reist Eisenstein gemeinsam mit dem Koautor des Drehbuches und Assistenten für den Mexikofilm, Grigori Alexandrow, und dem Kameramann Eduard Tisse nach Mexiko-Stadt und später auf der Suche nach geeigneten Orten für die Dreharbeiten durch mehrere mexikanische Bundesstaaten. Er hält sich bis März 1932 für die immer wieder unterbrochenen Dreharbeiten in Mexiko auf. Zu den schwierigen ökonomischen Bedingungen (der ursprünglich vereinbarte Betrag von 25.000 US-$ für den Film war von Anfang an unrealistisch) gesellen sich politische Probleme mit der Sowjetregierung (O'Mahony 2008: 138) und mit Upton Sinclair sowie persönliche Auseinandersetzungen mit dessen Vertreter Hunter Kimbrough in Mexiko (Karetnikova 1991: 11; Weise 1975: 94-95), so dass Eisenstein das Projekt nicht zu Ende führen kann; das geplante Kapitel des Films über die mexikanische Revolution und insbesondere die Rolle der Soldatinnen in ihr wird nicht verwirklicht.[25]

Nach der Rückkehr in die USA muss Eisenstein schon bald in die UdSSR weiterreisen und überlässt das gesamte Rohmaterial des Films Upton Sinclair, der verspricht, es nachzuschicken. Doch Sinclair erfüllt dieses Versprechen nicht bzw. wird er eventuell auch von der Sowjetregierung daran gehindert, und so lässt er in der Folge mehrere kommerzielle Filmprojekte aus dem Material „herausschneiden", ohne dass Eisenstein an diesen beteiligt oder auch nur beratend tätig wäre.[26] Auf diese Weise entstehen in kurzer Folge die Filme *Thunder over Mexico* (1933), *Death Day* (1934) und *Time in the Sun* (1939) (Weise 1975: 96). 1954 schließlich überlässt Sinclair das restliche Rohmaterial dem „Museum of Modern Art" in New York (Geduld/Gottesman 1970: XVIII). Dass die aus dem Rohmaterial entstandenen Filme allesamt den Absichten Eisensteins zuwiderliefen, wird aus seiner Aussage nach deren Ansicht mehr als deutlich: „Zunichte gemacht sind die Ideen durch sinnlose Kombinationen, durch verzetteltes Material […] zerschlagen das Ganze, mit Füßen getreten die monatelange Arbeit […]" (zitiert nach Weise 1975: 97).

---

[25] Vgl. zum Ablauf der Dreharbeiten und deren zeitgenössischer Rezeption in Mexiko de la Vega Alfaro (1998) sowie zu den Konflikten mit Sinclair und dessen Vertreter den Briefwechsel in Geduld/Gottesman (1970: 27-299).

[26] Vgl. zu den Konflikten um die weitere Behandlung des Filmmaterials den Briefwechsel in Geduld/Gottesman (1970: 301-425).

Erst 1979 entsteht unter der Regie seines Assistenten Grigori Alexandrow sowie Nikita Orlows eine Version des Eisenstein'schen Filmprojektes, die seinen Absichten nahekommen dürfte. Diese Version bildet die Grundlage der folgenden Interpretation, wobei man berücksichtigen muss, dass die „Endfassung" des Films nicht allein eine Arbeit Eisensteins ist, sondern eine Art Koproduktion *post mortem*.

Will man Eisensteins Reaktion auf die mit seinem Rohmaterial produzierten US-amerikanischen Filme verstehen, muss man sich zunächst seine Arbeitsweise und vor allem seine Theorie der Montage vergegenwärtigen, denn nur so wird klar, warum er von „sinnlosen Kombinationen" und „verzetteltem Material" spricht. Nach seiner Auffassung ist Montage „nicht ein aus aufeinanderfolgenden Stücken zusammengesetzter Gedanke, sondern ein Gedanke, der im Zusammenprall zweier voneinander unabhängiger Stücke entsteht [...]" (Eisenstein 1971: 69). Der Gedanke oder die Idee ist also nicht in den einzelnen Stücken selbst enthalten, sondern in ihrem Aufeinandertreffen in den montierten Szenen. Der russische Regisseur unterscheidet dabei zwischen Parallelmontage und Attraktionsmontage, wobei er letztere für seine eigene Produktion in Anspruch nimmt. Die Attraktionsmontage steht dem „Verfahren einfacher kontrastierender Gegenüberstellungen, [...] das oft einen definitiv starken emotionalen Effekt auslöst, [technisch näher]" (Eisenstein 1988: 21) als die Parallelmontage. Bei der Attraktionsmontage werden insofern nicht Erscheinungen, sondern Assoziationsketten miteinander gekoppelt (Eisenstein 1988: 19, 21), die beim Zuschauer **notwendige** Assoziationen auslösen (Eisenstein 1988: 19, 26-27). In diesem Sinne stellt die Attraktionsmontage „[...] die Bekräftigung der Montagemethode klassenmäßig nützlicher Einwirkungen" (Eisenstein 1988: 45) dar. Die Sinnproduktion liegt also letztlich auf der Produktionsseite, da die Zuschauer aufgrund der in ihnen ausgelösten notwendigen Assoziationen nicht unmittelbar an derselben jenseits des vom Regisseur Gewollten beteiligt sind.[27] Die wesentliche Kritik Eisensteins an den auf der Grundlage seines in Mexiko gedrehten Rohmaterials montierten US-amerikanischen Filmen dürfte sich folglich auf das Fehlen der Attraktionsmontage und mit ihr der notwendigen Assoziationen sowie damit einhergehend der politischen Funktion des Materials im Film beziehen.

---

[27] Vgl. zu einer Kritik der Montagetheorie Eisensteins und zum Vergleich der theoretischen Ansätze zur Montage bei seinen Zeitgenossen Wsewolod Pudowkin und Dziga Vertov: Schmidt (1996a: 153-157).

Der ausschließlich mit Laienschauspielern besetzte ‚Stummfilm'[28] *Que viva Mexico!* sah in seiner ursprünglichen Planung sechs Teile vor: einen Prolog, die vier Kapitel „Sandunga", „Fiesta", „Maguey" und „Soldadera" sowie einen Epilog.[29] Das Rohmaterial, aus dem der Film montiert werden sollte, wurde in Mexiko unter der Regie Eisensteins gedreht, es fehlt (aufgrund der politischen und finanziellen Probleme) allerdings ein zentraler Teil, das Kapitel „Soldadera", in dem es gerade um die mexikanische Revolution gehen sollte.

Der Prolog beginnt mit Bildern der präkolumbischen religiösen Zentren Teotihuacan und Chichen Itzá sowie Steinskulpturen von Göttergestalten. Darauf folgt die Szene einer Gruppe von Männern, die einen Sarg durch eine Agavenpflanzung tragen, während die Frauen am Rande stehen und die Beerdigung beobachten. Diese Szene basiert auf einem Wandgemälde von David Alfaro Siqueiros (de los Reyes 2006: 135-136). Die Einleitung endet mit dem Bild einer Steinskulptur, die den Tod darstellt, hinterlegt mit dem Schlag eines großen Gongs. Die Stimme aus dem *off* kommentiert diese Bilder: Die Zeit ist die Ewigkeit, es könnte heute sein, vor zwanzig oder vor tausend Jahren. Zu dieser Vorstellung der eingefrorenen Zeit passen die Kombination der Ruinenstätten mit den Gesichtern heutiger Maya, die im Profil neben den Steingesichtern der Pyramiden und Tempel zu sehen sind, und die versteinerten, unbeweglichen Gesichter der Menschen bei der Beerdigung. Beide Szenen entziehen die heutigen indigenen Gruppen der Gegenwart und stellen sie in einen geschichtslosen, vormodernen Kontext. Der präkolumbische Todeskult wird auf diese Art in die Gegenwart verlängert, es wird eine Kontinuität zwischen den alten Zivilisationen und dem Leben der heutigen indigenen Gruppen Mexikos hergestellt, und der geradezu pädagogische Kommentar aus dem *off* verstärkt dies, indem

---

[28] Entsprechend der technischen Möglichkeiten während der Dreharbeiten handelt es sich um einen Stummfilm, der allerdings im Nachhinein mit Geräuschen (trappelnde Pferde, Rufe der Masse beim Stierkampf etc.) und mit Musik unterlegt wurde. Die handelnden Figuren sind stumm, die einzige Stimme, die etwas zu sagen hat, ist die des Erzählers aus dem *off*.

[29] Eine englische Fassung des Drehbuches, das größtenteils aus allgemeinen Gedanken zu Konzeption und Inhalt des Films sowie aus den im Film eingesprochenen Kommentaren, aber nicht aus detaillierten Regieanweisungen besteht oder gar ein Skript beinhaltet, findet sich in Eisenstein (1952: 27-87) sowie in Karetnikova (1991: 35-138). Allerdings unterscheiden sich die Versionen für die Verwirklichung des Films, die Eisenstein selbst während der Arbeit an *Que viva Mexico!* erstellte, vor allem in der Anordnung der Kapitel (Leyda/Voynow 1982: 61-73). Vgl. zu diesen Versionen de los Reyes (2006: 215-266, 288-291).

er darauf hinweist, dass die heutigen Gesichter denen des antiken Mexiko gleichen.

Die Kernaussage des Prologs kommt ebenfalls aus dem *off*: Die präkolumbischen Zivilisationen sind ein dem Tod verpflichtetes Reich, in dem das Volk im Namen des Todeskultes versklavt und die Gegenwart völlig durch die Vergangenheit bestimmt werden. Geschichte ist in dieser Welt aus Steinen, Göttern und versklavtem Volk unmöglich. Eisensteins Sicht auf die präkolumbische Welt beschränkt sich im Wesentlichen auf die Mayakultur der Halbinsel Yucatán, die er aus den Ruinen der Zeremonialzentren „herausliest". Damit wird die Vielfalt der Kulturen vor der Conquista auf eine einzige der sogenannten Hochkulturen reduziert – womit das Bild des präkolumbischen Mexiko sich demjenigen der nationalistischen Vereinnahmung der Hochkulturen durch die postrevolutionären Regimes im Land angleicht, die ebenfalls eine „historische" Kontinuität vor allem mit den Mexica und den Maya herzustellen versuchten.

Der zweite Teil des Films, „Sandunga", setzt dieser von Menschen geschaffenen Welt aus Stein zuallererst die tropische Natur entgegen: Palmen, Tiere des Urwaldes und tropische Früchte im Überfluss bestimmen den Beginn des Kapitels, als musikalischer Hintergrund dient die melancholische „La Sandunga"[30], das charakteristische Lied der Region des Isthmus von Tehuantepec im mexikanischen Bundesstaat Oaxaca. Auch wenn in diesem Kapitel wie im „Prolog" die indigenen Kulturen Mexikos in den Vordergrund gestellt werden, geschieht es doch auf diametral entgegengesetzte Weise (Salazkina 2009: 56-57).

„Sandunga" erzählt die Geschichte der Hochzeit von Concepción und Abundio vor dem Hintergrund einer matriarchalen Gesellschaftsordnung,[31] in der die Frauen alle ökonomischen Dinge und auch die Hochzeit regeln. Die Zeit schreitet zwar langsam voran, aber sie vergeht immerhin im Unterschied zu den versteinerten Zivilisationen der Teotihuacan- und Mayakultur. Das Leben ist ein paradiesisch erotisches Idyll (Pick 2010: 102), in dem angeblich nur die Frauen arbeiten und den sozialen Umgang bestim-

---

[30] Die „Sandunga" ist ein Lied andalusischen Ursprungs, das 1853 in veränderter Form an den Isthmus von Tehuantepec gelangte und dort zu einer Art Hymne der Region wurde (Ruiz Arrazola 2003).

[31] Zur Zeit der Dreharbeiten gingen auch alle ethnologischen Forschungen zur Kultur am Isthmus von Tehuantepec noch davon aus, dass es sich bei dieser Gesellschaft um ein Matriarchat handelt. In späteren Forschungen konnte allerdings nachgewiesen werden, dass dies nicht der Fall ist, auch wenn es teilweise, z.B. in Juchitán, matriarchale Elemente innerhalb der lokalen Gesellschaftsstruktur gibt.

men, es gibt keine Hinweise auf irgendeine Art von Modernisierung, und die Menschen führen ein Leben, das seine Leichtigkeit durch den tropischen Überfluss an Nahrungsmitteln und Tanz und Festen erhält (Salazkina 2009: 58-59). Primitiv, aber glücklich, der Zeit entrückt, genießen die Bewohner des Isthmus ihr einfaches Leben in einem laut Kommentar aus dem *off* „halbvegetativen Zustand". Und dieses Bild überträgt Eisenstein in seinem Drehbuch auf andere, nicht westliche Zivilisationen, indem er das Markttreiben in Tehuantepec mit demjenigen Indiens, Bagdads und der Südsee vergleicht (Karetnikova 1991: 55) und so die exotistische Vorstellung auf alle angeblich primitiven, nicht okzidentalen Gesellschaften anwendet. Noch dazu wird die paradiesische Natur mit der ‚Natürlichkeit' der oft halbnackt dargestellten Frauen verknüpft, Fülle der Natur und Frau werden in eins gesetzt (Podalsky 1993: 32).

Doch das Idyll zerbricht am Übergang des Kapitels „Sandunga" zum nächsten Teil, „Fiesta". Die – im Film nicht von ungefähr nackten – Kinder des Ortes, Sinnbild der „tropischen" Unschuld, fliehen beim Anblick einiger tanzender Masken, welche die Konquistadoren darstellen. Die Eroberung des amerikanischen Kontinents bricht unvermittelt in das matriarchale Paradies ein. Das Kapitel „Fiesta" beginnt mit Tänzen im Kontext einer Wallfahrt zur Heiligen Jungfrau von Guadalupe, die im Film das Symbol für die Bekehrung der indigenen Bevölkerung zum Christentum repräsentiert. Der Erzähler aus dem *off* erläutert, dass Cortés Mexiko eroberte und den Geistlichen dabei die Rolle zukam, die heidnischen Riten mit Gewalt zu beseitigen und die Pyramiden mit Kirchen zu überbauen. Die Kommentare sind nicht nur bezüglich der katholischen Kirche, sondern (im Prolog) auch bezüglich der Glaubensvorstellungen der Maya religionskritisch, und Eisenstein stellt Parallelen zwischen dem Todeskult der präkolumbischen Kulturen und dem Christentum her, indem er die Priester und Bischöfe im Film mit Totenschädeln auftreten und damit die mittelalterliche Tradition der Totentänze in Europa wieder auferstehen lässt. Der mexikanische Totentanz wird mit der Infragestellung der christlichen Bekehrung und der Andeutung des Synkretismus verbunden, wenn der Kommentator aus dem *off* fragt, ob die Menschen für die Heilige Jungfrau von Guadalupe tanzen oder sich dahinter die Götter der Mexica verbergen.

Im Anschluss an die Tänze, die neben dem von Eisenstein intendierten symbolischen auch einen dokumentarischen Wert haben, da seinerzeit Elemente der mexikanischen Populärkultur im Film kaum Erwähnung fanden, wird ausführlich ein Stierkampf von der Vorbereitung bis zum blutigen Ende der Tötung des Stiers gezeigt. Auch diese Szene hat durchaus etwas Kostumbristisches. Gleichzeitig dient sie dem Regisseur bzw. den Regisseuren aber als weiteres Symbol für den spanischen Einfluss in der mexikanischen Kultur. Im Unterschied zu anderen literarischen und filmischen Repräsentationen Mexikos wird hier die Barbarei, und konkret die des Stierkampfs, jedoch (wie z.b. auch bei Alfons Goldschmidt[32]) als spanisches Element oder spanischer Einfluss auf die mexikanische Kultur gesehen.

Allerdings sind auch die Darstellungen der spanischen Kultur in *Que viva Mexico!* nicht ohne einen gewissen Exotismus. Spanische Barockarchitektur und Stierkampf werden laut Drehbuch ergänzt um romantische Liebe, „südliche" Eifersucht, Betrug und den Hang zur locker sitzenden Waffe (Karetnikova 1991: 96) – und so muss man sich nicht wundern, dass Eisenstein im Drehbuch ausdrücklich auf Georges Bizets *Carmen* Bezug nimmt (Karetnikova 1991: 97). Das Kapitel wird aber im Film von Alexandrow nicht wie im Drehbuch (Karetnikova 1991: 98) mit einer an *Carmen* gemahnenden Eifersuchtstragödie beschlossen, sondern mit einer friedlichen Ausfahrt der Toreros und ihrer Angebeteten auf den schwimmenden Gärten von Xochimilco im Süden von Mexiko-Stadt.

Der Übergang von diesem idyllischen Ausflug zum nächsten Kapitel „Maguey" wird durch die Stimme aus dem *off* eingeleitet, die Mexiko als „sanft und lyrisch, aber auch grausam" bezeichnet. Laut Drehbuch spielen die beiden Kapitel „Fiesta" und „Maguey" zur Zeit der Diktatur unter Porfirio Díaz, also vor der mexikanischen Revolution (Karetnikova 1991: 75, 95), mit dem Unterschied, dass in „Fiesta" „die Atmosphäre [...] rein spanischen Charakters ist"[33] (Karetnikova 1991: 95, Übersetzung: FSW). Bedenkt man, dass der Teil „Fiesta" mit der Eroberung beginnt, stellt der Film also eine direkte Linie zwischen Cortés und Porfirio Díaz her, begründet eine einzige Epoche kapitalistischer Ausbeutung seit der Eroberung bis zur mexikanischen Revolution, ohne dabei die nationale Unabhängigkeit, die bezeichnenderweise im Film nirgends vorkommt, als Bruch mit dem Kolonialsystem zu thematisieren. Diese eurozentrische Sichtweise der mexikanischen Geschichte geht von einem Dreischritt aus, in dem auf die primitive Gesellschaft des Isthmus von Tehuantepec die kapitalistische Epoche seit der spanischen Eroberung und anschließend die sozialistische mit der mexikanischen Revolution folgen, wobei zugleich eine Art Gleichzeitigkeit des Ungleichzeitigen konstruiert wird, in der die unterschiedlichen gesellschaftlichen Entwicklungsstufen teilweise koexistieren (Podalsky 1993: 27, 30).

---

[32] Vgl. Kapitel 9.1 des vorliegenden Buches.

[33] „The atmosphere [...] is of pure Spanish character" (Karetnikova 1991: 95).

In „Maguey" zeigt Eisenstein deutlicher als im mit dokumentarisch kostumbristischen Elementen durchsetzten Teil „Fiesta" die Konfrontation der verschiedenen Klassen in Mexiko zum Ende der Diktatur von Porfirio Díaz. Der einzige unmittelbar dokumentarische Aspekt ist die detailreich dargestellte Extraktion des Agavensaftes der Magueyes für die Herstellung von Pulque auf der Hacienda, auf der die Handlung dieses Kapitels angesiedelt ist.

Am Anfang von „Maguey" sind einige Bilder zu sehen, die an die übrigen Kapitel anschließen und so eine Kontinuität der Argumentation des Films herstellen. Die starren Blicke und die versteinerten Gesichter der in halbfeudaler Abhängigkeit gehaltenen Landarbeiter erinnern an die Gesichter der Maya im Prolog, die Stimme aus dem *off* kommentiert dazu, dass sie zur Heiligen Jungfrau von Guadalupe beten, damit diese ihr Leiden beende und knüpft damit an die in „Fiesta" gezeigte Volksfrömmigkeit an. Das Spiel mit dem aus Pappmaché gefertigten „Torrito", Teil eines Volkstanzes, in dem der Stierkampf parodiert wird, verdeutlicht, dass sich das Opfer, in diesem Fall der Stier als Symbol für die unterdrückten Bauern, zur Wehr setzen kann: Mit ihm zündet einer der Landarbeiter die Hacienda als Akt des Widerstandes an. Die Szene knüpft an diejenige des Stierkampfs aus „Fiesta" an, in der der Stier als die Massen vertretendes Opfer der gewaltsamen Unterdrückung gezeigt wird. Gleichzeitig werden in wenigen symbolträchtigen Bildern die soziale Situation und die Klassenkonfrontation geschildert, wie man es von früheren Filmen Eisensteins, etwa aus *Panzerkreuzer Potemkin*, kennt. Der Schatten eines bewaffneten Mannes, der am Tor der Hacienda lehnt, die nackten Füße und die zerlumpte Kleidung der Bauern machen die Armut Letzterer und die auf Gewalt aufgebaute Beziehung zwischen Haciendabesitzer und Landarbeitern, zwischen Ausbeuter und Ausgebeuteten, augenfällig. Die mehrfache Verwendung eines Porträts von Porfirio Díaz in einem der Räume der Hacienda verdeutlicht den historischen Kontext des Geschehens.

Der Großgrundbesitzer und seine Freunde werden als dekadente, ständig betrunkene, groteske Figuren charakterisiert, die Montage legt den Vergleich mit Schmeißfliegen und Schweinen nahe. Sie führen auf Kosten der Landarbeiter ein ausschweifendes Leben und wappnen sich durch bewaffnete, als *charros* gekleidete Schergen (Pick 2010: 121) gegen einen möglichen Widerstand von Seiten der Ausgebeuteten. Als María, die Verlobte des Landarbeiters Sebastián, von einem der Freunde des Haciendabesitzers vergewaltigt wird, bricht der offene Konflikt aus. Sebastián will sich rächen, wird aber von den Schergen des Großgrundbesitzers abgeführt. Die hasserfüllten Blicke der anderen Bauern beschwören bereits den Widerstand herauf, und die Szene, in der die bewaffneten Männer des Ausbeuters vor ihren Blicken zurückweichen, zeigt, dass die Machtverhältnisse sich ändern können. Als María eingesperrt wird, entlädt sich der persönliche Hass Sebastiáns und seiner Freunde. Sie stecken die Hacienda in Brand und stehlen Gewehre, um María zu befreien. Doch der bewaffnete Kampf scheitert, die Arbeiter werden in einer an David W. Griffith erinnernden Szene eingefangen (García Riera 1987-1990: 195); die Konfontation endet damit, dass die überlebenden Bauern bis zum Hals eingegraben und von den Pferden der Schergen des Großgrundbesitzers zu Tode getrampelt werden. Die letzte Szene des Kapitels zeigt erneut die hasserfüllten Augen der Landarbeiter, die einen Umschwung vom persönlich motivierten Kampf Sebastiáns zum revolutionären Kampf der Bauern erwarten lassen – jenem revolutionären Kampf, der zwar im Drehbuch Eisensteins stand, der aber im Film aus den bereits genannten Gründen nicht mehr realisiert werden konnte.

Grigori Alexandrow erklärt in einem eingeschobenen Kommentar, der mit dokumentarischen Fotografien aus der mexikanischen Revolution – in erster Linie mit Bildern der Revolutionshelden Francisco (Pancho) Villa und Emiliano Zapata sowie der Frauen, die in der Revolution kämpften –, illustriert wird, dass das Kapitel „Soldadera" nicht gefilmt werden konnte.

Im Anschluss an diesen Einschub folgt der Epilog, eine allegorische Darstellung des mexikanisches Feiertages „Día de los muertos" (Allerseelen). Er beginnt mit der Trauer um die Toten, in der sich zunächst die Bilder versteinerter Gesichter des Filmbeginns wiederholen. Aber unmittelbar danach wird die fröhliche Seite des Festes gezeigt: Flirtende Paare auf dem Friedhof, eine Kirmes, ein Tanz mit Totenmasken, der laut Kommentar aus dem *off* Züge eines Karnevals annimmt. Der Erzähler fügt hinzu: „Mexikaner verachten den Tod, und mehr noch, Mexikaner lachen über den Tod".

Noch einmal wird mittels Attraktionsmontage eine Verbindung zum Filmanfang hergestellt, dieses Mal in der Konstruktion des Gegensatzes zwischen dem in Steinskulpturen sich manifestierenden Todeskult in den präkolumbischen Gesellschaften und dem aktuellen Triumph des Menschen über den Tod. Die metaphorische Qualität dieser Szenen des Epilogs wird augenfällig, als einige der Tänzer des „Día de los muertos" ihre Masken ablegen, hinter denen „reale" Totenschädel zum Vorschein kommen. Es sind die „Kadaver einer verurteilten Klasse", und aus den übrigen Attributen dieser Kadaver (Kleidung, Hüte, Sporen, etc.) wird deutlich, dass es sich um die alte herrschende Klasse handelt, die mit der Revolution abdanken musste: ein Herr im Frack, ein Hacendado, ein Militär und Porfirio Díaz selbst, erkennbar an seiner zeremoniellen Kopfbedeckung, symbolisieren die überwundene bürgerliche Ordnung. Im Gegensatz zu ihnen verbergen sich hinter den Masken des Volkes keine Totenschädel, sondern lachende Gesichter, vor allem diejenigen der Kinder, die laut Kommentar aus dem *off* „ein freies Mexiko schmieden" werden. Mit dieser Metapher auf die nachrevolutionäre Zukunft endet der Film in der Version von 1979.

Eisensteins (und Alexandrows sowie Orlows) Mexikobild in *Que viva Mexico!* ist kein reines Produkt einer europäischen Sicht auf das Land, auch wenn sich eine Reihe exotistischer Klischees (primitive indigene Bevölkerung, große Hüte, ständige *fiestas*) wiederfinden. Seine Vision Mexikos ist im Gegenteil nicht unwesentlich von derjenigen Diego Riveras geprägt (O'Mahony 2008: 149), der nicht nur früh in Moskau Kontakt zum Regisseur hatte, sondern auch einen gehörigen Anteil an der ursprünglichen Idee zum Film. Eduardo de la Vega Alfaro hat gezeigt, dass Eisenstein nicht nur von einigen der bedeutendsten Wandmaler der Revolutionszeit, neben Rivera auch David Alfaro Siqueiros und Jean Charlot, sowie von Frida Kahlo während der Dreharbeiten unterstützt wurde und ihre Wandbilder intensiv studierte (de la Vega Alfaro 1997: 42, 45-47). Vielmehr drückte der Regisseur mehrfach seine Begeisterung für die drei berühmtesten Wandmaler Rivera, Siqueiros und José Clemente Orozco aus (de la Vega Alfaro 1997: 51), und der Einfluss von deren Kunst und ihrer Vorstellung von der mexikanischen Geschichte ist in *Que viva Mexico!* bis in Details der Bildkonstruktion hinein nachvollziehbar (de la Vega Alfaro 1997: 55-69). Wichtiger als der Einfluss in solchen Details erscheint mir allerdings derjenige auf das Mexikobild Eisensteins generell. Er reproduziert in weiten Teilen jene paternalistische Sichtweise auf die indigenen Gruppen der Gegenwart sowie die Überhöhung der Kulturen der Mexica und der Maya der Vergangenheit im Sinne einer nationalistischen Vereinnahmung für die eigene Geschichte, wie man sie vor allem aus der Wandmalerei Riveras und des frühen Siqueiros' kennt. Der intensive Kontakt mit den mexikanischen Künstlern und Intellektuellen hat aber auch zur Folge, dass Eisenstein ein umfangreiches Wissen über die mexikanische Geschichte in *Que viva Mexico!* verarbeitet und filmisch umsetzt.

Was zunächst als Dokumentation der Geschichte und des Soziallebens in Mexiko nach der Revolution gedacht war, wurde eine in weiten Teilen mit hohem Symbolgehalt aufgeladene Allegorie auf die Eroberung aller nicht westlichen Kulturen durch die europäische sowie auf den Klassenkampf – Letzterer kommt allerdings nur in einigen wenigen Ausschnitten zum Tragen, da die Dreharbeiten in Mexiko vor ihrer Beendigung abgebrochen werden mussten. Man kann nur vermuten, dass er im Kapitel

„Soldadera" zum bedeutendsten Thema geworden wäre, in dem die übrige Darstellung kulminiert wäre.

Im Unterschied zu Eisensteins früheren Filmen ist die Montage in *Que viva Mexico!* einfacher, man könnte fast sagen linearer gestaltet und löst meines Erachtens nur selten – vor allem im Kapitel „Maguey" – die „notwendigen Assoziationen" im Zuschauer aus, die Eisenstein für sein Filmschaffen in Anspruch nahm. Diese werden von den erklärenden Kommentaren aus dem *off* und einer zumeist melancholisch harmonischen Musik überlagert. Offenbar vertraute Eisenstein – oder vielleicht auch nur sein Assistent Alexandrow, der den Film letztlich fertigstellte – den „notwendigen Assoziationen" angesichts der Repräsentation des kulturell Anderen und angesichts der für die heimischen Zuschauer größtenteils fremden Kulturen weniger als in seinen übrigen Filmen. Oft entstehen Assoziationen, so sie denn überhaupt entstehen, durch die exotischen Bilder selbst und nicht „im Zusammenprall zweier voneinander unabhängiger Stücke [...]" (Eisenstein 1971: 69). Lediglich das Kapitel „Maguey", in dem der Klassenkampf unmittelbarer als in den anderen Teilen des Films thematisiert wird, bedient sich bisweilen der Attraktionsmontage. Gleichzeitig ist es aber auch das Kapitel, in dem die kulturellen Unterschiede Mexikos am wenigsten zum Tragen kommen.

Wenn Mexiko, wie Eisenstein selbst betonte, an sich schon eine Montage aus unterschiedlichen Kulturen ist, in der die Gleichzeitigkeit des Ungleichzeitigen vorherrscht (Karetnikova 1991: 19), so manifestiert sich diese Vielfalt, die er einmal mit den Farben und Mustern eines *sarape* verglichen hat (Geduld/Gottesman 1970: XXVII), im Film nur zum Teil. Zwar führen die zahlreichen dokumentarischen Elemente dazu, dass der Zuschauer viel über das Mexiko zu Beginn der 1930er Jahre erfährt. Aber gleichzeitig wird diese Vielfalt des kulturellen Lebens und der Sozialbeziehungen auf eine lineare Geschichte der Menschheit hin zugeschnitten, in der der Klassenkampf die kulturellen Differenzen überlagert. Die Universalgeschichte, so suggeriert der Film, verläuft notwendig von den primitiven Kulturen über das kapitalistische System bis zur sozialistischen Revolution, welche die eigentliche Befreiung der Menschheit bedeutet. In diesem Zusammenhang ist es allerdings verwunderlich, dass Eisenstein in *Que viva Mexico!* nicht mit der Beschreibung des paradiesischen Matriarchats in den Tropen in „Sandunga", sondern mit der Hochkultur der Maya beginnt. Dass er dabei die spezifischen historischen Bedingungen postkolonialer Gesellschaften nicht berücksichtigt und die nationale Unabhängigkeit Mexikos aus dem Film ausklammert, dürfte seinerzeit eine durchaus übliche Herangehensweise vor allem unter linken europäischen Künstlern und Intellektuellen gewesen sein.

Der mexikanische Einfluss lässt sich – neben der kulturellen Eigenwahrnehmung der Wandmaler, die den Film beeinflusst haben –, in erster Line an der Behandlung der Konfrontation zwischen Leben und Tod erkennen. Im Unterschied zu anderen Mexikoreisenden betont Eisenstein, wie später auch Malcolm Lowry,[34] nicht isoliert den Todeskult präkolumbischer Kulturen, wie er sich aus den steinernen Monumenten vielleicht herauslesen lässt. Er legt vielmehr Wert auf den ewigen Kampf zwischen Leben und Tod (Geduld/Gottesman 1970: XVII-XVIII) und auf die Karnevalisierung des Todes in der mexikanischen Populärkultur. Dieser Kampf ist für den Regisseur gleichbedeutend mit demjenigen um politische Befreiung, das Leben siegt in der Revolution über den Tod. Gerade darin besteht die „große" Metapher seines unvollendeten Filmprojekts, das aber zugleich eine ganze Reihe kultureller Aspekte der mexikanischen Realität zu Beginn der 1930er Jahre einfängt.

---

[34] Vgl. Kapitel 10.2 der vorliegenden Arbeit.

4.
FERN DER UTOPIE UND JENSEITS MODERNER ZIVILISATION. MEXIKO IN DEN REISEBERICHTEN VON D. H. LAWRENCE, ALDOUS HUXLEY UND GRAHAM GREENE[35]

Der besonders ausgeprägte Geschmack englischer Schriftsteller für exotische Szenarien und deren entsprechende Inszenierung in ihren Texten ist hinlänglich bekannt (Walker 1984: 9). Von Daniel Defoe über Rudyard Kipling bis zu Joseph Conrad haben Autoren des „British Empire" über die Regionen ihres Kolonialreiches, ihres ehemaligen Kolonialreiches bzw. die noch zu kolonialisierenden Weltgegenden geschrieben, seien diese nun real oder fiktiv. Auch wenn Mexiko mindestens seit dem frühen 19. Jahrhundert in dieser exotistischen bzw. orientalistischen Literatur präsent war (Anaya Ferreira 2001; Gunn 1977), verwandelt das Land sich erst mit der mexikanischen Revolution in einen der bevorzugten Orte für die literarischen Fantasien einiger der bedeutendsten englischen Schriftsteller des 20. Jahrhunderts.

D. H. Lawrence, Graham Greene, Aldous Huxley, Evelyn Waugh und Malcolm Lowry, um nur einige der bekanntesten zu nennen, reisten zwischen den 1920er und 1940er Jahren nach Mexiko oder lebten zeitweise dort und schrieben eine Reihe von Texten, in der Hauptsache Reiseberichte, Romane und Essays über das Land, seine gesellschaftlich historische Situation sowie seine Kulturen (Anaya Ferreira 2001: 203-204; Pacheco 1964; Walker 1984: 31-38; Woodcock 1956: 21). Im vorliegenden Kapitel geht es um die Reiseberichte von D. H. Lawrence, Aldous Huxley und Graham Greene über Mexiko, die zwischen 1924 und 1938 entstanden.

---

[35] Beim vorliegenden Kapitel handelt es sich um eine überarbeitete und erweiterte Fassung meiner Aufsätze zu den Reiseberichten der drei englischen Schriftsteller (Schmidt 1992c und Schmidt-Welle 2010b).

4.1
Ein zivilisationsmüder Engländer bei den ‚Wilden'

In einem Brief vom Januar 1915 spricht D. H. Lawrence zum ersten Mal von seinem Vorhaben, mit ausgewählten Freunden eine ideale, aristokratisch geprägte Gemeinschaft zu gründen, den „Orden der Ritter von Rananim". Als Symbol des Ordens fungiert ein sich aus lodernden Flammen erhebender Vogel Phönix, dessen Zeichnung Lawrence dem Brief beifügt.[36] Von Anfang an projiziert er seine letztlich utopisch gebliebene Kolonie auf die Neue Welt, in der er zunächst (ähnlich wie Oswald Spengler) – im Gegensatz zum „absterbenden Baum des Lebens" in Europa – eine aufstrebende Zivilisation zu erkennen glaubt (Walker 1984: 42-43). Über Jahre hinweg trägt er sich mit dem Gedanken, nach Amerika auszuwandern. Und als er dann endlich 1922 amerikanischen Boden betreten hat, begibt er sich auf die Suche nach einem Ort für die Verwirklichung seines Traums. So werden die Aufenthaltsorte während seiner Reisen zu wechselnden Chiffren für Rananim – mögen sie nun Taos, Chapala oder Oaxaca heißen.

In den zuerst 1924 erschienenen *Studies in Classic American Literature* hatte sich Lawrence vom Südsee-Exotismus eines Herman Melville abgegrenzt. Es gebe kein Zurück zum Leben der Wilden, von denen uns eine unüberbrückbare Kluft in Zeit und Sein trenne. Unser Leben könne lediglich einen großen Bogen in deren Richtung beschreiben – aber vorwärts und nicht auch nur einen einzigen Schritt zurück (Lawrence 1964: 129-130). Aber erst durch die Lektüre von *Mornings in Mexico* (*Mexikanischer Morgen. Reisetagebücher*) erschließt sich die konkrete Bedeutung dieser befremdenden Vorstellung vom möglichen Umgang mit dem kulturell Anderen.

Die Essays, die Lawrence in dem Band *Mexikanischer Morgen* zusammenfasst, entstanden (mit Ausnahme von „Etwas Mondschein mit Zitrone") 1924 während seines Aufenthaltes in Taos (New Mexico) und in Oaxaca auf der letzten seiner drei Reisen nach Mexiko. Unter einer Reihe von Reiseskizzen wählte er für das erstmals 1927 publizierte Buch vier Essays zu Mexiko aus, drei zu New Mexico bzw. Arizona und einen, den er aus

---

[36] Der Brief ist abgedruckt in Zytaruk (1970: 22). Die Herkunft des Begriffs Rananim ist nicht eindeutig geklärt. Wahrscheinlich handelt es sich um eine lautmalerische Umschreibung eines Wortes aus einem Lied, das S. S. Koteliansky in Lawrence' Gegenwart des Öfteren sang. Siehe zu Lawrence' Konzept des utopischen Rananim Zytaruk (1970: XXXIII-XXXV) und Pichardie (1988: 39-60).

der Erinnerung an die Zeit auf einer Ranch nahe Taos heraus in Italien verfasst hatte.

Weder im Titel noch in den Reisebeschreibungen selbst findet eine klare Abgrenzung zwischen den verschiedenen indigenen Gruppen in Mexiko sowie im Süden der USA statt. Azteken, Maya, Zapoteken, Navajo und Pueblo-Indianer repräsentieren in Lawrence' Augen die einheitliche Kultur amerikanischer Ureinwohner (Anaya Ferreira 2001: 222); sie alle sind geprägt von tiefer, animistischer Religiosität, deren „Quellen dunkel und unpersönlich [sind]" (Lawrence 1985: 113). Doch obwohl Lawrence meist nur von Indianern spricht, unterscheidet sich das Bild, das er von den Ureinwohnern Mexikos vermittelt, von dem der Pueblo-Indianer New Mexicos und Arizonas. Offensichtlich gründet sich diese Unterscheidung mehr auf nationalstaatliche Grenzen als auf kulturelle, denn die aktuelle Grenze zwischen den USA und Mexiko ist nicht nur neueren Datums, sondern berücksichtigt auch nicht diejenige zwischen verschiedenen indigenen Gruppen. Lawrence' konkrete Erfahrungen mit dem Anderen stellen die *a priori* gewonnene Vorstellung von einer einzigen indigenen Kultur jedoch offensichtlich in Frage.

Der Autor eröffnet seine Betrachtungen zu Mexiko in „Corasmin und die Papageien oder Morgenstunden in Mexiko" mit einer Reflexion über den eigenen, eingeschränkten Blickwinkel auf das Land:

Man sagt Mexiko – man meint eigentlich ein bestimmtes Städtchen unten im Süden der Republik – und in diesem Städtchen ein bestimmtes, recht baufälliges Lehmziegelhaus, das um zwei Seiten eines *patio* herumgebaut ist – und in diesem Hause eine bestimmte Stelle auf der tiefen, schattigen Veranda [...] und eine Person mit einer Schreibfeder. Wir sprechen so hochtrabend, in Großbuchstaben, von MORGENSTUNDEN IN MEXIKO. Und worauf es hinausläuft, ist ein unbedeutendes Individuum, das auf ein Stückchen Himmel und Bäume blickt – und dann hinunter auf die Seite eines Skizzenheftes. Bedauerlich, daß wir daran nicht immer denken (Lawrence 1985: 7).

Aber bereits im Verlauf dieses Textes nimmt er die kritische Selbsteinschätzung des Touristen, der gerade erst begonnen hat, seine vorläufigen Eindrücke von der Stadt Oaxaca und ihrer Umgebung zu verarbeiten, wieder zurück. Und im Weiteren offeriert er – gestützt auf eine wirre Auslegung des aztekischen Schöpfungsmythos von den vier als „Sonnen" bezeichneten Welten, welche der unseren vorangehen – eine allgemeine Theorie über das Verhältnis von Weißen und Indianern, innerhalb derer der Mythos lediglich als Vorwand dient, um die Überlegenheit Ersterer zu behaupten (Ruffinelli 1978: 113). Was zunächst wie eine Anerkennung der kulturellen Differenz, des Andersseins Rosalinos (des indigenen Dieners von D. H. und Frieda Lawrence) wirken mag, erweist sich bei genauerem Hinsehen als rassistische Vorstellung des Autors. Zwischen Rosalino und ihm „klafft der Abgrund der andern Dimension" (Lawrence 1985: 17), auch wenn der Diener Lawrence' „[...] Ich nachahmen [kann], sogar überlebensecht" (Lawrence 1985: 17). Er stellt Rosalino damit auf dieselbe Stufe wie den Affen, der ebenfalls der bereits überholten vierten Sonne angehört und wie der Diener die Fähigkeit besitzt, Menschen zu imitieren (Lawrence 1985: 15-16).

In „Spaziergang nach Huayapa", der Beschreibung eines Ausflugs der Familie Lawrence in Begleitung ihres Dieners, greift der Autor dieses Thema noch einmal in akzentuierter Form auf. Rosalino imitiert nicht nur die Gesten seines Herrn; auch sein stereotypes, papageienhaftes „Come no, Señor" und „Quien sabe, Señor?",[37] sein Unverständnis gegenüber Äußerungen des Ehepaars Lawrence und seine „Saurier-Augen" (Lawrence 1985: 23) sind dem Schriftsteller Indizien für das Verweilen der Indianer in einer anderen Dimension, in einem tierischen bzw. „halberschaffenen" Zustand ohne eigenes Ich – wie er es im Roman *The Plumed Serpent* (*Die gefiederte Schlange*) mehrfach zum Ausdruck bringt (Lawrence 1986: 43, 74-75, 146, 338). Rosalino steht hier stellvertretend für die „vorherrschenden Hohlköpfe des Landes" (Lawrence 1985: 29), „weißgekleidete Insekten", zwischen denen sich Lawrence fühlt „wie irgendein hellhäutiger Mensch in Lumpen, der in einem Ameisenreich gefangengehalten wird" (Lawrence 1985: 27).

Nein, dies ist nicht der geeignete Ort für die Verwirklichung der erträumten idealen Gemeinschaft der Ritter des Ordens von Rananim unter Lawrence' Führung. Vielmehr macht die Revolutionsregierung gerade den Versuch, demokratische Wahlen einzuführen, was dem Autor angesichts der hohen Analphabetenrate besonders absurd zu sein scheint (Lawrence 1985: 28). Demokratie stellt in seinen Augen nichts anderes dar als einen Witz der Geschichte, ein Glücksspiel, dem die dummen Massen in aller Welt zu verfallen drohen: „Regierung durch das Volk, für das Volk, des Volks! Wir alle leben in der Calle de la Reforma, in Mexiko!" (Lawrence 1985: 28-29), merkt er sarkastisch an.

---

[37] Lawrence' mangelnde Kenntnis des Spanischen, aber auch diejenige seines Übersetzers ins Deutsche werden an der fehlerhaften Schreibweise dieser oft wiederholten Höflichkeitsfloskeln deutlich. Eigentlich müsste es „Como no, señor" und „Quién sabe, señor" heißen.

In Mexiko sind die Bemühungen um eine Demokratisierung des politischen Systems noch dazu mit der nationalen Unabhängigkeit und dem Namen Benito Juárez verbunden (Lawrence 1985: 28, 30), welcher 1867 für die Erschießung des Erzherzogs Maximilian sorgte und damit den Traum von der Errichtung eines mexikanischen Kaiserreichs von Napoleons Gnaden zerstörte. So lässt sich denn Lawrence' Verhöhnung der mexikanischen Demokratisierungsversuche im Kontext der zuvor behaupteten Überlegenheit der weißen Rasse auch als indirekte Rechtfertigung des Imperialismus lesen. Vor dem Hintergrund des Niedergangs des „British Empire" und des Verlustes der Stellung Großbritanniens als führender Weltmacht nach dem Ersten Weltkrieg erscheint die Kritik an der indigenen Bevölkerung Mexikos, am „vollständigen Fehlen dessen, was wir ‚Geist' nennen" (Lawrence 1985: 36), als mögliche Begründung für ein erneuertes kolonialistisches Sendungsbewusstsein in der Tradition Thomas Carlyles. Im Unterschied zu Carlyle geht Lawrence allerdings nicht mehr von der Auserwähltheit einer ganzen Nation, sondern von derjenigen einer „natürlichen" Aristokratie aus (Anaya Ferreira 2001: 220), die er in der imaginären Kolonie Rananim um sich scharen will.

Die von Lawrence für sich in Anspruch genommene geistige Überlegenheit sowie sein intellektuelles Sendungsbewusstsein tragen in erheblichem Maße dazu bei, dass die Kommunikation mit den Zapoteken der Region fehlschlagen muss. Doch sieht er selbst das Scheitern der Verständigung in keinem Moment in eigenen Missverständnissen begründet, noch kann er in ihm objektive soziale und sprachliche Kommunikationsprobleme erkennen. Er beharrt auf seinem Interpretationsmonopol, ohne auch nur in Erwägung zu ziehen, dass der Andere die jeweilige Situation anders verstehen bzw. deuten könnte. Dieses Interpretationsmonopol bildet auch die Begründung für die Umgangsweise des Autors mit den Fremden, für Lawrence' Verhalten wie der Elefant im Porzellanladen: „Aber wir gehören nicht umsonst zur Herrenrasse. Wir marschieren in den Hof ein" (Lawrence 1985: 32).

Die lange vergebliche Suche nach jemandem, der ihm Orangen verkaufen soll, macht deutlich, wie sehr Lawrence die Reaktionen der Einwohner Huayapans missversteht. Ihr wiederholt geäußertes „no hay" – „es gibt keine" – hält er für bloße Böswilligkeit, zumal er Orangenbäume entdeckt, an denen ein paar Früchte hängen (Lawrence 1985: 30). Weder kommt es ihm in den Sinn, dass die Orangen vielleicht unreif sein könnten und die Dorfbewohner aufgrund von Sprachschwierigkeiten keine andere Möglichkeit sehen, dies kundzutun, als durch „no hay", da weder sie noch Lawrence über fundierte Kenntnisse des Spanischen verfügen. Noch macht er sich klar, dass der Preis für die schließlich ergatterten letzten Orangenvorräte des Dorfes nicht etwa überhöht ist, sondern sich daraus erklärt, dass es aufgrund der klimatischen Bedingungen hier kaum Südfrüchte gibt.[38] All das spielt keine Rolle, wenn es den weißen Mann nach Orangen gelüstet: „Die Vorräte des Dorfes sind erschöpft. Aber wir bestehen auf Obst" (Lawrence 1985: 29).

Lawrence reflektiert weder in diesem noch in den übrigen Essays Kommunikationsprobleme als solche der unterschiedlichen Sprachen (Englisch, Spanisch, Zapotekisch) oder gar in einem soziolinguistischen Sinne als Ausdruck gesellschaftlicher Hierarchien. Wie in vielen anderen Texten Mexikoreisender, die kaum über Kenntnisse des Spanischen verfügen, so wird auch hier diese Quelle für Missverständnisse durch häufige Verwendung spanischer Wörter zu kaschieren versucht. Der Autor lässt Bezeichnungen von Dingen des täglichen Gebrauchs und Floskeln in den Text einfließen, die den Anschein von Authentizität und gelungener Kommunikation erwecken. Allerdings kann dieser Kunstgriff nur einen Leser überzeugen, der überhaupt kein Spanisch versteht. Dem mit der Sprache vertrauten Leser dagegen wird die isolierte (und teils falsche) Verwendung der spanischen Begriffe eher als Indiz für die mangelnde Beherrschung der Sprache erscheinen.

Lawrence vergegenwärtigt sich auch nicht die soziale Dimension sprachlicher Kommunikation. Die vorsichtige Zurückhaltung Rosalinos sowie dessen affirmative Bestätigungen aller Äußerungen des Ehepaars Lawrence sieht er nicht in der Tatsache begründet, dass Rosalinos Stellung als Diener traditionell keinen Widerspruch gegenüber dem *patrón*[39] erlaubt. Vielmehr erscheinen ihm dessen Reaktionen als Ausdruck von Dummheit und vor allem von „indianischem" Misstrauen.

Unversehens überträgt Lawrence diese Deutung nun auf die Gesamtheit indigener Menschen, denen er begegnet. Er spricht vom „indianischen Fra-

---

[38] Ross Parmenter weist darauf hin, dass der Großteil der Einwohner Huayapans zu der Zeit, als Lawrence das Dorf heimsuchte, ausschließlich Zapotekisch sprach, und dass es sich bei Huayapan um einen Holzfällerort handelt, an dem es wegen des regionalen Klimas kaum Südfrüchte gibt, weshalb sie hier wesentlich teurer gehandelt werden als in anderen Ortschaften der Gegend (Parmenter 1984: 130-131).

[39] Ich verwende hier bewusst den Begriff *patrón*, zu dem es keine exakte deutsche Entsprechung gibt. Er bezeichnet in Lateinamerika das aus dem Kolonialismus überkommene spezielle soziale und ökonomische Abhängigkeitsverhältnis, in dem sich die Bediensteten der jeweiligen Herren (*patrones*) befinden. Der *patrón* ist nicht nur der Arbeitgeber, sondern ein paternalistischer Gebieter, der sich selbst als Schutzherr der ihm oft in halbfeudaler Abhängigkeit unterstellten (indigenen) Bediensteten bzw. Arbeiter begreift.

gen und Mißtrauen im Blick" (Lawrence 1985: 24); „ihr Schweigen wirkt lastend, verstohlen, heimlich" (Lawrence 1985: 27), es vermittelt ein „Gefühl von Düsternis, [...] von Lauern, von Widerstreben" (Lawrence 1985: 26). Damit werden die objektiv vorhandenen Kommunikationsschwierigkeiten, die sich aus dem Umstand ergeben, dass der Autor und die Indigenen verschiedene und sozial sowie kulturell unterschiedliche Sprachen sprechen, zu Problemen des Kontaktes zwischen den – jeweils anderen (Sonnen-)Welten oder Dimensionen angehörenden – Rassen mystifiziert. Zugleich empfindet Lawrence diese vorgebliche Unmöglichkeit einer Annäherung als einseitige Bedrohung seiner Person durch die misstrauisch (auf-)lauernden Menschen, denen er begegnet. Das Scheitern der Verständigung zwischen Autor und Indigenen wird so von ihm rassistisch gewendet und auf vermeintlich rassetypische Charaktereigenschaften des Anderen zurückgeführt.

Dass das diffuse Gefühl der Bedrohung, welcher Lawrence sich in Mexiko ständig ausgesetzt sah (Walker 1984: 63-64), neben der realen Gefahr aufgrund der Wirren der mexikanischen Revolution weit eher in seiner eigenen Psyche als in angeblich dunklen indianischen Eigenschaften zu suchen sein könnte, wird am Schluss von „Spaziergang nach Huayapa" deutlich, wo es heißt:

Und ich stieß [...] auf einen goldbraunen jungen Mann, dem sein Hemd eben über den Kopf, aber nicht weiter, glitt. Hastig zog ich mich zurück und dachte wieder, was für eine schöne, sanfte, prächtige Haut diese Leute haben – die wahre Fleischespracht. Sie ist vielleicht gepaart mit dem vollständigen Fehlen dessen, was wir ‚Geist' nennen (Lawrence 1985: 36).

Die Faszination am Körper des indigenen Mannes, die hier kurz aufscheint, wird im Roman *Die gefiederte Schlange* (Lawrence 1986), teilweise über den Umweg der Übertragung auf die Hauptfigur Kate, zu einem der Leitmotive der Erzählung. Die Bedrohung, der sich Lawrence ausgesetzt sieht, lässt sich in diesem Kontext auch als Resultat eines Aktes der Triebabwehr interpretieren. Das gesellschaftlich tabuisierte homoerotische Verlangen wird in den kulturell Anderen hineinprojiziert und kehrt so als Angst vor dem begehrten Objekt wieder. In Lawrence' Augen ist es der Indigene, der aufgrund seines animalischen, nicht von der Vernunft oder dem „Geist" bestimmten Wesens die sexuellen Wunschvorstellungen verkörpert, die der Autor an sich selbst nicht akzeptieren kann. Im Roman wird diese Abwesenheit des „Geistes" beständig mit dem Heraufbeschwören des indigenen „Blutes" in eins gesetzt und erhält damit eine zusätzlich akzentuierte rassistische Komponente im Vergleich zu den Essays des Reisetagebuches.

Noch einen Schritt weiter geht Lawrence im Essay „Der Mozo", in dem das Thema der vermeintlichen Bedrohung durch den Anderen wiederkehrt und nunmehr kulturgeschichtlich begründet wird. In einer wirren Mischung aus christlicher und aztekischer Mythologie (Lawrence 1985: 37-38) konstruiert er eine gerade Linie von den Menschenopfern der Azteken und einem Mythos über die Geburt unzähliger Götter aus einem der Göttin Omacihuatl entfallenen Obsidianmesser bis hin zum angeblich blutrünstigen Charakter der heutigen indigenen Bevölkerung:

> Und bis auf den heutigen Tag scheinen die meisten mexikanischen Indianerfrauen Steinmesser zur Welt zu bringen. Schaut sie euch an, diese Söhne unbegreiflicher Mütter, mit ihren schwarzen Feuersteinaugen und den steifen kleinen Leibern, so straff und scharf wie ein Messer aus Obsidian. Gebt acht, daß sie euch nicht aufschlitzen (Lawrence 1985: 38).

Bringt man diese Sätze mit der rituell anmutenden, eindeutig sexuelle Konnotationen enthaltenden Szene der Tötung eines Banditen durch Ramóns Messer in *Die gefiederte Schlange* (Lawrence 1986: 328-330), der orgiastischen Beherrschungsszene zwischen Ramón und Cipriano (Lawrence 1986: 405-406) sowie mit dem Phalluskult des gesamten Romans in Verbindung, so lassen sie sich wiederum als Ausdruck der unterdrückten homosexuellen Wünsche des Autors lesen.

Gleichzeitig bilden sie aber auch den Ausgangspunkt für Lawrence' rassistische Abrechnung mit den Zapoteken, denen er eine „Starre aus Schwermut und abgründigem Haß" (Lawrence 1985: 48), Dummheit, Unterwürfigkeit, Verschlagenheit, Fatalismus und Verantwortungslosigkeit unterstellt (Lawrence 1985: 39-42). Im Kontext dieser negativen Charakterisierung erscheint dann die Ausbeutung der indigenen Bevölkerung durch den Weißen, der ihr „die Arbeit, den Schweiß, das Geld abpreßt und [...] das Land selbst wegnimmt" (Lawrence 1985: 43), als Konsequenz naturgegebener, unabänderlicher Eigenschaften der beiden Rassen. So wie die Indianer die Herrschaft der Weißen als etwas Selbstverständliches akzeptieren, dem sie sich bedingungslos zu unterwerfen haben (Lawrence 1985: 39; Anaya Ferreira 2001: 219), weil sie den Weißen das Denken überlassen (Lawrence 1985: 42), so besitzen Letztere einen natürlichen Drang, andere Menschen auszubeuten: „Sie tun es fortwährend. Weil sie nicht anders können. Weil Heuschrecken nun einmal hüpfen und Ameisen Bröckchen tragen [...]" (Lawrence 1985: 43). Von daher verpufft auch die Kritik des

Autors an der eigenen Zivilisation, am Zeit- und Geldfetischismus des modernen Menschen und an der kapitalistischen Ausbeutung (Lawrence 1985: 39-44), denn er hält sie für ein dem historischen Zugriff völlig entzogenes Rassemerkmal.

Nur im vierten Essay zu Mexiko – „Markttag" – zeichnet Lawrence ein etwas freundlicheres Bild von seinen Reiseerfahrungen im mexikanischen Bundesstaat Oaxaca. Auch wenn er die ökonomische Bedeutung des Marktes der Stadt Oaxaca als Mittelpunkt eines weitverzweigten Marktsystems unterschätzt (Parmenter 1984: 63-64) und deshalb glaubt, den Händlern diene die beschwerliche Anreise und der Verkauf der Waren lediglich als Vorwand, um miteinander reden zu können (Lawrence 1985: 58), beschränkt er sich doch zumeist auf die Beschreibung des Markttreibens ohne wertende Kommentare.

Aber die Darstellung des Marktes ändert nichts an Lawrence' grundsätzlicher Auffassung über Mexiko. Er war hierhergekommen, um den Auswüchsen der europäischen Zivilisation, der zunehmenden Technisierung sowie der Atomisierung der modernen Lebenswelt zu entfliehen (Brotherston 1972: 182; Woodcock 1956: 23). Doch er fand in Mexiko nicht den ersehnten Ort für die Verwirklichung seiner Utopie. Die Kluft zwischen ihm und den indigenen Einwohnern Oaxacas scheint unüberbrückbar, die Reiseerfahrung in Oaxaca zerstört seinen großen Traum.

Seine Frustration über die Unmöglichkeit einer Annäherung (die er teilweise durch rassistische Vorurteile selbst verschuldet) sowie die vermeintliche Bedrohung von außen (die sich als Ergebnis des in den Anderen hineinprojizierten, in sich selbst abgewehrten sexuellen Begehrens darstellt) lassen das Land in seinen Augen mehr und mehr zur Inkarnation des Dunklen und Bösen werden. „Lawrence' Mexiko ist die Hölle, die dort eingebrochen ist, wo das Paradies hätte sein sollen" (Pacheco 1964: 21, Übersetzung FSW).[40] Und der große Bogen in Richtung auf die ‚Wilden', den er noch, wie eingangs erwähnt, in den *Studies in Classic American Literature* imaginiert hatte, verwandelt sich in *Mexikanischer Morgen* in die These von der absoluten Unvereinbarkeit der Rassen, zwischen deren Lebensphilosophien es keine Übersetzungsmöglichkeit gibt (Lawrence 1985: 68): „[...] den Abgrund wechselseitiger Ausschließung zwischen uns" (Lawrence 1985: 114).

Mit dem Scheitern der Annäherung an den kulturell Anderen bricht jedoch mehr zusammen als nur Lawrence' Vorstellung vom möglichen Um-

---

[40] „El México de Lawrence es el infierno que ha irrumpido donde debiera estar el paraíso" (Pacheco 1964: 21).

gang mit den sogenannten Wilden. Sein „Glaube an das Blut, das Fleisch, [die] weiser sind als der Intellekt" (Lawrence, zitiert nach Huxley 1982: 18), sein wissenschaftsfeindlicher Irrationalismus, mit dem er an der Möglichkeit von Erkenntnis durch ausschließlich sinnliche Wahrnehmung festhält, muss versagen angesichts der Konfrontation mit dem Anderen, dessen Kultur sich weder in die dem Autor bekannten Kommunikationsformen noch in die ihm vertrauten Begrifflichkeiten einfügen lässt. Die vorschnelle Erklärung des Unbekannten, Fremden aus einigen wenigen unmittelbaren Beobachtungen heraus (Díaz de León 1965: 277) verhindert gerade die fruchtbare Auseinandersetzung mit dem Land, das die Projektionsfläche seiner Utopie abgeben sollte. Es verwundert daher nicht, dass mit der „Verwandlung" des vermeintlichen Paradieses in einen infernalischen Ort auch Lawrence' Vorstellung von einer idealen Gemeinschaft zusammenbricht. So konstatiert er in einem Brief vom Januar 1926: „Unser Rananim, es ist dem Blick entschwunden" (Zytaruk 1970: 276, Übersetzung FSW).[41]

In den Reiseskizzen zu New Mexico und Arizona – und hier vor allem in „Der Tanz vom sprießenden Mais" und „Der Schlangentanz der Hopi" – setzt sich die Tendenz zu einem vorsichtigeren, zurückhaltenderen Umgang mit der anderen Kultur fort, die sich bereits in „Markttag" ankündigte. Auch wenn Lawrence weiterhin von der grundsätzlichen Unvereinbarkeit der verschiedenen Rassen und Kulturen ausgeht, ist er nun doch sichtlich um ein vorurteilsfreies Verstehen des Unbekannten, Fremden bemüht. In diesen Essays versucht er die Möglichkeit wiederzugewinnen, den großen Bogen in Richtung auf die sogenannten Wilden hin zu beschreiten, welchen er in den *Studies in Classic American Literature* abstrakt vorweggenommen hatte, auch wenn er damit die Chronologie seiner Erfahrungen mit den indigenen Kulturen umdreht. Allerdings verweilt er auch jetzt auf halbem Wege, es bleibt eine Distanz, ein Gefühl, von den Indianern „weder abgelehnt noch akzeptiert" (Lawrence 1936: 99, Übersetzung FSW)[42] zu werden, wie Lawrence es bereits angesichts seiner ersten Begegnung mit Apachen empfunden hatte, die er in dem Essay „Indians and an Englishman" verarbeitete.

Während sich Lawrence' reale Erfahrungen mit den Indigenen für ihn also immer negativer darstellten – die Reisen und die daraus resultierenden Skizzen zu Mexiko fanden historisch später statt als die Begegnungen mit den indigenen Gruppen in den USA –, kehrt er die Chronologie in *Mexikanischer Morgen* um und imaginiert so die erneute Verwandlung des hölli-

---

[41] „That Rananim of ours, it has sunk out of sight" (Zytaruk 1970: 276).

[42] „I [...] am neither denied nor accepted" (Lawrence 1936: 99).

schen Mexiko in ein paradiesisches Amerika. Auswahl und Anordnung der Essays des Reisebuches sind also durch die symbolische Bewegung des Lawrence'schen Touristen in Richtung auf eine solche Wiedergewinnung der Utopie begründet (Whitaker 1961: 235).

Schien er noch 1926 den Glauben an die Realisierung Rananims aufgrund seiner Erfahrungen in Mexiko endgültig aufgegeben zu haben, so stellt sich die Anordnung der Essays in dem ein Jahr danach erschienenen Reisebuch als Versuch dar, diesen Glauben wiederzugewinnen. Die sentimentale Perspektive, die insbesondere die Beschreibung von Lawrence' Erfahrungen mit der Neuen Welt aus der sicheren Entfernung seines Italienaufenthaltes in „Etwas Mondschein mit Zitrone" kennzeichnet, bleibt bis an sein Lebensende bestimmend. Noch in seinen letzten Briefen plant er die Rückkehr nach New Mexico (Lawrence 1962: 1074, 1229-1230, 1235), Taos wird einmal mehr zur Chiffre für Rananim. Der Ort der Begegnung mit dem Anderen, die Lawrence unmittelbar als infernalische Bedrohung empfunden hatte, wird in der verklärten Erinnerung zum Ort der fantastischen Verwirklichung seiner Utopie.

4.2
„Und haben wir die Wilden verstehn gelernt, entdecken wir, daß wir auch die Zivilisierten verstehn."
Aldous Huxley auf D. H. Lawrence' Spuren in Mexiko

„Es war zweifellos ein Glück, daß [Lawrence'] Plan mißlang. Es war besser, daß es ein Plan und eine Hoffnung blieb – was es auch immer bleiben sollte. Und ich wußte es – sogar, als ich sagte, ich würde mich anschließen" (Huxley 1982: 42). Mit diesen Worten erinnert sich Aldous Huxley an seine erste Begegnung mit D. H. Lawrence 1915 in London, bei der letzterer ihm vorschlug, sich der geplanten Kolonie Rananim anzuschließen. Fasziniert von Lawrence' Ausstrahlung sagte Huxley spontan zu, ohne jedoch dessen Angebot allzu ernst zu nehmen. 1926 treffen sie in Florenz erneut zusammen und sehen sich von diesem Zeitpunkt an bis zu Lawrence' Tod im März 1930 häufig.

Huxleys geistige Auseinandersetzung mit Lawrence findet ihren Ausdruck zunächst in dem 1928 publizierten Roman *Point Counter Point* (*Kontrapunkt des Lebens*), dessen Figur Mark Rampion einige Facetten der Lawrence'schen Weltsicht repräsentiert. Sie setzt sich in der Einleitung zu den 1932 von ihm herausgegebenen Lawrence-Briefen fort und findet ihren Höhepunkt in *Beyond the Mexique Bay* sowie im Roman *Eyeless in Gaza*

(*Geblendet in Gaza*), der im Allgemeinen als literarisches Produkt der Emanzipation Huxleys vom Einfluss seines Freundes gilt (Bartlett 1964: 83).

Die Reise in die Karibik, nach Guatemala und Mexiko im Jahre 1933 markiert einen wichtigen Abschnitt dieser jahrelangen Auseinandersetzung; Huxley konfrontiert insbesondere seine Erfahrungen in Mexiko mit dem Bild, das Lawrence von diesem Land in *Die gefiederte Schlange* entwirft. *Beyond the Mexique Bay* kann von daher als Bericht über eine Reise auf Lawrence' Spuren und zugleich als Lektüre von *Die gefiederte Schlange* verstanden werden, zumal Huxley den Roman während seines Mexiko-aufenthaltes noch einmal liest, wie aus dem letzten Abschnitt des Buches hervorgeht.

Huxleys Mexikoreise führt ihn vom Isthmus von Tehuantepec durch den Bundesstaat Oaxaca, wo er unter anderem die gleichnamige Stadt sowie die Ausgrabungsstätten von Monte Albán und Mitla besucht, über Puebla und Cholula nach Mexiko-Stadt. Während in Lawrence' Essays die direkte Begegnung mit den Zapoteken Oaxacas sowie die (sehr präzisen) Land-schaftsbeschreibungen im Vordergrund stehen, überwiegen in Huxleys Reisebuch Darlegungen zur ökonomischen Situation des Landes, zu Archi-tektur, Kunst und Kunsthandwerk.

Allerdings entsteht bei der Lektüre von *Beyond the Mexique Bay* der Eindruck, dass es Huxley weniger um die Schilderung seiner konkreten Reiseerfahrungen als vielmehr um eine Reflexion über die europäische Zivilisation geht. Europa ist in Huxleys Gedanken dermaßen präsent, dass er alle Eindrücke des bereisten Landes sofort damit vergleicht; Mexiko wird deshalb in *Beyond the Mexique Bay* – weit mehr noch als in Law-rence' Texten – für das Nachdenken über die eigene Kultur funktionalisiert und so zur Metapher oder Chiffre für die zivilisationskritische Auseinan-dersetzung stilisiert. Gleichzeitig erhalten die intellektuellen Überlegungen des Autors ein solches Gewicht innerhalb des Textes, dass Reisen als sinn-liche Erfahrung fast zum Verschwinden gebracht wird (Quennell 1974: 31-32). Im Gegensatz zu Lawrence, der zu Beginn seiner Reise und im Kon-text seiner vitalistischen Philosophie davon ausgeht, dass die Annäherung an den Anderen und die Erkenntnis einer unbekannten Kultur allein durch unmittelbare, sinnliche Erfahrung möglich sind, favorisiert Huxley die intellektuelle, wissenschaftliche Analyse des Wahrgenommenen.[43]

---

[43] Huxley hatte bereits in der Einleitung zu den von ihm herausgegebenen Lawrence-Briefen dessen Irrationalismus und Wissenschaftsfeindlichkeit kritisiert (Huxley 1962: 1252).

Der ständige Bezug auf Europa in *Beyond the Mexique Bay* erklärt sich auch aus der historischen Situation im Januar 1933, als das Ehepaar Huxley England per Schiff in Richtung Karibik verlässt. Wie Roy Fenton (auf dessen Kaffeeplantage sie sich in Mexiko zeitweise aufhielten) anmerkt, kam Huxley in fast allen Gesprächen auf die Machtübernahme der Nationalsozialisten zurück und versuchte, Analogien zwischen der aztekischen Kultur, der mexikanischen Geschichte und dem Faschismus in Europa herzustellen (Bedford 1979: 269). Ausgehend von der These, dass „Geschichte sich wiederholt hat" (Huxley 1934: 251, Übersetzung FSW)[44] und der Faschismus eine Rückkehr zum Primitiven bedeutet, sieht Huxley in Mexiko die Möglichkeit, die Charakteristika einer in den Industrieländern verschwundenen, vorindustriellen Stufe der europäischen Zivilisation zu rekonstruieren (Huxley 1934: 251), um so „im mexikanischen ‚Laboratorium' [...] die Pathologie des Faschismus zu analysieren" (Miró 1988: 484, Übersetzung FSW).[45]

Im Roman *Geblendet in Gaza*, in dem Huxley seine Erfahrungen in Mexiko literarisch umsetzt, äußert er sich dezidiert zu Motiv und Sinn seiner Reise, die auf der Annahme beruhen, dass sich die eigene Gesellschaft in der räumlichen Distanz weit einfacher verstehen lässt:

> Und das aus zwei Gründen. Weil es schwer ist, leidenschaftslos über sich selbst nachzudenken, und noch schwerer, richtig über irgend etwas sehr Kompliziertes nachzudenken. Und das Daheim ist beides – eine kunstvoll aufgebaute Kulturgemeinschaft, welche zufällig unsre eigne ist. Eine Gemeinschaft von Wilden ist einfach eine Kulturgemeinschaft im Kleinen und mit abgehobenem Deckel. Da gewinnen wir ziemlich leicht Einblick. Und haben wir die Wilden verstehn gelernt, entdecken wir, daß wir auch die Zivilisierten verstehn (Huxley 1987: 504).

Aber Huxleys anthropologisch orientierte Sicht auf den „Wilden" zum Zwecke der Erforschung der eigenen Kultur angesichts der Gefahr einer Rückkehr zum Primitiven im Faschismus[46] erlaubt keinen Umkehrschluss. „Das unentwickelte Bewusstsein des Primitiven liefert ihn den Einflüssen der Zivilisation aus. In Ermangelung eines Kritikvermögens ist er unfähig,

---

[44] „History has repeated itself" (Huxley 1934: 251).

[45] „Dans le ‚laboratoire' mexicain Huxley s'était engagé à analyser la pathologie du fascisme" (Miró 1988: 484).

[46] In *Geblendet in Gaza* repräsentiert der Ethnologe Dr. Miller eine pazifistisch geprägte Sicht auf den Anderen, welche er auch auf den möglichen Umgang mit dem Faschismus überträgt (Huxley 1987: 501-506).

nur das Gute aufzunehmen und das Übrige zurückzuweisen" (Huxley 1934: 258).[47] Wir „zivilisierten" Europäer dagegen können aus dem Kontakt mit anderen Kulturen lernen, unsere eigene weiterzuentwickeln und ausschließlich die positiven Elemente des „primitiven" Lebens – wie etwa dessen Ganzheitlichkeit – zu übernehmen (Huxley 1934: 258-260).

Der Autor sieht im indianischen Mexiko einmal eine bäuerliche Gesellschaft des 15. Jahrhunderts (Huxley 1934: 251), ein andermal vergleicht er die Wertvorstellungen der Indigenen mit denen neapolitanischer Adliger des 18. Jahrhunderts, da beide angeblich Ruhm und Statussymbole der materiellen Bequemlichkeit und der sinnlichen Befriedigung vorziehen, welche der moderne Mensch in Europa höher einschätzt (Huxley 1934: 245-246). Dieses Schema der mexikanischen Gesellschaft als bloßer Manifestation einer vergangenen Stufe der europäischen Zivilisation überträgt er (mit Einschränkungen) auch auf Volkskunst (Huxley 1934: 273) und Architektur des Landes (Huxley 1934: 297-298). Es dient gleichzeitig über weite Strecken der Verteidigung eines aufgeklärten Rationalismus gegenüber der Wiederkehr irrationaler Ängste (Huxley 1934: 308), die er im Faschismus sieht.

Huxley geht davon aus, dass die negativen Begleiterscheinungen moderner Zivilisation nur durch eine Perfektionierung der Wissenschaft überwunden werden können (Huxley 1934: 250). Mexiko sollte seiner Ansicht nach modernisiert werden, auch wenn dieser Prozess auf Kosten des Verlustes kultureller Identität stattfinden muss (Huxley 1934: 254-257). Er befürwortet deshalb die Anstrengungen der mexikanischen Regierung im Gefolge der Revolution, die „Unwissenden" über die Natur der modernen Welt aufzuklären – auch wenn er am Erfolg dieser Operation zweifelt (Huxley 1934: 257, 308). Die Modernisierungsvorstellungen, die er aufgrund seines Bekenntnisses zur menschlichen Evolution (deren jüngste Stufe die europäische Moderne darstellt) entfaltet, bringen ihn in direkten Widerspruch zum eingangs erwähnten zivilisationskritischen Ansatz von Lawrence (Huxley 1934: 250).[48] Wenn Huxley daher schreibt, „der Versuch, zum Primitiven zurückzukehren, [sei] sowohl unmöglich als auch [...]

---

[47] „The undeveloped consciousness of the primitive leaves him at the mercy of influences coming from civilization. Lacking a critical faculty, he is unable to take only the good and reject the rest" (Huxley 1934: 258).

[48] Bereits in der Einleitung zu den Lawrence-Briefen hatte Huxley kritisiert, dass dieser nicht an die menschliche Evolution glaubte (Huxley 1962: 1252).

falsch" (Huxley 1934: 250, Übersetzung FSW),[49] so ist mit diesem Satz etwas ganz anderes gemeint als mit Lawrence' nahezu gleichlautender Aussage, nach der es kein Zurück zum Leben der „Wilden" gibt, von denen uns eine unüberbrückbare Kluft in Zeit und Sein trennt.

Lawrence sieht die Zapoteken oder überhaupt alle indigenen Gruppen in Mexiko und im Südwesten der USA als Wesen aus einer anderen Dimension und behauptet deren grundsätzliche Andersartigkeit. Huxley betrachtet dagegen die indigene Kultur als Vorstufe zur modernen Zivilisation; der Indigene ist streng genommen nicht der kulturell Andere, sondern ein Europäer auf einer historisch überlebten Stufe – womit Huxley allerdings auch die modernen Seiten der mexikanischen Gesellschaft geflissentlich übersieht. In der Lawrence'schen Terminologie ausgedrückt heißt das, dass uns nach Huxleys Ansicht von den „Wilden" lediglich eine zeitliche, nicht aber eine Kluft im Sein trennt. Huxley befürwortet daher eine „nachholende" Entwicklung der mexikanischen Gesellschaft auf dem Weg zur Durchsetzung der Moderne und nimmt damit in gewisser Weise die nach dem Zweiten Weltkrieg in der entwicklungstheoretischen Diskussion vorherrschenden modernisierungstheoretischen Modelle vorweg. Die kulturelle Andersartigkeit der indigenen Bevölkerungsgruppen wird in Huxleys rationalem Diskurs zum Verschwinden gebracht, weil er alle Aussagen bzw. Urteile über sie nur in Abhängigkeit von der Erörterung der europäischen Geschichte trifft. Die ständige Konstruktion von Parallelen zwischen der „Gemeinschaft von Wilden" und der „kunstvoll aufgebauten Kulturgemeinschaft" der europäischen Moderne verstellt nicht nur den Blick auf die Andersartigkeit der indigenen Kultur; sie macht den Autor auch blind für die ihn auf seiner Reise in die mexikanischen Städte umgebende, längst modern gewordene Kultur. Huxleys Analyse des kulturellen Kontextes der mexikanischen Gesellschaft bleibt gerade deshalb letztlich oberflächlich (Miró 1988: 447; Walker 1984: 115; Woodcock 1956: 24).

Insbesondere in den Mexiko-Abschnitten von Huxleys Reisebeschreibungen tritt neben den oben erörterten Text ein zweiter, der den rationalen Diskurs zunehmend überlagert. Wie George Woodcock anmerkt, „ist *Beyond the Mexique Bay* ein seltsam maskenhaftes Buch. [...] Man spürt immer, dass der Autor nicht gänzlich offenbart, was in seinem Kopf vor-

---

[49] „The attempt to return to primitiveness is both impractical and [...] wrong" (Huxley 1934: 250).

geht [...]" (Woodcock 1972: 186, Übersetzung FSW).[50] Nur selten artiku-
liert Huxley unverhohlen das Gefühl der Bedrückung, der Hoffnungslosigkeit oder gar Bedrohung, das zu seinem ständigen Begleiter auf der Reise
durch die „traurigen Tropen" avanciert: „Es war sechs Jahre her, dass ich
in einem heißen Land gewesen war, und ich hatte vergessen, wie unbe-
schreiblich melancholisch die Tropen sein können, wie irgendwie hoffnungslos und völlig der Hoffnungslosigkeit ergeben" (Huxley 1934: 8,
Übersetzung FSW).[51] Zumeist verbirgt Huxley dieses Gefühl hinter abstrakten philosophischen und politischen Analogien, mit deren Hilfe er das
Fremde und Unerklärliche in seinen eigenen kulturellen Kontext zu integrieren versucht.

Aber an einigen Stellen bricht er den rationalen Diskurs auf, um seinen
ansonsten unterdrückten Empfindungen Ausdruck zu verleihen. Die zunächst paradiesisch anmutende Vielfalt tropischer Vegetation (Huxley
1934: 236) scheint sich als gefährlich zu entpuppen: „Eine grandiose Landschaft – aber man betrachtet sie mit einem Gefühl der Angst. Es liegt etwas
ungeheuer Erschreckendes in dieser unermesslichen, unbegrenzten Abwesenheit der mexikanischen Szenerie" (Huxley 1934: 261, Übersetzung
FSW);[52] etwas, das Huxley schließlich wie eine infernalische Bedrohung
vorkommt (Huxley 1934: 289).

Die gleiche Bedrohung geht für ihn vom „reptilischen Glanz indianischer Augen" (Huxley 1934: 248, Übersetzung FSW)[53] und von den angeblich entsetzlich animalischen, dummen, seelenlosen mexikanischen Frauen
aus, die er als Monster bezeichnet (Huxley 1934: 286, 292). Das verbreitete
Tragen von Waffen schafft in Huxleys Augen eine Atmosphäre der Ge-
walttätigkeit (Huxley 1934: 246-247), deren Vorhandensein er unvermittelt
auf die gesamte mexikanische Geschichte überträgt. Mexiko wird nun ge-

---

[50] „Beyond the Mexique Bay is a curiously mask-like book. [...] Yet one always feels
that the writer is not revealing fully what goes on in his thoughts [...]" (Woodcock
1972: 186).

[51] „It was six years since I had been in a hot country, and I had forgotten how un-
speakably melancholy the tropics can be, how hopeless, somehow, and how complete-
ly resigned to hopelessness" (Huxley 1934: 8). Im Kontext der allgemein verbreiteten
Vorstellung von den fröhlichen Tropen nimmt Huxley in diesem Bild in gewisser
Weise den Begriff der „traurigen Tropen" vorweg, wie ihn später Claude Lévi-Strauss
prägen sollte.

[52] „A magnificent landscape; but one looks at it with a sinking of the heart; there is
something profoundly horrifying in this immense, indefinite not-thereness of the Mexican scene" (Huxley 1934: 261).

[53] „[...] the reptilian glitter of Indian eyes" (Huxley 1934: 248).

nerell zum Synonym für Gewalt: von „der Blutlust der Azteken [bis zur] fortlebenden Beschäftigung mit dem Tod [und] den plötzlich ausbrechenden mexikanischen Gewaltakten [...]" (Huxley 1934: 301, Übersetzung FSW).[54] In diesem Zusammenhang versteht sich Huxleys grundsätzliche Ablehnung der mexikanischen Revolution quasi von selbst.[55] Er beschreibt nicht nur die Gewalt der Revolution, sondern auch die Konsequenzen der durch sie in Gang gesetzten ökonomischen und politischen Veränderungen. Ausgehend von einer Beschreibung der agrarisch genutzten tropischen Landschaft, die er im Gegensatz zur Metapher der „jungfräulichen Wildnis" als das eigentliche Paradies betrachtet,[56] kritisiert er die Folgen der Agrarreform.

Die antikapitalistischen Gesetze der Revolutionsregierungen, die Arbeitskämpfe und die Korruption der lokalen Politiker, aber auch die miserablen Löhne für die Arbeiter auf dem Großgrundbesitz führen seines Erachtens dazu, dass die gepflegte Landschaft der alten Haciendas zerstört wird (Huxley 1934: 237). Die indigene Bevölkerung, der das Land zugeteilt wurde, kehrt seiner Ansicht nach zur Subsistenzwirtschaft zurück, weil sie zu einer rationalen, modernen, wissenschaftlichen Erkenntnissen entsprechenden Agrarwirtschaft nicht fähig ist (Huxley 1934: 231-234) – womit er indirekt auch für die Landwirtschaft seine These vom „primitiven", in mittelalterlichen Strukturen verharrenden Mexiko bestätigt. Folgerichtig ist für Huxley die mexikanische Revolution von vornherein zum Scheitern verurteilt, da es sich angesichts der „Zurückgebliebenheit" der mexikanischen Gesellschaft gar nicht um eine moderne Revolution handeln kann.

In der Beschreibung des Dorfes Mihuatlan wird Huxleys zunehmende emotionale Abneigung gegenüber dem Land besonders augenfällig. Er hält den Ort für negativ, entsetzlich und unsagbar bedrückend (Huxley 1934: 248-249). „Mihuatlan und seinesgleichen sind Unterlassungssünden. Un-

---

[54] „That blood lust of the Aztecs, that still surviving preoccupation with death, those sudden Mexican violences [...]" (Huxley 1934: 301).

[55] Vgl. zu einer ausführlicheren Interpretation des Bildes der mexikanischen Revolution bei Huxley: Schmidt-Welle (2010b).

[56] Huxley bricht damit die Vorstellung vom Paradies auf dem „jungfäulichen" amerikanischen Kontinent auf, die in der Literatur seit der Konquista vorherrschend war. Er knüpft dabei explizit an die Vorstellungen vom Paradiesgarten in John Miltons *Paradise Lost* sowie Alexander Popes „Epistle to the Earl of Burlington" an (Huxley 1934: 235-236).

– 65 –

terlassung des Intellektuellen und Vergeistigten, Unterlassung all dessen, was über das animalische Leben von einem Tag auf den anderen hinausgeht" (Huxley 1934: 248, Übersetzung FSW).[57] Letztlich kommt er zu dem Schluss: „Wenn Mihuatlan die einzig mögliche Alternative zu Middlesborough wäre, dann könnte man sich wirklich auch gleich umbringen" (Huxley 1934: 250, Übersetzung FSW).[58]

Immer dann, wenn Huxley in *Beyond the Mexique Bay* den Blick hinter die Maske des rationalen Diskurses freigibt, tauchen unversehens jene emotional gefärbten Bilder und Klischees wieder auf, die bereits die Reiseskizzen D. H. Lawrence' durchzogen. Der angeblich „reptilische Glanz indianischer Augen" dient beiden Autoren als Vorwand, um die Zapoteken oder überhaupt alle auch nur ihnen indigen erscheinenden Mexikaner auf instinktgeleitete, geistlose Wesen zu reduzieren, die ein animalisches Leben führen. Vor dem Hintergrund der real vorhandenen Gewalt im Mexiko der Revolutionszeit und im Wissen um die aztekischen Menschenopfer wird dieser vermeintlich animalische Charakter des kulturell Anderen zur Bedrohung des Schriftstellers stilisiert, der sich von blutrünstigen Indianern umgeben sieht, deren bloße Anwesenheit irrationale Ängste in ihm auslöst.

Aber die Ängste beider Autoren stehen in seltsamem Widerspruch zu ihren Erfahrungen mit der mexikanischen Wirklichkeit. Nirgends wird in *Mexikanischer Morgen* oder *Beyond the Mexique Bay* eine reale Situation der Bedrohung beschrieben.[59] Es scheint vielmehr, dass die Konfrontation mit einer fremden Kultur an sich bei Lawrence und Huxley bereits das Gefühl des Bedrohtseins auslöst. Doch ist diese Bedrohung in beiden Fällen eher eine Auseinandersetzung mit den verdrängten Anteilen der eigenen Psyche und den Problemen der Gesellschaft, aus der sie kommen, als mit der Realität des bereisten Landes (Woodcock 1956: 32).

Trotz aller Kritik, die Huxley in *Beyond the Mexique Bay* am Irrationalismus und Vitalismus von Lawrence äußert, kehren hier dieselben Mexikobilder wieder, die das Land schon für diesen zur Hölle werden ließen.

---

[57] „Mihuatlan and its kind are sins of omission. Omission of the mental and the spiritual, of all that is not day-to-day animal living" (Huxley 1934: 248).

[58] „If Mihuatlan were the only possible alternative to Middlesborough, then really one might as well commit suicide at once" (Huxley 1934: 250).

[59] Die einzige wirklich bedrohliche Situation, die Huxley in Mexiko erlebte, war die Konfrontation mit einem um sich schießenden Betrunkenen in einer Bar (Walker 1984: 122). Doch gerade diese Szene taucht in *Beyond the Mexique Bay* nicht auf, sondern wird von ihm erst in *Geblendet in Gaza* verarbeitet (Huxley 1987: 431-433).

Huxleys permanente Auseinandersetzung mit Lawrence' Ideen sowie die Lektüre des Romans *Die gefiederte Schlange* während seiner Reise hinterlassen deutliche Spuren in der Wahrnehmung Mexikos; seine Antworten auf Lawrence' Vorstellungen von den indigenen Kulturen fallen daher wesentlich ambivalenter aus, als dies zunächst den Anschein haben mag (Bentley 1967). Die Reise zum Golf von Mexiko und über ihn hinaus wird in der konkreten Begegnung mit dem Anderen für Huxley zur Erfahrung jenseits der modernen Zivilisation, wie sie für Lawrence zur Erfahrung jenseits seiner Utopie Rananim und damit jenseits von Eden wurde.

Und dennoch stellt die Mexikoerfahrung für Huxley einen Wendepunkt in seinem Leben und seiner literarischen Produktion dar. Ausgehend von der ethnologisch pazifistischen Perspektive, welche die Romanfigur Dr. Miller in den Mexikoszenen von *Geblendet in Gaza* einnimmt, konvertiert Huxley wie sein *alter ego* im Buch Anthony Beavis zu einem kontemplativen Mystizismus (Bowering 1974: 119), der seine späteren literarischen Texte bestimmen wird. *Geblendet in Gaza* repräsentiert insofern einen Wendepunkt in Huxleys Denken, als der Roman die Hinwendung zu einer „neuen Kosmologie" in Anlehnung an Gerald Heards 1937 erschienenes Buch *The Third Morality* und Huxleys pazifistisches Engagement einleitet (Bowering 1974: 137-138).

4.3
Unter Geiern. Graham Greene besichtigt die mexikanische Revolution und ihre Folgen

Zwischen der Perzeption Mexikos in den Reiseberichten Aldous Huxleys und Graham Greenes existieren Parallelen, die sich aus einer ähnlichen Herangehensweise und Sicht auf die Geschichte verschiedener Zivilisationen ergeben. Wie Huxley, so konstruiert auch Greene eine lineare Universalgeschichte, in der es primitive, halbzivilisierte und zivilisierte Gesellschaften gibt (Walker 1984: 161-164). Greene funktionalisiert den kulturell Anderen ebenfalls für die Erkenntnis des Eigenen. Und obwohl Greene es in seinem Reisebericht an keiner Stelle erwähnt, lässt sich doch seine Lektüre der Texte von D. H. Lawrence in einer Reihe stereotyper Bilder der mexikanischen Bevölkerung erkennen. Aber damit erschöpfen sich die Parallelen. Während sich Huxley trotz des generell negativen Bildes von Mexiko in seinen Texten wenigstens zeitweise von einer unparteiischen Neugier bzw. Sympathie leiten lässt und eine positive Bewertung bestimmter Aspekte mexikanischer Kulturen vor allem bezüglich der präkolumbischen Kunst und Architektur vornimmt (Schmidt-Welle 2010b), ist Greenes Vision ausschließlich negativ. Seine Ablehnung alles Mexikanischen und sein Hass auf Land und Leute (García Muñoz 1997: 7; Pacheco 1964: 22) sind selbst innerhalb der englischen Literatur ohnegleichen, obwohl diese nicht gerade durch ihre positiven Mexikobilder besticht (Pacheco 1964). Sie werden vielleicht nur noch von Evelyn Waugh geteilt, der wiederum auf den Spuren Greenes einige Monate später nach Mexiko fährt und in seinem Reisebericht *Robbery Under Law* (1939) Greenes Buch und dessen Einschätzungen zu Mexiko mehrfach zustimmend erwähnt (Walker 1984: 193-197).

Greene fährt im Frühjahr 1938 nach Mexiko und bleibt zwei Monate. Er tritt die Reise aus zwei Motiven heraus an. Auf der einen Seite flieht er vor der englischen Justiz, weil ihm ein Prozess wegen Beleidigung des Kinderstars Shirley Temple drohte; er hatte den Film *Wee Willie Winkie* in der von ihm geleiteten Zeitschrift *Night and Day* verrissen (Estrada Carreón 2003: 8-9; Shelden 1994: 213-214). Auf der anderen Seite reist er im Auftrag eines englischen Verlegers und einer Zeitung (Walker 1984: 174) – einige Kritiker vermuten, auch im Auftrag des britischen Geheimdienstes (Estrada Carreón 2003: 8) –, um über die Verfolgung katholischer Priester in Mexiko zu berichten (García Muñoz 1997: 7; Gunn 1977: 226; Shelden 1994: 214). Greene reist zu einem Zeitpunkt nach Mexiko, zu dem es im Vorfeld der Nationalisierung der mexikanischen Erdölvorkommen durch die Regierung von Lázaro Cárdenas zu heftigen Konflikten zwischen Mexiko und Großbritannien kommt, da hauptsächlich britische Konzerne von der Enteignung betroffen sind. Und er bereist, zwölf Jahre nachdem er selbst zum Katholizismus konvertiert ist, ein Land, in dem einige Jahre zuvor die Trennung von Staat und (katholischer) Kirche verschärft wurde.

Im zuerst 1939 veröffentlichten Reisebericht *Another Mexico*[60] (Greene 1982) beschränkt sich Greene auf die Darstellung eines sehr begrenzten Ausschnitts mexikanischer Wirklichkeit. Er bezieht sich fast ausschließlich auf die Verfolgung katholischer Priester oder Gläubiger und vermeidet jegliche Erwähnung der zunehmenden Aussöhnung zwischen Kirche und Staat unter der Regierung Cárdenas (Gunn 1977: 227). Um den drastischen Effekt der Schilderung der Verfolgung und der mexikanischen Konflikte mit Großbritannien noch zu erhöhen, vergisst er auch zu erwähnen, dass der Erzbischof von Mexiko-Stadt die Regierung Cárdenas bei der Legitimierung der Nationalisierung des Erdöls unterstützte.

---

[60] Der Reisebericht erschien in den USA unter dem Titel *Another Mexico* (Greene 1982), in Großbritannien unter dem Titel *The Lawless Roads* (Greene 1993).

Greene schließt fälschlicherweise von der Situation im Bundesstaat Tabasco auf diejenige des ganzen Landes. Darüber hinaus interpretiert er die Geschichte Tabascos unter der Führung des Gouverneurs Tomás Garrido Canabal, als handele es sich um die Gegenwart des Jahres 1938, obwohl er selbst zugeben muss, dass sich Garrido zum Zeitpunkt des Antritts seiner Reise bereits im Exil in Costa Rica befindet, in das er nach Konflikten mit der Regierung Cárdenas geschickt worden war (Greene 1982: 11; Shelden 1994: 215). Der Autor sucht beständig Bewcise für seine vor der Reise bereits feststehende Meinung zur religiösen Verfolgung in Tabasco und Chiapas jenseits der konkreten Situation und der historischen Entwicklung.[61] Letztlich, so lässt sich zusammenfassend behaupten, versteht er den Unterschied zwischen dem katholischen Glauben eines Großteils der mexikanischen Bevölkerung und der Rolle der katholischen Kirche in den politischen Auseinandersetzungen seiner Epoche in Mexiko nicht (Anaya Ferreira 2001: 265-268).

Bereits im Vorwort des Reiseberichts, also noch vor der Darstellung der Einreise nach Mexiko, manifestieren sich die ideologischen Absichten Greenes im Text. In der Nacherzählung der Lebensgeschichte des Priesters Miguel Pro (Greene 1982: 8-10) behauptet er, im Jahre 1926 habe „Präsident [Plutarco Elías] Calles die heftigste Verfolgung einer Religion irgendwo auf der Welt seit der Herrschaft von Elisabeth in Gang gesetzt" (Greene 1982: 9, Übersetzung FSW)[62]. Und natürlich bezieht er sich dabei nicht auf die spanische Elisabeth, „Isabel la Católica", und die Heilige Inquisition, sondern auf die Königin von England und die Katholikenverfolgung unter ihrer Herrschaft. Gleichzeitig wiederholt er ein ums andere Mal, dass die mexikanische Bevölkerung zur Revolutionszeit katholisch sei – ohne den realen Synkretismus in Mexiko sowie die indigenen Glaubensrichtungen zu erwähnen – und dass lediglich die herrschende Klasse – „Politiker und *pistoleros*" – (Greene 1982: 10, Übersetzung FSW)[63] gegen den Katholizismus sei.

---

[61] Trotz späterer Kritik an seiner Interpretation hält Greene diese verfälschte Version der Ereignisse bis in die 1990er Jahre aufrecht. Im Vorwort zu einem 1990 publizierten Buch über Staat und Kirche in Lateinamerika wiederholt er die gleichen Ideen über Mexiko und die Verfolgung der katholischen Kirche wie in dem fünfzig Jahre zuvor veröffentlichten Reisebericht (Greene 1990a: XV-XVI).

[62] „President Calles had begun the fiercest persecution of religion anywhere since the reign of Elizabeth" (Greene 1982: 9).

[63] „[…] politicians and *pistoleros* […]" (Greene 1982: 10).

Die schärfste Kritik übt Greene an der Situation in Tabasco und den Ergebnissen der dortigen Kirchenverfolgung. Er bezeichnet Tabasco als „[...] gottlosen Staat, die Szenerie der Furcht und Gefangenschaft eines gejagten Menschen [...]" (Greene 1982: 153, Übersetzung FSW),[64] und bei der Beschreibung seiner Reise durch diesen Bundesstaat wird das ständige Gefühl der Bedrohung deutlich, der sich der Autor ausgesetzt sieht (Greene 1982: 120-121). Diese bedrohliche Atmosphäre überträgt sich auf alle Aspekte seiner Wahrnehmung des Landes. Von der „traumatischen" Natur (Veitch 1978: 58-111) bis zu den Menschen verwandelt sich Mexiko in eine irrationale Gefahr, eine Hölle. Die einzigen Orte, an denen der Autor sich sicher und fast wie zu Hause fühlt, sind die Kirchen (Greene 1982: 46-47, 94-99). Die einzigen Menschen, mit denen er einen freundlichen Umgang pflegt, sind die Vertreter der „Katholischen Aktion" („Acción Católica") und die in Mexiko lebenden Ausländer (Greene 1982: 76-77). Diese beiden Gruppen sind auch seine einzigen Informanten bezüglich des Lebens, der politischen Situation und der Kulturen Mexikos, zumal die mangelnde Sprachkenntnis eine schier unüberwindliche Barriere für die Kommunikation mit den Menschen vor Ort bildet und seine soziale Isolierung und Angst noch erhöht.

Greene kritisiert nicht nur die Kirchenverfolgung, sondern auch die säkulare staatliche Erziehung im Anschluss an die Revolution, die sich seines Erachtens durch ihre „[...] verstaubten rationalistischen Leitlinien [und den] aus dem 19. Jahrhundert stammenden Materialismus" (Greene 1982: 11, Übersetzung FSW)[65] auszeichnet. Schließlich versteigt er sich gar zu der Behauptung: „Mexikanische Erziehung ist faschistisch oder totalitär, wie auch immer Sie es nennen wollen" (Greene 1982: 77, Übersetzung FSW).[66]

Seine Kritik an der mexikanischen Revolution basiert auf der Annahme, es handele sich bei dieser um eine sozialistische oder kommunistische und vor allem antiklerikale Revolution. Damit steht er zum Zeitpunkt seiner Reise durchaus nicht allein, denn viele Europäer, aber auch einige Linke in Mexiko selbst sahen in den Anstrengungen der Regierung Cárdenas, die zuvor weitgehend im Sande verlaufene Agrarreform fortzuführen und die

---

[64] „[...] the Godless state, the landscape of a hunted man's terror and captivity [...]" (Greene 1982: 153). Vgl. zu diesem Aspekt auch Shelden (1994: 216).

[65] „[...] dusty rationalist lines – nineteenth-century materialism [...]" (Greene 1982: 11).

[66] „Mexican education is Fascist, or totalitarian, whichever you prefer to call it" (Greene 1982: 77).

Erdölvorkommen zu verstaatlichen, durchaus Ansätze zur Verwirklichung einer sozialistischen Gesellschaft. Allerdings geht es Greene um mehr als die bloße Behauptung sozialistischer Tendenzen innerhalb der Politik des Regimes Cárdenas. An zwei Stellen beschreibt er die Klassenkämpfe im Land, und beide Male verurteilt er sie – selbst dann, wenn der Kampf um soziale Gerechtigkeit von katholischen Priestern getragen oder mit verantwortet wird. Einmal setzt er sich mit einem Streik der Arbeiter auseinander, die im Ort San Antonio nahe der US-amerikanisch-mexikanischen Grenze Nüsse von ihrer Schale befreien. Obwohl ein Priester der „Katholischen Aktion" aktiv an diesem Streik partizipiert, verurteilt ihn der englische Schriftsteller wegen der materialistischen Ziele desselben und weil dieser Teil des sozialen Kampfes der armen Bevölkerungsschichten für ein menschenwürdiges Leben ist (Greene 1982: 19-21). In einer anderen Szene des Reiseberichts, vor dem Bildnis der Heiligen Jungfrau in einer Kirche in San Luis Potosí, drückt Greene seine Missachtung des Klassenkampfes und mit diesem der Revolution noch klarer aus. Er schreibt: „Selbst wenn das alles nicht wahr wäre und es keinen Gott gäbe, lebte man sicher glücklicher mit dieser ungeheuren übernatürlichen Versprechung als mit dem belanglosen sozialen Auskommen, der winzigen Rente und den Möbeln aus der Fabrik" (Greene 1982: 47, Übersetzung FSW).[67] Mit anderen Worten, der Autor zieht die religiösen Versprechungen eines – vielleicht nicht einmal existenten Paradieses im Jenseits dem Kampf um ein menschenwürdiges Leben vor – wenigstens für die Anderen bzw. die arme Bevölkerung Mexikos. In diesem Zusammenhang ist es nicht verwunderlich, dass er die mexikanische Revolution und deren sozialpolitische Ziele oder Erfolge gänzlich verurteilt.

Greenes Reisebericht weist durchweg Züge einer Propagandaschrift aus einer reaktionären, orthodox katholischen Perspektive auf und wurde deshalb nicht von ungefähr von einem seiner Kritiker als Legitimation des britischen Imperialismus verstanden (Estrada Carreón 2003). So wie der englische Schriftsteller die Wahrnehmung des Landes in *Another Mexico* inszeniert, wird sie von einer impliziten politischen, moralischen und Verhaltensnorm bestimmt, die sich als diejenige des Imperiums herauskristallisiert. Jegliche Differenz, alles was Mexiko als postkoloniale Gesellschaft

---

[67] „Even if it were all untrue and there were no God, surely life was happier with the enormous supernatural promise than with the petty social fulfilment [sic!], the tiny pension and the machine-made furniture" (Greene 1982: 47).

von der historischen Situation in Großbritannien unterscheidet, verurteilt der Autor von vornherein.

Die Vorstellungen und Bilder der mexikanischen Kulturen im Reisebericht sind dermaßen vorherbestimmt, dass sich selbst Greenes Meinungen zur Architektur des Landes diesem Schema unterordnen. Auf seinem Weg besucht er das Kloster von San Agustín Acolman und die Pyramiden von Teotihuacan in der Nähe von Mexiko-Stadt; wie nicht anders zu erwarten, bringt er seine Verachtung für die präkolumbische und seine Bewunderung für die koloniale Architektur zum Ausdruck (Greene 1982: 88-91). In gleicher Weise bestaunt er die Kirche der Jungfrau von Guadalupe und erzählt detailreich die Legende ihrer Erscheinungen (Greene 1982: 94-99).

Ansonsten äußert sich Greene nur wenig zur Kunst des Landes. Er erwähnt lediglich am Rande die Wandmalerei Diego Riveras und José Clemente Orozcos, wobei deutlich wird, dass seine Interpretation sich offenbar mehr der Lektüre des Mexikoreiseberichts von Aldous Huxley verdankt als eigener Anschauung. Er nennt dieselben Werke, wiederholt das gleiche negative Urteil über Rivera wie sein Vorläufer und drückt wie dieser seine Achtung für die Malerei Orozcos aus – nicht ohne allerdings ausdrücklich auf die ideologischen Irrtümer hinzuweisen, die in der Arbeit beider Maler für die mexikanische Revolution und deren erzieherische Ziele bestehen (Greene 1982: 74-75).

Im Kontext eines derart reduzierten, vorurteilsbeladenen und exotistischen Mexikobildes überrascht es, dass Greene sich der Stereotypen bewusst zu sein scheint, welche die europäische Wahrnehmung des Landes und seiner Kulturen bestimmen. Bevor er die Grenze von den USA nach Mexiko überschreitet, notiert er:

> Dort drüben – dachte man bei sich – gab es Chichen Itzá und Mitla und Palenque, die ungeheuren Grabsteine der Geschichte, das Mexiko der Archäologen; *sarapes* und große Hüte und Spratlings Silber aus Taxco, um den Touristen zu erfreuen; für den Historiker die Reliquien Cortés' und der Konquistadoren; für den Kunstkritiker die Wandmalereien Riveras und Orozcos; und für den Geschäftsmann gab es die Ölfelder in Tampico, die Silberminen in Pachuca, die Kaffeeplantagen in Chiapas und die Bananenpflanzungen in Tabasco (Greene 1982: 14-15, Übersetzung FSW).[68]

---

[68] „Over there – one argued to oneself – were Chichen Itzá and Mitla and Palenque, the enormous tombstones of history, the archeologists' Mexico; serapes and big hats and Spratling silver from Taxco to delight the tourist; for the historian relics of Cortés and the Conquistadores; for the art critic the Rivera and Orozco frescoes; and for the bu-

Aber in unmittelbarem Anschluss an diese Aussage gibt er seine eigene reduzierte Sicht auf das Land zum Besten: „Für den Priester das Gefängnis und für den Politiker eine Kugel" (Greene 1982: 15, Übersetzung FSW)[69]. Religiöse Verfolgung, Gewalt, Korruption und eine bedrohliche tropische Landschaft, die Fieber und andere Krankheiten hervorruft – darin erschöpft sich Mexiko für Greene (Shelden 1994: 217-218).

Doch scheint selbst dem Autor dieses äußerst negative Mexikobild nicht gerecht bzw. nicht ganz geheuer zu sein. In bestimmten Momenten wird ihm seine permanente Suche nach Extremsituationen, Grenzerfahrungen, Gefährlichem und Bedrohlichem bewusst. Die ausführliche Reflexion über den Grenzübertritt im ersten Kapitel (Greene 1982: 13-18) zeigt, wie sehr ihn dieser enttäuscht, weil er nicht das vorfindet, was er erwartet hatte (Veitch 1978: 3). Greene betont, dass „weder der Schrecken noch die Schönheit menschlichen Lebens vorhanden waren" (Greene 1982: 18, Übersetzung FSW)[70]. Auch wenn er ständig „[...] von der menschlichen Natur wie von Schlangen das Schlimmste befürchtet [...]" (Greene 1982: 168, Übersetzung FSW)[71], sind die einzigen, die ihn wirklich bedrohen, die Stechmücken des Urwaldes in Tabasco. Alles andere sind Erzählungen, Gerüchte, Lektüren, Erfahrungen aus der Perspektive des nicht selbst Er-lebten, letzten Endes pure Fiktion. Deshalb muss er gegen Ende des Buches schließlich zugeben:

[...] übermüdete Augen waren vielleicht eine der Ursachen meiner wachsen-den Depression, meines nahezu krankhaften Hasses, den ich für Mexiko zu empfinden begann. In der Tat, wenn ich versuche, an jene Tage zurückzu-denken, liegen sie unter dem bezaubernden Licht zufälliger Begegnungen, geringer Beanspruchung, Ungewohntem, und ich kann mich nicht daran er-innern, warum sie mir damals so grauenvoll und hoffnungslos erschienen (Greene 1982: 171, Übersetzung FSW).[72]

---

siness man there were the oilfields of Tampico, the silver mines in Pachuca, the coffee farms in Chiapas, and the banana groves of Tabasco" (Greene 1982: 14-15).

[69] „For the priest prison, and for the politician a bullet" (Greene 1982: 15).

[70] „The horror and the beauty of human life were both absent" (Greene 1982: 18).

[71] „[...] the expecting the worst of human nature as well as of snakes [...]" (Greene 1982: 168).

[72] „[...] strained eyes may have been one cause of my growing depression, the almost pathological hatred I began to feel for Mexico. Indeed, when I try to think back to those days, they lie under the entrancing light of chance encounters, small endurances, unfamiliarity, and I cannot remember why at the time they seemed so grim and hope-less" (Greene 1982: 171).

Während er sich aufgemacht hatte, Grenzerfahrungen und die Extreme menschlichen Lebens zu erforschen oder auszuloten (Walker 1984: 160-161), endet seine Reise mit einer Nostalgie für das Bekannte und Gewohnte, für den Beginn des Aufenthaltes in den Amerikas, die vertraute Atmosphäre New Yorks. In einer stürmischen Nacht im feuchtheißen Urwald sehnt er sich nach dem „[…] Tee im Waldorf, den Schälchen mit Zimtstangen und Kirschen" (Greene 1982: 172, Übersetzung FSW).[73] Und gesteht sich schließlich ein, dass Mexiko für ihn nicht mehr ist als ein psychischer Zustand (Greene 1982: 174), eine innere Landschaft, eine Veranlagung (Shelden 1994: 219); das, was einer seiner Biografen als „den inneren Feind" bezeichnet hat (Shelden 1994), oder das, wofür die Literaturkritik den Begriff *Greeneland* geprägt hat (Purssell).

Vielleicht weil er erkannte, dass dieser mentale Zustand, das Mexiko seiner Imagination und seiner Obsessionen, sein inneres *Greeneland*, nicht viel mit der Wirklichkeit des Landes zu tun hatte, fühlte sich Greene verpflichtet, die Darstellung seiner Mexikoerfahrung in späteren Ausgaben von *Another Mexico* zu relativieren und zu legitimieren. Als Antwort auf die vielen Kritiken zu seinem Reisebericht schreibt er 1950 eine Vorbemerkung, die zu Beginn der dritten englischsprachigen Ausgabe des Buches veröffentlicht wird:

Elf Jahre sind vergangen, seit dieses Buch geschrieben wurde, und es mag jetzt so scheinen, als ob der Autor zu sehr auf Kosten beständigerer Seiten des mexikanischen Lebens auf eine religiöse Situation eingeht, die sich verändern kann. Ich kann mich nur damit entschuldigen, dass ich beauftragt worden war, ein Buch über die religiöse Situation zu schreiben und nicht über Folklore oder Architektur oder die Gemälde Riveras (Greene 1982: o.S., Übersetzung FSW).[74]

Und in einer „Autorennotiz", mit der er die 1939 publizierte Erstausgabe von *Another Mexico* einleitet, merkt er an:

---

[73] „[…] I thought of tea at the Waldorf, the little saucers of cinnamon sticks and cherries" (Greene 1982: 172).

[74] „Eleven years have passed since this book was written, and it may seem now that the author dwells too much on a religious situation liable to change at the expense of more permanent sides of Mexican life. My excuse must be that I was commissioned to write a book on the religious situation, not on folk lore [sic!] or architecture or the paintings of Rivera" (Greene 1982: o.S.).

Dies ist der persönliche Eindruck eines kleinen Ausschnitts von Mexiko zu einem bestimmten Zeitpunkt, im Frühjahr 1938. Die Zeit hat gezeigt, dass der Autor wenigstens in einer seiner Schlussfolgerungen unrecht hatte – die religiöse Apathie in Tabasco war eher oberflächlich als real. Einen Monat nachdem der Autor die Hauptstadt Villahermosa verlassen hatte, versuchten Bauern einen Altar in einer zerstörten Kirche zu errichten. Es folgten Blutvergießen sowie eine Eingabe an die Bundesregierung mit dem Resultat, dass dem Bischof von Tabasco erlaubt wurde, in seine Diözese zurückzukehren und dort als erster Bischof seit vierzehn Jahren zu residieren. Es bleibt Chiapas ... (Greene 1982: o.S., Übersetzung FSW).[75]

Doch obwohl Greene seine Irrtümer in der Interpretation der historischen Situation in Mexiko erkennt, hält er an der Legitimation seines Projektes und seiner Mexikovision fest, indem er auf seinen Auftrag sowie den angeblichen Fortbestand der Kirchenverfolgung in Chiapas verweist.

The Power and the Glory (*Die Kraft und die Herrlichkeit*), der auf dem Reisebericht aufbauende Roman Greenes, ermöglicht ihm eine größere Freiheit bei der Behandlung der Auseinandersetzung zwischen Gut und Böse, da es sich um einen fiktionalen Text handelt (Pacheco 1964: 22). Trotzdem lassen sich nicht nur Eigenschaften einiger Personen, mit denen er in Mexiko zusammengetroffen war, in den Romanfiguren wiedererkennen. Eine Reihe von Vorurteilen und Stereotypen über die Mexikaner, ihr Alltags- und Kulturleben und über die Revolution finden sich ebenfalls wieder. Die Tatsache, dass *Die Kraft und die Herrlichkeit* zu einem der erfolgreichsten und von der Literaturkritik meist gelobten Bücher Greenes wurde, dürfte vor allem darauf zurückzuführen sein, dass er seine Protagonisten gerade mit jenen Extrem- und Grenzerfahrungen konfrontiert, die er selbst auf seiner Reise durch Mexiko vergeblich gesucht hatte.

Das Mexikobild, das im Roman konstruiert bzw. inszeniert wird, entspricht im Wesentlichen demjenigen von *Another Mexico*. Bereits in den ersten Sätzen erscheint die mexikanische Natur als unerträglich (Greene 1990b: 5) und wird mit dem Tod in Verbindung gebracht: Hitze, Staub und Geier bestimmen auch hier die Szenerie, Gewalt und Morde aus niederen

---

[75] „This is the personal impression of a small part of Mexico at a particular time, the spring of 1938. Time proved the author wrong in at least one of his conclusions – the religious apathy in Tabasco was more apparent than real. A month after the author left Villahermosa, the capital, peasants tried to put up an altar in a ruined church. Bloodshed and an appeal to the Federal Government followed, with the result that the bishop of Tabasco was allowed to return to his diocese, the first resident bishop for fourteen years. There remains Chiapas ... (Greene 1982: o.S.).

Beweggründen sind an der Tagesordnung (Greene 1990b: 8). Doch dazu mehr im folgenden Kapitel.

Greenes Reisebericht ist unter zwei verschiedenen Titeln erschienen, in Großbritannien als *The Lawless Roads* (Greene 1993) und in den USA als *Another Mexico* (Greene 1982). Wie und warum der Titel für die US-Ausgabe zustande kam, kann mangels Quellen nur vermutet werden. Vielleicht wollte der englische Schriftsteller dem exotistischen Mexikobild US-amerikanischer Touristen, das er im Reisebericht vor dem Grenzübertritt heraufbeschwört, eine andere, eine wirklichkeitsnähere Vorstellung entgegensetzen, eine Erfahrung jenseits der berühmten archäologischen Stätten, jenseits der *sarapes*, der großen Hüte und anderer touristischer Kleinodien und jenseits der allseits bekannten Wandmalerei der Revolutionszeit. Vielleicht wollte er auch den Unterschied zwischen Tabasco, dem „Staat ohne Gott", und dem übrigen Mexiko akzentuieren, auch wenn sich das Bild des gesamten Landes letztlich nur unwesentlich von dem Tabascos unterscheidet.

Dass er bei alledem ein nicht weniger klischeehaftes, nicht weniger reduziertes Mexikobild schuf, in dem Hitze, Staub, Geier, Gewalt und religiöse Verfolgung sich zu einem einzigen Inferno summieren, war ihm wohl teilweise bewusst. Aber über jeden Zweifel hinweg wollte er ein Mexiko darstellen, das sich mit seinen Obsessionen identifizieren ließ, mit seinem inneren Feind, und weit weniger mit der realen historischen Situation des Landes (Woodcock 1956: 23). Insofern wird Mexiko auch hier zu einem Prätext für die eigenen Absichten, innerhalb dessen der Intertext der exotistischen Literatur mehr Gewicht erhält als die reale Alteritätserfahrung. Mit anderen Worten: Mexiko wird jenseits aller Erfahrung zur Metapher für *Greeneland*.

In diesem Zusammenhang lassen sich Parallelen zwischen Greenes Reisebericht sowie seinem Roman *Die Kraft und die Herrlichkeit* und *Heart of Darkness* von Joseph Conrad ausmachen (Shelden 1994: 218-219). Fraglich bleibt allerdings, warum gerade englische Schriftsteller von Conrad über Lawrence und Huxley bis zu Greene und Waugh dazu neigen, ihre existenziellen Konflikte und ihre jeweiligen Obsessionen in koloniale bzw. postkoloniale Gesellschaften zu verlagern. Könnte es nicht sein, dass sich hinter dieser literarischen Repräsentation des kulturell Anderen eine (ob bewusste oder unbewusste) Perspektive bzw. Strategie verbirgt, durch die das *British Empire* als kulturelle Norm gesetzt und damit sein Expansionsdrang nachträglich legitimiert wird?

5.

BÖSES BLUT:
DIE GEFIEDERTE SCHLANGE
UND *DIE KRAFT UND DIE HERRLICHKEIT*

„[Mexiko] ist der ideale Schauplatz für den Kampf eines Menschen gegen die Mächte der Finsternis und des Lichts", wird Malcolm Lowry im 1948 verfassten Vorwort zu *Unter dem Vulkan* (Lowry 1989: 4) schreiben; und dieser Satz könnte mehr noch als für seinen eigenen Roman als Motto für die Mexikoromane von D. H. Lawrence und Graham Greene gelten. Beide verarbeiten die Eindrücke ihrer Mexikoreisen nicht nur in ihren Reiseberichten, sondern auch in den auf diesen fußenden Romanen *The Plumed Serpent. Quetzalcoatl* (*Die gefiederte Schlange*) und *The Power and the Glory* (*Die Kraft und die Herrlichkeit*). So erinnern eine Reihe der Romanfiguren, Landschaftsbeschreibungen und Orte an die dort beschriebenen Mexikoerfahrungen. Andererseits abstrahieren beide Autoren in den Romanen insofern von ihren Reisen, als sie Konflikte entwerfen, in denen die Alteritätserfahrung entweder als Begegnung zwischen Angehörigen unterschiedlicher Zivilisationen und „Dimensionen" weiter überhöht wird (Lawrence) oder auf die grundlegende, vorgeblich universale Auseinandersetzung zwischen Gut und Böse (Greene) reduziert wird.

5.1
Von Quetzalcoatl zur christlichen Dreifaltigkeit

Der zuerst 1926 erschienene Roman *Die gefiederte Schlange* trägt im englischen Original den Untertitel „Quetzalcoatl" (Lawrence 1990). Damit verweist der Autor auf die mythische Figur eines Toltekenpriesters desselben Namens sowie auf die unter den Mexica (Azteken) verehrte Gottheit, die in verschiedenen Erscheinungsformen unter anderem den Gott der Fruchtbarkeit und den Gott des Windes darstellt. Quetzalcoatl steht im Mittelpunkt eines der beiden Handlungsstränge des Romans, die schließlich zusammenlaufen. In diesen Handlungssträngen geht es zum einen um die von Lawrence erfundene mythisch politische Bewegung in Mexiko, welche den Kult des Quetzalcoatl predigt und der Gesellschaft durch die

Rückbesinnung auf die aztekische Mythologie eine neue Struktur geben will. Der andere Handlungsstrang beschreibt in einer Art Bildungsroman (Cowan 1970: 100) das Leben von Kate Leslie und deren Erfahrungen in Mexiko, wobei Gedankengut und Erleben der Protagonistin nur allzu deutlich mit denen des Autors übereinstimmen (Walker 1984: 88), wie wir sie bereits aus seinen Reiseskizzen kennen.

Der Roman beginnt mit der Schilderung eines Stierkampfs in Mexiko-Stadt, und diese Szene dient Lawrence dazu, ein düsteres Panorama seiner Vorstellungen über Mexiko auszubreiten, das weit über den Ekel der Hauptfigur angesichts des blutigen Schauspiels in der Arena hinausgeht.[76] Die Umgebung der Stierkampfarena wird als schmutzig und schäbig dargestellt (Lawrence 1986: 8). Dieses Urteil überträgt die Protagonistin Kate Leslie auf die Masse der Mexikaner, die ihr als schmierig und schäbig, als Mob bzw. ungebildeter, unzivilisierter Pöbel erscheinen (Lawrence 1986: 8-12, 33), sowie auf das ganze Land (Lawrence 1986: 24). Es graust ihr vor jeglicher Berührung mit der Masse, und der Stierkampf erscheint ihr als menschenunwürdiges Spektakel, das sie angeekelt vorzeitig verlässt. Selbst aus den Gebäuden der Stadt strömt eine „besonders harte, starre Traurigkeit" (Lawrence 1986: 8). Und der vorgebliche Mangel an Energie bei Mensch und Tier wird als Folge „des Geistes dieses westlichen Kontinents" (Lawrence 1986: 7) beschrieben, der sich vor allem in der „den Indios eigenen Schwerfälligkeit" (Lawrence 1986: 24) zeigt. Auch bei Lawrence kehrt also das Bild des trägen tropischen Menschen wieder, das wir bereits aus den Texten von Friedrich Ratzel und Harry Graf Kessler kennen, und es geht auch hier wie bei Kessler mit der Inanspruchnahme einer aristokratischen Haltung eigener kultureller Überlegenheit einher.

Mexiko-Stadt und das ganze Land erscheinen Kate von Anfang an als die Inkarnation alles Widerlichen, Hässlichen, Bösen:

> Kate empfand vor allem die ungeheure Widerlichkeit von all dem. Schon viele Städte der Welt hatte sie gesehen, über Mexiko aber lag verborgene Häßlichkeit, lag gemeine Bosheit; mit ihm verglichen, wirkte Neapel heiter, gütig. Sie hatte Angst, hatte Angst schon bei dem Gedanken, daß irgend etwas dieser Stadt sie berühren, sie in den Bereich des schleichenden Bösen ziehen könnte (Lawrence 1986: 24).

Und doch fühlt sie, dass „[...] sie irgendwie schicksalhaft mit Mexiko verbunden war. Etwas Schweres, Bedrückendes mußte es sein, wie die

---

[76] In Kapitel 9 werde ich auf weitere literarische sowie fotografische Repräsentationen des Stierkampfs in Mexiko eingehen.

Windungen einer Riesenschlange, die sich kaum fortbewegen kann" (Lawrence 1986: 28). Diese im Buch des Öfteren als animalisch beschriebene Anziehung ist es, die Kate trotz ihrer Ablehnung alles Mexikanischen im Land hält.

Selbst das Zusammensein mit gebildeten Mexikanern und einigen Ausländern während einer „Teegesellschaft in Tlacolula" (so der Titel des zweiten Kapitels) kann Kates grundsätzlichen Hass auf Mexiko und ihre Angst vor der Begegnung mit dem Land nicht mildern. Das durch keine konkrete Erfahrung begründete Gefühl einer ungewissen Furcht vor der fremden Realität wird jedoch teilweise in den Gesprächen der Teegesellschaft als ideologisch motiviert sichtbar. Die Nostalgie für die vorrevolutionären Zustände, die Angst vor den politischen und sozialen Forderungen der Arbeiterschaft, die Ablehnung der Masse teilen alle beim Tee Versammelten, und es erscheint angesichts solcher psychologisch politisch begründeten Ängste nahezu absurd, dass sich Kate „zu keiner Gesellschaftsklasse [bekannte]: hierzu war sie zu sehr Irländerin, zu klug" (Lawrence 1986: 45). Denn ihre gesellschaftliche Stellung und ihre Ablehnung der unteren Schichten werden in dieser Szene nur allzu deutlich. Kate wird damit zum Sprachrohr der aristokratischen Haltung von Lawrence, die sich bereits in seiner Utopie Rananim manifestiert hatte; die Klasseninteressen werden durch Verweise auf die unzivilisierten Massen nur notdürftig kaschiert. Und doch findet die zivilisationsmüde Irin letztlich auch die Teegesellschaft grässlich (Lawrence 1986: 51), denn eigentlich ist sie auf der Suche nach dem verlockenden Fremden jenseits ihrer eigenen gesellschaftlichen Herkunft, nach einer Erklärung für jene animalische Anziehung, die sie in Mexiko festhält.

Und hier kommt Lawrence' Rassenidee erneut ins Spiel, die sich bereits in den Essays von *Mexikanischer Morgen* manifestierte. Er beschreibt das Hochtal, in dem Mexiko-Stadt liegt, und die umgebenden Vulkane Popocatepetl und Iztaccihuatl so: „Da standen die beiden Ungeheuer, gigantische, furchtbare Wächter des mexikanischen Tales, dieser hohen, blutigen Wiege der Menschheit" (Lawrence 1986: 52). Damit wird natürlich auf die Menschenopfer der Mexica angespielt; aber es geht Lawrence um mehr als eine bloße Reminiszenz an die präkolumbische Vergangenheit. Das moderne Mexiko, das er im Unterschied zu den Reiseskizzen nun immerhin wahrnimmt, ist nichts als eine schöne Fassade für das eigentliche, das grausame Mexiko, das hinter dieser Fassade lauert:

Äußerlich war Mexiko sicher sehr nett: mit den Villenvorstädten, den schönen Straßen im Zentrum, den vielen Automobilen, den Tennis- und Bridge-

Partien. Herrlich schien jeden Tag die Sonne, und große, helle Blüten schmückten die Bäume. Ein reinster Festtag. Bis man allein mit ihm war. Dann vernahm man das leise, wütende Surren eines nachtgefleckten Jaguars. Eine schwere Last drückte den Geist nieder: die großen Windungen des Drachens der Azteken, des Drachens der Toltecs [sic!], der sich um einen wand und auf der Seele lastete. Und vor die hellste Sonne legte sich dunkler Nebel aus wütendem, machtlosem Blut, und die Wurzeln der Blumen standen in vergossenem Blut. Der Geist der Stadt war grausam, niederdrückend, zerstörend (Lawrence 1986: 53).

Obwohl Lawrence das moderne Mexiko konkret erfährt, negiert er es auf seiner Suche nach der absoluten kulturellen Differenz als bloßen Schein, als Maske, hinter der die Macht des Blutes, der Rasse steht. Damit geht für ihn das bereits in den Reiseskizzen beschriebene „vollständige Fehlen dessen, was wir ‚Geist' nennen" (Lawrence 1985: 36), einher. Und diese vom Autor konstruierte Abwesenheit von Geist oder besser gesagt jeglicher Intelligenz ist die Voraussetzung für Kates Reise in ihr eigenes Inneres, vom Geist zum Blut, die der kulturelle Diskurs des Romans schrittweise vollzieht. Dazu konstatiert sie zunächst den Tod ihres eigenen Geistes: „Drüben in England, in Irland, in Europa hatte sie das *consumatum est* ihres eigenen Geistes verspürt. In einer Art Agonie war er erloschen" (Lawrence 1986: 54). Die Dekadenz des europäischen Geistes, die Agonie des Rationalismus stellt folglich den Ausgangspunkt für die Zivilisationsflucht der Hauptfigur des Romans dar.

Aber solcherlei Aussagen kontrastieren mit Kates ständiger Reflexion des Erfahrenen, mit ihren zahlreichen politischen Überlegungen, mit ihrer gesamten Auseinandersetzung mit der mexikanischen Wirklichkeit. Einerseits stellt Lawrence den europäischen Geist dem Fehlen jeglichen Geistes in Mexiko und vor allem in dessen indigenen Kulturen gegenüber, andererseits konstruiert er den Weg Kate Leslies vom Geist zum Blut trotz der bereits in *Mexikanischer Morgen* behaupteten Unüberbrückbarkeit der kulturellen Differenz zwischen den „Rassen", die in verschiedenen „Dimensionen" leben. Dieser Widerspruch zwischen der Absolutheit kultureller Differenz, die jede Kommunikation zwischen den „Rassen" unmöglich macht, und dem Weg Kates vom Geist zum Blut wird im gesamten Roman nicht aufgelöst. Er stellt nicht nur ein philosophisches Problem dar, sondern betrifft auch die Struktur des Buches, die im Ganzen – einmal abgesehen von der rassistischen Konstruktion kultureller Differenz und der Negation des modernen Mexiko sowie dessen unterschiedlicher kultureller Sphären – unglaubwürdig erscheint, da sie diesen Widerspruch weder auflösen noch kongruent in den Diskurs einbinden kann (Anaya Ferreira 2001: 212-213).

Nicht von ungefähr hat dieser innere Widerspruch des Romans und seiner Erzählstruktur daher früh Kritik an der Konstruktion desselben ausgelöst. Aldous Huxley analysiert das Buch bereits dementsprechend in seinem 1934 erschienenen Reisebericht *Beyond the Mexique Bay*. Das Eintauchen Kates in die Masse, das Aufgeben jeglicher Individualität, geführt von der Stimme des Blutes, so Huxley, habe der Autor selbst mit all seiner schöpferischen Kraft unglaubwürdig erscheinen lassen (Huxley 1934: 311). Wir können, so Huxley, die Einladung zur Rückkehr in die Barbarei nicht annehmen; und Lawrence' Roman sei daher ab dem Bruch – vorher die Ablehnung des Barbarischen durch Kate Leslie und nachher das Aufgehen in ihr – notwendig schlecht geschrieben, sein Ende forciert (Huxley 1934: 311-312). Für Huxley steht fest, dass Lawrence seine eigenen Zweifel am Glauben an Blut und Rasse im Buch überkompensieren musste und daher das Ende desselben so wenig überzeugend ausfällt (Huxley 1934: 313). Wie bereits im vorigen Kapitel dargelegt, gibt es für Huxley (jedenfalls vor seiner esoterischen Wende) kein Zurück in frühere Stadien der Menschheitsgeschichte, der Fortschritt ist unumkehrbar, auch wenn wir für ihn einen hohen Preis zahlen müssen (Huxley 1934: 314-315).

Auch George Woodcock kritisiert *Die gefiederte Schlange* in diesem Sinne, führt die Widersprüche im Roman aber meines Erachtens zu Recht auf den Konflikt zwischen Lawrence' konkreter Mexikoerfahrung und seinen ideologischen Prämissen zurück. Von Anfang an hasste Lawrence die indigene Welt in Mexiko, sobald er in realen Kontakt mit ihr kam. Dies wird in *Mexikanischer Morgen* genauso deutlich wie im Roman. Gleichzeitig wollte er jedoch seine Utopie einer vitalistischen Lebensweise nicht aufgeben, die er so lange gepredigt hatte (Woodcock 1956: 28). Während sich die konkrete Begegnung mit Mexiko für Lawrence – und auch für Kate Leslie – jenseits aller realen sinnlichen Erfahrung als Hölle darstellt, als Dystopie, versucht er das Ideal seiner utopischen Gemeinschaft Rananim in den Roman hinüber zu retten, die Utopie gegen alle eigenen Vorurteile über Mexiko aufrechtzuerhalten.

Und so entwirft der englische Romancier unbeirrt widersprüchliche Bilder von Land und Leuten, die zwischen den Extremen von Paradies und Hölle, von Faszination und Ekel hin- und herspringen oder diese unvermittelt kombinieren. Die indigenen Frauen erscheinen Kate charmant, die Männer einerseits schön und sanft (Lawrence 1986: 54), andererseits anziehend und abstoßend zugleich, wenn sie ihre schmutzige Erscheinung beschreibt, ohne sie jemals auf die konkrete Armut zurückzuführen, und vom „[…] seltsam hohle[n] Glanz der schwarzen, furchtbaren und doch wieder so lockenden Augen" spricht (Lawrence 1986: 55).

In diesem Zusammenhang stellt sich auch die Konstruktion der Rassen im Roman als widersprüchlich dar. Lawrence (und mit ihm seine Romanfiguren) setzt jegliche dunkelhäutige Erscheinung mit reinrassiger indigener Herkunft gleich, ohne die sowohl biologischen als auch kulturellen Mischungen zu benennen oder gar klar zu unterscheiden. Aufgrund seiner Idee des Blutes und mithin der Rasse als undurchlässiger Grenze zwischen den verschiedenen Kulturen postuliert er eine biologische Reinrassigkeit, die er in der Interpretation der kulturellen Beziehungen wieder zurücknimmt, wenn er den Einfluss westlich-abendländischer Kultur auf die indigene beschreibt.

Diesen Einfluss sieht er symbolisch in den Wandmalereien von Diego Rivera verwirklicht. Auch wenn Kate die künstlerisch technischen Fähigkeiten des Malers lobt (Lawrence 1986: 55), so sieht sie in seinen groß angelegten historischen Fresken doch eine Verfälschung indigener Kultur: „In vielen Indiofresken lebte Sympathie mit den Indios, aber immer vom idealen, sozialen Gesichtspunkt aus. Nie die unmittelbare Antwort des Blutes. Diese farbigen Indios waren Symbole in der großen Schrift des modernen Sozialismus [...]" (Lawrence 1986: 55). Doch die sozialistischen Ideen können in Kates Augen die indigene Bevölkerung gar nicht erreichen, weil sie in einer anderen Dimension lebt, die mit der abendländischen unvereinbar ist. Deshalb kann es auch keine politische Befreiung dieser Bevölkerung geben, da sie ihrer „Rasse" zuwiderläuft. Einmal abgesehen davon, erscheinen Kate die Wandmalereien letztlich als monströs, maßlos und politisch falsch, weil geistlos und gegen die bestehende kapitalistische Gesellschaft gerichtet (Lawrence 1986: 56-57). Doch erkennt sie (und mit ihr Lawrence) in einem polemischen Gespräch mit dem mexikanischen Intellektuellen García zugleich das paternalistische Element in der Malerei Riveras wie auch in den mexikanischen Bildungsprogrammen seiner Zeit (Anaya Ferreira 2001: 225), in denen die indigene Bevölkerung nicht selbst den politischen Kampf gegen ihre Unterdrückung aufnimmt, sondern von einer überwiegend weißen Avantgarde dazu animiert wird (Lawrence 1986: 57-58). Trotz einer solchen Kritik kann aber eine gewisse Nähe der philosophischen Ideen von Lawrence zu denen des Initiators dieser Bildungsprogramme, José Vasconcelos, nicht übersehen werden (Anaya Ferreira 2001: 227-228).

In dem Gespräch zwischen Kate und García wird noch einmal besonders deutlich, dass Lawrence die „Rassen" letztlich, so widersprüchlich in sich dies auch ausfällt, für unvereinbar und völlig voneinander getrennt betrachtet. Kate behauptet gegenüber García: „Sie sind nicht Mexiko. Sie sind nicht einmal Mexikaner. Sie sind halb Spanier mit europäischen Ideen, und die verfechten Sie, weiter nichts" (Lawrence 1986: 58). Für sie (und mit ihr für Lawrence selbst) ist nur das indigene Mexiko das wahre Mexiko. Das hat einerseits zur Folge, dass der Autor den kulturellen Austausch negiert und bei vielen kulturellen Phänomenen, die nach der Conquista entstanden, einfach behauptet, sie seien indigen. Andererseits verneint er die Existenz eines modernen Mexiko als eigentlich europäisch und der „Stimme des Blutes" unangemessen. Diese Konstruktion eines wahren, indigenen, ländlichen, von Blut und Rasse abhängenden Mexiko einerseits und eines modernen, industrialisierten, städtischen Mexiko mit seinen aufgrund der Rassenmischung dekadenten Mestizen (Lawrence 1986: 70) andererseits bildet die Voraussetzung für die von Lawrence geschaffene, vorgeblich mythische Geschichte der Bewegung des Quetzalcoatl, die es in Wirklichkeit zu seiner Zeit in Mexiko nirgends gegeben hat. Die Rückbesinnung auf die aztekische Mythologie und Kultur ist laut Lawrence die eigentliche Bestimmung der indigenen Bevölkerung, nur diese kann ihre Befreiung von den Überformungen durch die dekadente abendländische Kultur in Gang setzen, die eigentliche, ihrer „Rasse" gemäße Kultur wieder einsetzen.

Den Anfang zu dem mit Kates Schicksal verknüpften Handlungsstrang der „Wiederkehr" des Quetzalcoatl macht ihre Lektüre einer Zeitungsnotiz, die von der Rückkehr der Götter des Altertums nach Mexiko berichtet (Lawrence 1986: 60). In Sayula, einem kleinen Ort im Bundesstaat Jalisco, entsteigt ein dunkelhäutiger, goldglänzender nackter Mann einem See und verkündet, dass Quetzalcoatl und der Regengott Tlaloc zurückkehren werden (Lawrence 1986: 60-62). Lawrence gibt die Legende wieder, nach der Quetzalcoatl das heutige Mexiko gen Osten verlassen hatte und in der Gestalt des Eroberers Cortés zurückkehrte,[77] verlegt die Rückkehr allerdings in die Gegenwart des Romans. Kate, beständig auf der Flucht vor der ihrer Ansicht nach degenerierten modernen Gesellschaft, ist sofort fasziniert von der Idee, nach Sayula zu fahren, um die neue Bewegung kennenzulernen. Die Protagonistin hat jenen Vitalismus und jene Abkehr von der vorgeblich dekadenten europäischen Zivilisation verinnerlicht, die auch den Romanautor nach Mexiko geführt hatten, und so heißt es pathetisch:

---

[77] Zur Zeit der Entstehung des Romans ging man noch allgemein davon aus, dass es sich um einen präkolumbischen Mythos handelt. Mittlerweile hat die Quellenlektüre gezeigt, dass diese Legende vielmehr erst etwa ein halbes Jahrhundert nach der Eroberung in Texten auftaucht und mithin als nachträgliche Legitimation bzw. Deutung der Conquista gelten muss.

In dem Grauen und dem wilden Todesröcheln, das Mexiko ist, glaubte sie es in den schwarzen Augen der Indios zu erkennen. Dies hatte sie vielleicht nach Mexiko gelockt: fort von England und ihrer Mutter, fort von den Kindern, fort von jedem. Allein sein wollte sie mit der sich entfaltenden Blume ihrer Seele, allein sein mit dem zarten, klingenden Schweigen, das inmitten aller Dinge ist.
Was wir »Leben« nennen, ist ein Irrtum, der in unserem Hirn entstand. Warum länger noch in dem Irrtum verharren?
Owen war dieser Irrtum: und Villiers desgleichen: und ebenso die Stadt Mexiko.
Sie aber wollte heraus aus diesem Irrtum, sich wieder von ihm befreien (Lawrence 1986: 65).

Kate plant, sich von der Last des modernen Lebens abzuwenden, und die angeblich so geistlose indigene Kultur scheint ihr dafür wie geschaffen. Doch der Weg zu den vitalistischen Ursprüngen, zu den erhofften Wundern und der ersehnten Magie ist steinig, zumal Lawrence' Hassliebe zur indigenen Kultur auch im weiteren Verlauf des Romans immer wieder zum Tragen kommt und die Beschreibungen zwischen Bewunderung für die reine „Rasse" und Ekel vor dem konkreten Leben der angeblich so hoffnungslosen indigenen Bevölkerung oszillieren, wie insbesondere im Kapitel „Bleiben oder Nichtbleiben" (Lawrence 1986: 81-90) deutlich wird.

Nach der Ankunft und dem konkreten Kontakt Kates mit der Bevölkerung in Sayula herrscht jedoch erneut Hoffnungslosigkeit, und sie sehnt sich nach den Zeiten des Diktators Porfirio Díaz zurück, in denen die „feine" Gesellschaft noch von den schmutzigen unteren Bevölkerungsschichten getrennt war und der zentrale Platz ihr und nicht den dämonischen Landarbeitern gehörte (Lawrence 1986: 122-124). In einem der zentralen Kapitel des Romans, „Die Plaza", folgt die Darstellung des von Lawrence erfundenen Quetzalcoatl-Kultes, der aus einer wüsten Mischung messianischer und aztekischer Elemente besteht und bei dem jegliche Individualität in der Masse aufgeht (Lawrence 1986: 122-144). Auch wenn sich Kate von diesem Kult angezogen fühlt, schreckt sie dessen Geistlosigkeit gleichzeitig ab und verhindert so zunächst, dass sie in ihm aufgeht.

Die Darstellung vermischt zahlreiche Erfahrungen von Lawrence mit der Neuen Welt. So erscheinen die indigenen Tänzer in den Trachten indigener Gruppen des Südwestens der USA, die er in *Mexikanischer Morgen* beschrieben hatte; Alltagsleben und Äußerlichkeiten der Bevölkerung entsprechen denjenigen Oaxacas, die er ebenfalls in den Reiseskizzen dargestellt hatte; und der Ort Sayula, am gleichnamigen See in Jalisco gelegen, wird an den Aufenthaltsort des Autors am Chapala-See verlegt. Im Ganzen zeigt die Beschreibung, dass der Romancier sich in keinem Moment um eine Unterscheidung der kulturellen Traditionen verschiedener indigener Gruppen bemüht (Anaya Ferreira 2001: 222), sondern die Gesellschaften dieses „[…] schwarzäugigen, halbbarbarischen Volkes" (Lawrence 1986: 146), der „Indios" des gesamten Kontinents, als eine einzige betrachtet, als eine an die „Rasse" gebundene kulturelle Einheit in der Neuen Welt.

Aber so wie Kate Angst vor dem Eintauchen in die andere Zivilisation und vor der Rückkehr zum Ursprung hat (Lawrence 1986: 150), so scheint auch der Autor sich seiner Sache nie ganz sicher zu sein. Er geht den Weg zu einem vitalistischen Antirationalismus nur zur Hälfte und mischt seine teils aus rudimentären ethnologischen Kenntnissen geschaffene Fiktion des Quetzalcoatl-Kultes mit den ihm vertrauten Denkfiguren des Christentums, das er angeblich gerade überwinden will. In den Kult um die Götterfigur der Mexica mischen sich Jesus und Maria ein, die noch dazu in den Liedern der Befürworter des Kultes in ein Pantheon aufgenommen werden, in dem die christlichen Elemente die angeblich indigenen Glaubensvorstellungen mehr und mehr überlagern (Lawrence 1986: 68, 128, 134-136, 223, 246-249, 252-253, 310-311). Auch die Rede Ramon [sic!] Carrascos, Anführer des Quetzalcoatl-Kultes, an seine Männer ist voller christlicher Anspielungen (Lawrence 1986: 191-192). Und während nahezu im gesamten Roman die Unvereinbarkeit der „Rassen" sowie die Unmöglichkeit einer Kommunikation zwischen diesen unterschiedlichen „Dimensionen" behauptet wird, postuliert Lawrence in den letzten Kapiteln in einer weiteren Wendung deren gemeinsame, vorsintflutliche Vergangenheit (Lawrence 1986: 454-455), die dazu führen soll, dass sie am Ende aller zivilisatorischen Geschichte doch wieder zusammenfinden (Lawrence 1986: 480). Diese für den Leser nur schwer nachvollziehbare Wende im Buch ist notwendig, um das forcierte Eintauchen Kates in die Welt des kulturell Anderen und ihre symbolische Heirat mit Cipriano, der den aztekischen Kriegsgott Huitzilopochtli verkörpert, vollziehen zu können und damit die Utopie einer Rückkehr zum Ursprung mit Leben zu füllen.

Doch am Ende dieser spirituellen Reise zum Ursprung steht die christliche Mythologie und die Dreifaltigkeit. War der Roman schon zuvor voll mit Anspielungen auf Quetzalcoatl als Reinkarnation Christi, so geschieht die „Wiedervereinigung" der Gegensätze, der unvereinbaren „Rassen" und der ebenso unvereinbaren Geschlechter als Überwindung des körperlichen Begehrens im Zeichen der Einheit des Heiligen Geistes (Cowan 1970: 99): „Nur gleiten will ich ins Zelt des Heiligen Geistes" (Lawrence 1986: 481) heißt es am Schluss.

Wie bereits George Woodcock (1956: 29) betonte, kann Lawrence' Konfrontation mit dem kulturell Anderen sowohl in den Essays als auch indirekt über sein *alter ego* Kate Leslie im Roman *Die gefiederte Schlange* als Weg zu sich selbst interpretiert werden, als eine Form, sich mit der eigenen Psyche in extremer Weise zu konfrontieren. Dass dabei die Abwehr des eigenen Begehrens (Anaya Ferreira 2001: 213) und der tabuisierten homosexuellen Wunschvorstellungen eine wichtige Rolle spielt, habe ich bereits bei der Analyse der Reiseskizzen hervorgehoben, doch gilt es erst recht für den Roman, in dem nicht nur mehrfach homoerotische Beherrschungsphantasien durchgespielt werden (Lawrence 1986: 328-330, 405-406), sondern der Phallozentrismus noch ausgeprägter zutage tritt (Lawrence 1986: 344-345). Dieser verbindet sich am Ende mit der expliziten Behauptung der „natürlichen" Überlegenheit des Mannes gegenüber der Frau, und Kates Eintauchen in die indigene Welt ist auch eine Unterwerfung unter die patriarchale Herrschaft, die sie zuvor im Roman kritisch betrachtet hatte.

Mit der Behauptung der Überlegenheit des Mannes gegenüber der Frau geht diejenige der Überlegenheit des **weißen** Mannes gegenüber jeder anderen „Rasse" einher. Lawrence gesteht ihm eine „natürliche" Führungsrolle zu, die es ihm erlaubt, jegliche Auflehnung gegen diese gewaltsam zu unterdrücken (Lawrence 1986: 161). Diese kolonialistische Haltung wird in der Utopie der aristokratischen Gemeinschaft, die Lawrence im Roman aufrechterhält, augenscheinlich. Auch in diesem Punkt postuliert er eine „natürliche" Überlegenheit: „Nur die natürlichen Aristokraten können sich über ihre Nation erheben; aber auch hierbei sind sie rassisch gebunden. Nur die natürlichen Aristokraten können international oder kosmopolitisch oder kosmisch sein. So ist es immer gewesen" (Lawrence 1986: 278). Die Protagonisten des Buches nehmen überwiegend diese aristokratische Überlegenheitshaltung ein (Brotherston 1972: 183), obwohl sie zum Teil mit ihren ideologischen Vorgaben kollidiert; das aristokratische Lebensideal und die umfangreiche Bildung der Hauptfiguren werden im Roman vor allem bei den gesellschaftlichen Anlässen deutlich (Anaya Ferreira 2001: 220). In diesem Kontext behauptet Lawrence eine dreifache Überlegenheit des weißen europäischen Mannes mit Bezug auf Klasse, Rasse und Geschlecht.

Doch trotz aller Bildung und Lektüre des Autors wie seiner Romanfiguren verwundert zunächst Lawrence' Ignoranz bezüglich der mexikanischen Kulturen und der Geschichte des Landes. Meines Erachtens weist Nair Anaya Ferreira (2001: 222) mit Recht darauf hin, dass es sich um eine bewusste Ignoranz handelt, dass der Romancier also absichtlich sein historisches Wissen über Mexiko ausblendet, um die ideologisch gefärbte Sicht auf den Anderen und seine eigene „Mythologie" bei allen Widersprüchen und Ungereimtheiten in der Darstellung des Landes aufrechterhalten zu können. Nur so lassen sich die Erfindungen vorgeblich indigener Mythen und millenaristischer aztekischer Bewegungen erklären.

Dies alles könnte man als die Hirngespinste eines zivilisationsmüden Romanciers betrachten, der die eigene, fast ausschließlich negative Mexikoerfahrung mit seinen philosophischen Idealen einer utopisch aristokratischen Gemeinschaft auch ästhetisch nicht in Einklang bringen kann und daher beide, Erfahrung und Ideal, zu einem Gewirr von Metaphern und Symbolen überhöht, die weit mehr über sein Denken und seine Psyche aussagen als über das Land, welches er beschreibt oder zu beschreiben vermeint. Aber der Roman *Die gefiederte Schlange* hat erheblichen Einfluss auf nachfolgende Schriftsteller (Artaud, Huxley, Greene, Lowry) und auf die Mexikobilder in Europa gehabt und dient bis heute als intertextuelle Referenz. Selbst in deutschsprachigen Reiseführern der 1990er Jahre wird er noch immer als Einstiegslektüre für Mexikoreisende empfohlen und prägt so die Vorstellungen des Landes über seine Zeit hinaus. Gcrade darin dürfte die Brisanz des Buches liegen, das bezüglich seiner rassistischen Vorurteile über die Mexikaner wohl bis in die Gegenwart seinesgleichen sucht.

5.2
Land ohne Gott. Graham Greenes Tabasco

Graham Greenes vielleicht wegen seiner leichten Lesbarkeit und des kinematografischen Stils viel rezipierter (Hoggart 1953: 447, 456, 461), zuerst 1940 erschienener Roman *The Power and the Glory* (*Die Kraft und die Herrlichkeit*) ist die fiktionale Verarbeitung und Umschreibung seines Reiseberichtes *Another Mexico*, den ich im vorigen Kapitel behandelt habe. Er unterscheidet sich wie gesagt insofern von dem essayistischen Text und von der konkreten Alteritätserfahrung des Autors, auf denen er fußt, als er die Auseinandersetzung zwischen Gut und Böse als universales Problem darstellt (Pacheco 1964: 22) – wobei er allerdings bisweilen so sehr von der historischen und auch der konkreten Situation seiner Figuren abstrahiert, dass der Roman sich am Rande zur Karikatur oder zum Cartoon bewegt (Hoggart 1953: 453-459). Trotzdem sind die Spuren der Reise des englischen Schriftstellers im Roman deutlich zu erkennen, viele Orte entsprechen den von ihm besuchten Stationen, und einige Romanfiguren lassen

Begegnungen Greenes mit realen Personen in Mexiko wieder aufleben, die er in *Another Mexico* dargestellt hatte.

Im ersten Kapitel, „Der Hafen", erschafft Greene die Atmosphäre des tropischen Regenwaldes in Tabasco; Hitze und kreisende Raubvögel prägen die Stimmung in dem kleinen, namenlosen Hafenort. Aber es handelt sich um mehr als eine Beschreibung von Landschaft und Klima. Einerseits bezieht der Erzähler ausschließlich negative Beschreibungen der Umgebung ein; Mexiko erscheint als schmutzig, staubig, desolat (Walker 1984: 201). Andererseits verbindet er die lähmende Hitze unmittelbar mit dem Fatalismus, der Trägheit und Abgestumpftheit der Menschen (Greene 1990b: 5-6, 12-13) – eine weitere Reminiszenz an das positivistische und biologistische Denken des 19. Jahrhunderts, wie wir sie bereits bei Kessler und Lawrence feststellen konnten. Aber der „Fatalismus" des tropischen Menschen wird nunmehr auf die Abwesenheit von Gott zurückgeführt:

> Er sagte: «Können Sie sich an dieses Dorf erinnern, bevor – bevor die Rothemden gekommen sind?»
> «Ich glaub schon.»
> «Schön war es damals.»
> «Wirklich? Ich hab es gar nicht gemerkt.»
> «Sie hatten jedenfalls – Gott.» (Greene 1990b: 11).

Am Ende des Kapitels wird der Leser wissen, dass es sich bei der Person, die in diesem Gespräch die Abwesenheit Gottes beklagt, um die Hauptfigur des Romans, einen namenlosen Priester und Trinker, handelt, der von den Schergen des Gouverneurs von Tabasco, Tomás Garrido Canabal, den so genannten „Rothemden", verfolgt wird. Das Romangeschehen dreht sich um diese Verfolgung vor dem Hintergrund der religösen Verfolgung in Tabasco unter dem Regime Garrido Canabals sowie um die Überzeugungen, die Gewissenskonflikte und die existenziellen Nöte des Priesters sowie seines Gegenspielers, eines Polizeileutnants. Letzterer ist seit seiner Kindheit vom Hass auf die Kirchenvertreter geprägt, die er für Ausbeuter hält, und er findet nichts schrecklicher als das „Verbrechen", Priester zu sein (Greene 1990b: 18). Die Tatsache, dass die Namen der beiden Protagonisten im Roman an keiner Stelle erwähnt werden, zeigt, dass es Greene weniger um die konkrete historische Situation in Mexiko als vielmehr um die Darstellung allgemein menschlicher Konflikte geht. Diese Abstraktion hat auch zur Folge, dass die Kritik an den Zuständen in Tabasco nicht ganz so scharf ausfällt wie im Reisebericht.

Trotzdem schildert der Roman eine desaströse politische Situation, in der die Volksfrömmigkeit durch Garrido Canabal unterdrückt wird, Kirchen zerstört und zahlreiche Priester erschossen werden (Greene 1990b: 11, 16), ohne dass Greene jemals die lange Geschichte der politischen Unterdrückung der indigenen Bevölkerung Mexikos durch die katholische Kirche seit der Conquista oder die konkreten Konflikte zwischen Kirche und Staat seit der nationalen Unabhängigkeit auch nur erwähnen würde (Anaya Ferreira 2001: 269-272). Der Erzähler vertritt die Ansicht, die Verfolgung der Priester sei schlimmer als die Christenverfolgung unter Nero (Greene 1990b: 21, 40), und verleiht ihr eine Systematik, die durch historische Quellen nicht legitimiert werden kann.

Im Kontext des vorliegenden Buches geht es mir weniger um eine Interpretation des „universalen" Kampfes zwischen Gut und Böse oder um allgemeine Fragen der christlich katholischen Moral als vielmehr um die Beschreibung der mexikanischen Realität, welche Greene mit der Schilderung des Konfliktes verwebt.[78] Bereits in den ersten Sätzen des Romans wird vom konkreten Ort des Geschehens weitgehend abstrahiert, indem der Erzähler etwa von der „mexikanischen Sonne" (Greene 1990b: 5) spricht – so als habe die Sonne eine Nationalität. Dahinter steht die Absicht, die Beschreibung der Situation im Bundesstaat Tabasco in den 1930er Jahren auf ganz Mexiko auszudehnen, womit Mexiko an sich zum Ort der Austragung des Kampfes zwischen Gut und Böse, zwischen der katholischen Kirche und einem postrevolutionären laizistischen Staat wird. Wie bereits in *Another Mexico*, so macht Greene auch im Roman keinen Hehl aus seiner völligen Ablehnung der Revolution, die ihm lediglich als eine Abfolge von persönlich motivierten Gewaltexzessen ohne soziale oder politische Veränderungen erscheint (Greene 1990b: 41). Die nachrevolutionäre Situation entspricht derjenigen vor der Revolution, mit dem einzigen Unterschied, dass die Menschen damals die katholische Kirche als Trost hatten, ohne die sie sich nun verlassen fühlen (Greene 1990b: 41). Jetzt verbreiten die Revolutionäre Garrido Canabals Angst und Schrecken (Greene 1990b: 52), und alle Probleme werden durch Erschießen gelöst (Greene 1990b: 170).

Aber bei aller Kritik an historischer Entfaltung und konkreten Zielen der mexikanischen Revolution zeichnet Greene auf der Ebene der Individuen ein positiveres Bild. Letztlich sind sich der Schnapspriester und der ihn verfolgende Polizeileutnant in ihrem Idealismus und ihrer Absicht einer konkreten Verbesserung der Lebenssituation der Menschen ähnlicher als beiden angesichts der Tatsache, dass sie durch die politischen Umstände zu

---

[78] Siehe zu einer ausführlicheren Analyse des Romans Boardman (1971), Lewis/Conn (1970), Shelden (1994: 220-228) und Walker (1984: 200-227).

Gegnern wurden, lieb sein kann (García Muñoz 1997: 44; Walker 1984: 209-210).

Neben der mexikanischen Revolution und der Kirchenverfolgung beschreibt Greene im Roman gelegentlich auch die indigene Bevölkerung Mexikos. Er stellt sie als „Geschöpfe wie aus der Steinzeit" dar, die „kein Schamgefühl" haben und vergleicht sie mit Tieren (Greene 1990b: 119). Aber diese „gekrümmte[n] kleine[n] Geschöpfe aus der Steinzeit" sind immerhin gläubige und vor allem unterwürfige katholische Christen (Greene 1990b: 138). Doch auch sie scheinen wie die indigenen Figuren bei D. H. Lawrence in einer anderen Dimension zu leben, und sie stammen entsprechend der Vorstellungen Greenes über die verschiedenen Zivilisationsstufen, die ich bereits in der Analyse des Reiseberichtes erläutert habe, aus einer anderen Zeit.

Das Mexikobild, das im Roman konstruiert bzw. inszeniert wird, entspricht im Wesentlichen demjenigen von *Another Mexico*. Bereits in den ersten Sätzen erscheint die mexikanische Natur als unerträglich (Greene 1990b: 5) und wird mit dem Tod in Verbindung gebracht: Hitze, Staub und Geier bestimmen auch hier die Szenerie, Gewalt und Morde aus niederen Beweggründen sind an der Tagesordnung (Greene 1990b: 8). Die Spuren der Mexikoreise Greenes finden sich über den gesamten Roman hinweg (Estrada Carreón 2003: 31-32), werden aber nun dermaßen überhöht, dass der reale Ort fast zum Verschwinden gebracht wird und Tabasco bzw. Mexiko als symbolischer Austragungsort der Schlacht zwischen Gut und Böse in Szene gesetzt wird. Mehr noch als im Reisebericht erscheint Mexiko als Metapher, als mentaler Zustand (Anaya Ferreira 2001: 276), der in der literarischen Repräsentation der psychischen Verfassung der Antihelden des Romans sein Abbild findet und in der Beschreibung der „mexikanischen" Realität veräußerlicht wird. Insofern ist Mexiko in *Die Kraft und die Herrlichkeit* auch nicht, wie oft behauptet (Woodcock 1956; Walker 1984), die Hölle, sondern der nur allzu irdische Ort der notwendigen Suche nach Glückseligkeit, die es allerdings in den Augen von Greene nur im Jenseits oder im katholischen Glauben geben kann.

Wie bereits im Fall von *Another Mexico*, so sieht sich Greene auch bei seinem Roman genötigt, sein Mexikobild im Nachhinein zu rechtfertigen. Für die US-amerikanische Ausgabe von 1962 schreibt er ein Vorwort, in dem er noch einmal ausdrücklich auf den Zweck seiner Mexikoreise, die Berichterstattung über die religiöse Verfolgung im Land, hinweist (Greene 1965: 1). Zwar gibt er nun zu, dass sich Garrido Canabal zum Zeitpunkt seiner Reise nach Mexiko bereits im Exil aufhält – laut Greene (1965: 2) in Puerto Rico, in Wirklichkeit jedoch in Costa Rica; auch hier nimmt es der

Autor mit den historischen Gegebenheiten einmal mehr nicht so genau. Trotzdem behauptet er noch 1962 wider besseres Wissen, in Tabasco habe sich an der Situation religiöser Verfolgung nichts geändert (Greene 1965: 2). Und auch wenn er nicht umhinkann, die historischen Gründe für die religiöse Verfolgung in Mexiko wenigstens kurz zu erwähnen, schließt er aus diesen doch auf eine moralische Erneuerung der katholischen Kirche aufgrund dieser Verfolgung (Greene 1965: 4), die ihm als Legitimation seines Mexikobildes im Reisebericht und im Roman dient.

Bezeichnenderweise schreibt Greene in diesem Vorwort, *Die Kraft und die Herrlichkeit* sei der einzige Roman, den er auf der Grundlage einer These geschrieben habe (Greene 1965: 3). Vielleicht erklärt diese Idee wenigstens teilweise den extremen Umgang mit der mexikanischen Realität der 1930er Jahre, die als Ort der Auseinandersetzung zwischen Gut und Böse eine extrem vereinfachende, schematische literarische Repräsentation erforderte, um der einmal aufgestellten Ausgangsthese angepasst werden zu können. Die konkrete historische Realität Mexikos als Ausgangsmaterial für die literarische Repräsentation wird insofern zusammengestutzt, das Material wird der These angepasst und in großem Umfang manipuliert, um mit ihr in Übereinstimmung gebracht zu werden. Letztlich, so Richard Hoggart, stellt der Roman eine einzige Allegorie dar, der alle Elemente seiner ästhetischen und formalen Konstruktion untergeordnet werden. Dabei werden selbst die Romanfiguren stereotyp auf die Ausgangsthese zugeschnitten (Hoggart 1953: 448, 458).

Dass Greenes Ausloten von Grenzerfahrungen, seine Darstellung eines am Ende geläuterten Priesters, sein vehementes Eintreten für die Sache der katholischen Kirche nicht einmal bei den Autoritäten dieser Kirche auf Gegenliebe stießen, ist vielleicht eine Ironie des Schicksals. Der Vatikan verurteilte 1953, dreizehn Jahre nach dem Erscheinen des Buches, den Roman (Greene 1965: 5; Shelden 1994: 226-227), weil ein ständig betrunkener Priester, der noch dazu im Vollrausch eine Tochter gezeugt hatte und dessen extreme Erfahrungen mit dem inneren Feind geschildert werden, nicht gerade den Moralvorstellungen jener Kirche entsprach, die Greene in *Die Kraft und die Herrlichkeit* so glühend verteidigt hatte.

6.
AUF DER SUCHE
NACH DEM SURREALISTISCHEN LAND *PAR EXCELLENCE*:
ANDRÉ BRETON UND ANTONIN ARTAUD

6.1 André Bretons wunderbares Mexiko

Wir schreiben das Jahr 1938, als André Breton, Mitbegründer und *primus inter pares* der surrealistischen Bewegung, vom französischen Kulturministerium nach Mexiko geschickt wird, um dort eine Reihe von Vorträgen zu halten (Sawin 1990: 83; Schneider 1978: 109-118). Er wohnt gemeinsam mit seiner Frau Jaqueline Lamba die meiste Zeit in Mexiko-Stadt im Haus von Diego Rivera (Sawin 1990: 83) – einmal mehr fungiert der Maler als Mittler zwischen den Kulturen und beeinflusst das Mexikobild eines europäischen Intellektuellen. Breton unternimmt außerdem kürzere Reisen mit Leo Trotzki, den er über Rivera kennengelernt hatte, ins Landesinnere.[79] Gemeinsam mit ihm verfasst er auch einen seiner Texte, „Für eine unabhängige revolutionäre Kunst", der allerdings aus politisch strategischen Gründen von Breton und Rivera und nicht von Trotzki unterzeichnet wurde (Breton/Rivera 1982). Neben diesem gemeinschaftlichen Manifest schreibt Breton zwei kürzere Essays, „Frida Kahlo de Rivera" und „Souvenir du Mexique" (Erinnerung an Mexiko), sowie einige weitere Texte, in denen er Mexiko am Rande erwähnt.

Der mit Trotzki verfasste Text schließt in gewisser Weise an die surrealistischen Manifeste Bretons an, allerdings unter den veränderten politischen Rahmenbedingungen. Die stalinistische Herrschaft in der Sowjetunion und der Sieg des Faschismus in Deutschland, Italien und Spanien zwingen die Autoren, deutlicher als dies Breton in den surrealistischen Manifesten getan hatte, zur Zeitgeschichte Stellung zu beziehen. Nach einer sehr allgemein gehaltenen Einleitung zur Funktion von Kunst und Revolution für die menschliche Entwicklung im Kontext der surrealisti-

---

[79] Vgl. zu Bretons Bewunderung für Trotzki vor seiner persönlichen Begegnung mit ihm Taminiaux (2006: 55-57), zur Freundschaft Bretons mit Trotzki: Schwarz (1997) sowie zu den Konflikten der beiden in Mexiko Bradu (2008: 58-59) und Schneider (1978: 147-154).

schen Idee von der „Notwendigkeit des Zufalls" (Breton/Rivera 1982: 138) gehen die Verfasser daher auf die Entwürdigung des Kunstwerkes und der „künstlerischen" Persönlichkeit im nationalsozialistischen Deutschland ein; beide sehen die Entwicklung in der UdSSR als ebenso verheerende Reaktion auf die faschistische Bedrohung. Sie setzen in diesem Sinne nicht etwa Faschismus und Kommunismus gleich, sondern glauben, dass „[…] einzig die soziale Revolution einer neuen Kultur den Weg bahnen kann" (Breton/ Rivera 1982: 138). Deshalb kommt „[d]ie wahre Kunst […] nicht umhin, revolutionär zu sein, d.h. einen vollständigen und gründlichen Neuaufbau der Gesellschaft anzustreben […]" (Breton/Rivera 1982: 138), und „[…] einzig die soziale Revolution [kann] einer neuen Kultur den Weg bahnen" (Breton/Rivera 1982: 138). Mit anderen Worten: Sie fordern nicht eine Kulturrevolution, sondern die soziale Revolution zur Befreiung der Kultur.

Die Kunst und insbesondere die des Schriftstellers, so Breton und Trotzki, darf kein Mittel, sondern muss Selbstzweck sein, sie muss sich jeglicher politischen Propaganda versagen (Breton/Rivera 1982: 139). Gleichzeitig behaupten sie jedoch, die Kunst sei der „natürliche Verbündete" der kommunistischen Revolution (Breton/Rivera 1982: 139) und dürfe nicht im zutiefst reaktionären *l'art pour l'art* erstickt werden (Breton/Rivera 1982: 140). Der Künstler erscheint in diesem Zusammenhang als privilegierter Beobachter der Wirklichkeit, seine „Gabe des Schauens […] [lenkt] das Denken seiner Zeitgenossen auf die Dringlichkeit der Einrichtung einer neuen Ordnung hin" (Breton/Rivera 1982: 139). Diese Wiedereinsetzung des Geniekults korrespondiert mit der Vorstellung, die wahren, also politischer Propaganda nicht nachgebenden Künstler seien die eigentliche Avantgarde, welche bei den Massen erst die Erkenntnis der Realität und damit ihre mögliche Befreiung in Gang setzt. Ziel des Manifestes ist die Gründung einer „Internationalen Vereinigung der unabhängigen revolutionären Kunst" (*Fédération internationale de l'art révolutionnaire indépendent: F.I.A.R.I*) auf einem Weltkongress, bei dem die Unabhängigkeit der Kunst verkündet und zugleich ihr Dienst an der kommunistischen Revolution betont werden soll (Breton/Rivera 1982: 140-141).

Im Vergleich zu Bretons früheren surrealistischen Manifesten fehlt es dem in Mexiko verfassten Text an einer radikalen philosophischen Konzeption. Die politische Situation und die Isolation Trotzkis im mexikanischen Exil, in dem es ihm von offiziellen Stellen verboten war, sich politisch zu betätigen, führten nicht nur dazu, dass das Manifest von Diego Rivera statt von Trotzki unterschrieben wurde. Vielmehr scheint auch die Auffassung der beiden Autoren von der gesellschaftlichen Funktion der Kunst zu divergieren, so dass zwischen den einzelnen Teilen Widersprüche entstehen und der Text im Ganzen Stückwerk bleibt.[80] Während es Breton (auch vor dem Hintergrund seines früheren Bekenntnisses zum Kommunismus in der Sowjetunion) offensichtlich darauf ankam, die Freiheit der Kunst von politischer Vereinnahmung zu betonen, ist anzunehmen, dass Trotzki demgegenüber auf der politischen Funktion von Kunst bestand. Am Ende versuchen beide, eine breite Front des weltweiten Widerstands der Künstler und Intellektuellen gegen die faschistischen und das stalinistische Regime aufzubauen. Aber die von ihnen ins Leben gerufene „Internationale Vereinigung der unabhängigen revolutionären Kunst" scheitert bereits ein Jahr später. Aufgrund der internationalistischen Ausrichtung des Manifests, wahrscheinlich aber auch wegen des Verbots der politischen Betätigung von Ausländern in Mexiko, nimmt der Text an keiner Stelle Bezug auf die konkrete Wirklichkeit des Landes – ganz im Gegensatz zu den anderen bereits genannten, ebenfalls 1938 entstandenen Essays Bretons, die sich unmittelbar auf die Kunst Frida Kahlos und die mexikanische (Sur-)realität beziehen.

Breton befasst sich, im Unterschied zu vielen anderen Mexikoreisenden (Sergei Eisenstein, D. H. Lawrence, Aldous Huxley, Graham Greene, Anna Seghers, Egon Erwin Kisch, Bodo Uhse etc.) und ähnlich wie nahezu zeitgleich Antonin Artaud, nicht mit der zeitgenössischen mexikanischen Wandmalerei, obwohl er sie kannte und wie bereits gesagt im Haus von Diego Rivera und Frida Kahlo logierte. Dies dürfte damit zusammenhängen, dass sich diese monumentale und großenteils figürlich-realistische Malerei kaum für eine Vereinnahmung im Sinne der surrealistischen Ideale eignete.

Dagegen schreibt er einen Essay über Frida Kahlo, deren Bilder seinen eigenen Vorstellungen von „revolutionärer" Kunst wesentlich näherkommen. Der Text beginnt mit einer kurzen Darstellung der mexikanischen Natur, welche in ihrer Exaltation der magischen Qualität der Landschaft und des Wunderbaren derjenigen ähnelt, die Alejo Carpentier später in seinem Vorwort zum Roman *El reino de este mundo* (1949; *Das Reich von dieser Welt*) wieder aufnehmen und mit dem Begriff des „wunderbar Wirklichen" belegen wird.[81] Bretons Wahrnehmung des kulturell Anderen oder auch nur der „anderen" Landschaft ist dabei durch eine die Erfahrung vorwegnehmende Haltung gekennzeichnet, die in der Kritik nicht zu Un-

---

[80] Die Unterschiede werden deutlich, wenn man das publizierte Manifest mit dem ersten, von Breton verfassten Entwurf vergleicht (Breton 1999c).

[81] Vgl. zu einer Kritik des „Wunderbaren" bei den Surrealisten und des Begriffs des „wunderbar Wirklichen" bei Carpentier: Schmidt (1996a, Kap. 2.2.2).

recht als theoretisch doktrinär bezeichnet wurde (Callsen 2010: 21). Dem Surrealisten geht es weniger um eine konkrete Perzeption der fremden Realität als vielmehr um eine Bestätigung der eigenen Idee von der Surrealität.[82] So schreibt er gleich zu Beginn:

> [...] dorthin zu kommen, war lange meine Schnsucht; endlich den Begriff zu *erproben*, den ich mir von der Kunst gemacht hatte, wie sie unserer Zeit entspricht: Eine Kunst, die entschlossen ist, das äußere Modell dem inneren zu opfern; die der Vorstellung unbedingt den Vorrang vor der Wahrnehmung gibt. War dieser Begriff stark genug, dem geistigen Klima Mexikos standzuhalten? (Breton 1982: 35, Hervorhebung im Original).

Es geht also nicht um die realen Landschaften der Neuen Welt, sondern um „imaginäre Landschaften" (Breton 1982: 35), die der Schriftsteller nach eigener Aussage bereits als Kind konstruiert hatte. Und es geht um die Konfrontation dieser imaginären Landschaften mit der mexikanischen Wirklichkeit sowie die Frage, ob Erstere Letzterer standhält. Breton betont gerade, dass ihm die reale Mexikoerfahrung fehlte. Aber die bloß vorgestellte Kultur schränkt seine Wahrnehmung noch vor der Erfahrung des Landes auf das indigene Mexiko ein, auf „[...] die unwandelbaren Gesänge der zapotekischen Musiker [...]" und den „erhabenen Stolz, [die] höchste Not des indianischen Volkes" (Breton 1982: 35). Die Frage, ob seine Fantasie „dem geistigen Klima Mexikos" standhält, ist also bloß rhetorisch, da er die Vorstellung völlig über die reale Erfahrung des Landes in der persönlichen Konfrontation mit demselben stellt.

In diesem für Breton durchaus charakteristischen Ideenkontext beschreibt er Frida Kahlo, „[...] in der Haltung und im Schmuck einer Märchenprinzessin, mit magischen Kräften in den Fingerspitzen [...]" (Breton 1982: 35). Dass ihre Erscheinung bereits das Ergebnis einer Selbstexotisierung ist, für die sich die Tochter des deutschsprachigen Einwanderes Wilhelm (später Guillermo) Kahlo die festliche Tracht der wohlhabenden Frauen vom Isthmus von Tehuantepec zu eigen machte, um „indigene" Wurzeln zu repräsentieren, die sie nicht hatte, ist Breton entweder nicht bekannt, oder er will es nicht sehen. Für ihn stellt Kahlo vielmehr das eigentliche und damit indigene Mexiko beispielhaft dar.

Die Beschreibung der Erscheinung und der künstlerischen Wirkung Kahlos nimmt im Essay breiten Raum ein. Er hebt ihre „feenhafte Persönlichkeit" (Breton 1982: 35) hervor und stellt sie in eine Reihe mit den deut-

---

[82] Vgl. zu einer von meiner Analyse abweichenden Interpretation der Mexikovisionen und -erfahrungen der Surrealisten Klengel (1994).

schen Romantikerinnen Bettina Brentano und Caroline Schlegel (Breton 1982: 36). Diese Traditionslinie dient Breton dazu, Kahlo in den Kanon der surrealistischen Malerei aufzunehmen, da „[…] ihr Werk […] vor allem in ihren letzten Gemälden voll im Surrealismus erblühte" (Breton 1982: 36). Damit bestätigt er letztlich seine eigene Theorie der universellen Gültigkeit des Surrealismus (Badenberg 1992b: 142-144). In diesem Kontext erhält Kahlo darüber hinaus das größtmögliche Lob aus der Feder Bretons, indem er ihre Malerei mit seiner eigenen Prosa, konkret mit *Nadja*, vergleicht (Breton 1982: 36).

Die besondere Bedeutung Kahlos sieht der Surrealist gerade darin, dass sie und ihre Malerei sich am Schnittpunkt von politischem und künstlerischem Bewusstsein befinden, und er gibt seiner Hoffnung Ausdruck, dass „[…] *sich beide in ein und demselben revolutionären Bewußtsein vereinigen, ohne daß es deshalb zu einer Vermischung ihrer im Wesen durchaus verschiedenen Triebkräfte kommt"* (Breton 1982: 36, Hervorhebung im Original). An dieser Stelle wird der Zusammenhang mit dem von Breton und Trotzki verfassten Manifest deutlich, in dem es ebenfalls darum ging, das Verhältnis von Kunst und politischer Funktion derselben zu klären. Einmal mehr betont Breton die Unterschiedlichkeit beider Felder, um so die Kunst, und insbesondere die revolutionäre Kunst, von jeglicher propagandistischen Funktion freizuhalten, sie aber zugleich mit der politischen Revolution zu verbinden bzw. zu verbünden.

Um die Idee einer surrealistischen Tradition in der mexikanischen Malerei behaupten zu können, negiert Breton allerdings jeglichen europäischen Einfluss auf sie. Nur so lässt sich das verschüttete Unbewusste konstruieren, das in ihr noch ursprünglicher als im „überzivilisierten" Europa vorhanden sei. „Beim gegenwärtigen Entwicklungsstand der mexikanischen Malerei, die es seit Anfang des 19. Jahrhunderts verstanden hat, sich jedem fremden Einfluß zu entziehen, die leidenschaftlicher als alle anderen bei ihren eigenen Mitteln bleibt" (Breton 1982: 36), findet er die Ansätze eines mythischen und im Kern surrealistischen Bewusstseins, nach denen er in seiner Vorstellung gesucht hatte. Dass diese Diagnose der Realität mexikanischer Kunstgeschichte nicht entspricht, da sich die mexikanische Malerei sehr wohl im 19. Jahrhundert und auch in den zeitgenössischen Avantgardebewegungen mit der europäischen beständig auseinandersetzte, scheint für Breton allerdings unter der Maßgabe einer Bestätigung seines erträumten Mexikobildes zweitrangig zu sein.

Der Essay zu Frida Kahlo endet mit der Behauptung, „[…] daß keine Malerei mir so ausschließlich weiblich erscheint – in dem Sinne, daß sie, um durch und durch verführerisch zu sein, nur allzu gern bereit ist, sich bald im Gewand der vollendeten Reinheit und bald in dem der höchsten Verderblichkeit zu zeigen" (Breton 1982: 36). Breton nimmt damit nicht nur das Klischee der Frau zwischen Heiliger und Hure wieder auf, sondern er trägt auch seinen Teil dazu bei, dass Frida Kahlo später als Ikone einer „typisch weiblichen" Malerei nahezu weltweit vereinnahmt und vermarktet wird.

Der zuerst 1939 in der Zeitschrift *Minotaure* veröffentlichte Essay „Souvenir du Mexique" (Breton 1999a, 1999b) besteht aus zwei Teilen. Im 1953 publizierten Buch *La Clé des champs* (*Das Weite suchen*) veröffentlicht Breton im Unterschied zur ursprünglichen Fassung von 1939 nur den ersten Teil (Breton 1999a). Im zweiten beschäftigt er sich im Wesentlichen mit persönlichen Erinnerungen an Diego Rivera und mit einer Stippvisite in Monterrey (Breton 1999b), wobei er nur allgemeine Anmerkungen zur Wandmalerei macht (Breton 1999b: 950), da er offenbar die Malerei Frida Kahlos mehr schätzte als die einem traditionellen Realismus verpflichteten Muralisten. Der Essay beginnt wie derjenige zu Frida Kahlo mit einem Loblied auf die magischen Qualitäten der mexikanischen Landschaft, die ihm als Ort der Sehnsucht und zugleich der Gefahr erscheint (Breton 1999a: 677). Er verknüpft den Anblick eines Kandelaberkaktus mit dem Bild des bewaffneten Mexikaners, der aus seiner Lethargie erwachend die Revolution symbolisiert. Mexiko stellt für den Autor die letzte Hoffnung auf eine Durchsetzung der Revolution dar, nachdem diese in Bretons Augen in der Sowjetunion, China und Spanien gescheitert ist, und er sieht in der mexikanischen Revolution eine indianische Erhebung (Breton 1999a: 677-678).

Damit wiederholt er nicht nur grundlegende Ideen des gemeinsam mit Trotzki verfassten Manifests, sondern es wird einmal mehr deutlich, dass er weder zwischen den verschiedenen indigenen Gruppen in Mexiko noch zwischen diesen und den zumeist mestizischen Generälen oder Offizieren der Revolution unterscheidet. Das revolutionäre Mexiko (und revolutionär ist hier sowohl im politischen als auch im künstlerischen Sinne zu verstehen) ist für Breton immer zugleich ein indigenes und damit das „eigentliche" Mexiko. Diese Behauptung, die alle seine Texte zu Mexiko wie ein roter Faden durchzieht, steht in seltsamem Widerspruch zu seinen realen Erfahrungen im Land, die sich ganz wesentlich auf den Umgang mit der intellektuellen Elite beschränken. Bretons „Indios" entstehen entweder durch Vermittlung eines Mexikobildes, wie es bei diesen Eliten seinerzeit vorherrschte, oder sie sind von vornherein theoretische „Indios", kreiert in einer Fantasie, die für die Konstruktion des indigenen Mexiko als wahres Mexiko einen idealisierten Träger der revolutionären Hoffnungen benötigt und sich dazu der architektonischen Referenzen an das präkolumbische Mexiko bedient.

Breton sieht die mexikanische Kultur, die wie gesagt für ihn in erster Linie eine indigene ist, noch immer in der mythischen präkolumbischen Vergangenheit verankert; insbesondere die Kultur der Mexica beeinflusst seines Erachtens die heutige (Breton 1999a: 678-679). Mehr noch als in den anderen Texten über Mexiko wird in diesem Essay deutlich, dass er in der Mythologie wie auch der Kunst des Landes die Wurzeln des allgegenwärtigen Unbewussten zu erkennen glaubt, die Voraussetzung für die Surrealität sind. Gerade in dieser Qualität besteht für ihn die Nähe zum Surrealismus, und nicht von ungefähr hat er Mexiko in einem Interview mit Rafael Heliodoro Valle als das surrealistische Land *par excellence* (Valle 1986: 121) bezeichnet. Ähnlich verfährt übrigens auch Benjamin Péret in der von ihm herausgegebenen *Anthologie des mythes, légendes et contes populaires d'Amérique*, in deren Einleitung er betont, im mythischen Denken und in der indigenen Lyrik Mexikos sei ein surrealistischer Umgang mit der Sprache festzustellen (Péret 1960: 12-13).

Breton funktionalisiert in seinen Texten Mexiko, indem er alle kulturellen Phänomene noch vor der eigentlichen Erfahrung oder konkreten Auseinandersetzung mit dem Land als Bestätigung für seine surrealistische Poetik heranzieht und sie somit vereinnahmt. Das Unbewusste als Grundlage für die Surrealität, die er in Europa verschüttet glaubt, tritt in Mexiko, und vor allem in der Kunst sowie der indigenen Mythologie, offen zutage. Damit wird Mexiko insofern exotisiert und kulturell kolonialisiert, als es auf seine vormodernen Elemente und auf eine möglichst fremd erscheinende Malerei reduziert wird. Alles, was diesem Bild nicht entspricht, klammert Breton aus seiner Wahrnehmung Mexikos aus, die Suche nach dem Ursprung überlagert jegliche reale Erfahrung. Das Land kann nur insofern zu einem surrealistischen Ort *par excellence* erklärt werden, als es vormodern, indigen und in diesem Sinne „authentisch" ist. Mexiko wird folglich zur Metapher für die Surrealität, eine Metapher allerdings, die nicht aus der konkreten Erfahrung des Landes, seiner Mythologien und seiner Kulturen erwächst (mit der indigenen Bevölkerung hatte Breton wie gesagt praktisch keinen Kontakt), sondern die Kopfgeburt eines Intellektuellen ist.

6.2
Antonin Artaud im Land des Rauschs

Bereits zwei Jahre vor Breton war Antonin Artaud nach Mexiko gekommen; allerdings hat sein Aufenthalt weniger unmittelbare Spuren im offiziellen Kulturleben des Landes hinterlassen als derjenige Bretons.[83] Artauds Mexikobild scheint auf den ersten Blick weniger der Breton'schen Doktrin zu entspringen als vielmehr subjektiven Erlebnissen, auch wenn bei einer Reihe seiner Texte über die Erfahrungen mit den Rarámuri (Tarahumaras) im Norden Mexikos nicht eindeutig festzustellen ist, ob es sich um „reale" persönliche Erfahrungen handelt oder um bloß erinnerte „fiktive" unter Drogeneinfluss bzw. unter Elektroschocks und chemischen Therapien in den geschlossenen psychiatrischen Kliniken, in die er nach seiner Rückkehr nach Frankreich eingewiesen wurde.

Aber es gibt bei Artaud, ähnlich wie bei Breton, ein durch Lektüren und die surrealistischen Ideen vorgeprägtes Mexikobild (Schneider 1973: 40-45), das solche Erfahrungen leitet. In „Mexiko und die Zivilisation" legt er, noch vor seiner Abfahrt nach Übersee Anfang 1936, die Motive für diese Reise dar. Er erwartet dort die „magische Realität einer Kultur" (Artaud 1975: 114), die noch unmittelbar mit den Ursprüngen menschlicher Zivilisation verknüpft ist und ihre Mythen sowie ihre Ganzheitlichkeit nicht eingebüßt hat (Artaud 1975: 114-115), mithin die Voraussetzungen einer „integralen Revolution" (Andermann 1992: 92-93). Unter dem durch die Conquista europäisierten modernen Mexiko liegt laut Artaud wie auch bei Breton das eigentliche, das indigene Mexiko – verborgen, aber nicht zerstört (Artaud 1975: 115). Die europäische Zivilisation mit ihrer Beschränkung auf den Logos, der Trennung von Körper und Geist, Mensch und Natur (Andermann 1992: 93), einem bloß äußeren Fortschritt sowie einer Kultur für Eliten ist dagegen dekadent und zum Scheitern verurteilt (Artaud 1975: 115-116). Mexiko erscheint in diesem Kontext als Ort, der die Heilung der europäischen Zivilisationskrankheiten durch Wiedereinsetzung des Mythos verspricht (Artaud 1975: 116).

Auch wenn Artaud die Quellen seiner Kenntnisse über Mexiko weder in diesem noch in den weiteren Essays benennt, macht er hier doch eine vielsagende Ausnahme, indem er D. H. Lawrence erwähnt. Er notiert:

---

[83] Vgl. zur zeitgenössischen Aufnahme Bretons in Mexiko und zu den polemischen Debatten um seine Person Bradu (2008).

Wir wissen nichts von der mexikanischen Zivilisation. Wahrhaftig eine gute Gelegenheit, sich hypothetischen Träumen zu überlassen. Lawrence hat seine eigene Meinung gehabt, und nichts hindert uns daran, ebenfalls eine zu äußern und diese Idee einer Massenkultur, die die Individuen auf die Palme bringt, zu verbreiten (Artaud 1975: 115-116).

Der Text enthält eine Reihe weiterer Formulierungen, die auf die Lektüre von Lawrence' *Die gefiederte Schlange* schließen lassen. Wenn es zu Beginn heißt, „[…] in Mexiko existiert, verbunden mit dem Boden, versunken in vulkanischen Lavaströmen, vibrierend im indianischen Blut, die magische Realität einer Kultur, deren Feuer wahrscheinlich ziemlich leicht und im materiellen Sinn wieder angefacht werden könnte" (Artaud 1975: 114), wenn Artaud die Rückkehr zum mythischen Bewusstsein und mit dieser das Aufgehen des Individuums in der Masse (Artaud 1975: 116) sowie das Ende des Individualismus (Artaud 1980: 196) fordert, wenn er seiner Überzeugung Ausdruck verleiht, dass in Mexiko die Stunde der Wiedergeburt der Götter „der toltekischen Maya-Kultur" (Artaud 1975: 117) geschlagen hat, dann erinnert das nur allzu sehr an das Eintauchen Kate Leslies in die Masse, an die Kraft des „Blutes" und an die Erfindung des Quetzalcoatl-Kultes in Lawrence' Roman.

Doch damit enden die Parallelen, denn Artaud spricht sich gerade gegen das aristokratische Element der Zivilisationskritik von Lawrence aus, gegen jene elitäre Gruppe von Intellektuellen, die der englische Romancier in der idealen Gemeinschaft „Rananim" verwirklichen wollte; vielmehr schlägt Artaud umgekehrt die Integration dieser Elite in die Masse vor (Brotherston 1972: 183, 186).

Auch in ihren politischen Ansichten unterscheiden sich die beiden, wie im weiteren Verlauf von Artauds Essay deutlich wird. Denn der Surrealist ist nicht etwa wie Lawrence ein erbitterter Gegner der mexikanischen Revolution (Brotherston 1972: 182). Er schreibt dagegen:

Es ist sehr gut, daß Land verteilt und wieder Reichtum in Umlauf gesetzt wird, doch bekanntlich sucht in Mexiko, und zwar zur gleichen Zeit, wo die Eingeborenen das Land wiederentdecken, das man ihrer Rasse geraubt hat, eine tatkräftige Schule nach ihren Göttern, und es ist nicht ausgeschlossen, daß sie sie unter der Erde wiederentdeckt (Artaud 1975: 119).

Artaud würdigt mithin die Umverteilung des Reichtums durch die Agrarreform der Revolution, besteht nur eben auf der Notwendigkeit einer tiefer greifenden geistigen bzw. kulturellen Revolution (Andermann 1992: 96-97), welche die alten Götter und Mythen wieder einsetzt, wie er es auch in dem in *El Nacional* erschienenen Text „Premier contact avec la révolution mexicaine" (Erster Kontakt mit der mexikanischen Revolution) zum Ausdruck bringt (Artaud 1980: 192-196).

Nicht nur der hier analysierte, vor Artauds Mexikoreise verfasste Essay, sondern auch seine Briefe aus dieser Zeit an Jean und Germaine Paulhan sowie an französische Ministerien lassen erkennen, dass er sich bereits vor Reiseantritt mit den Kulturen des Landes intensiv auseinandergesetzt hatte (Artaud 1980: 288-303).

Nach langen Verhandlungen in Frankreich erreicht er zumindest, dass das Erziehungsministerium seine Reise als offizielle „Mission", allerdings ohne finanzielle Hilfe, unterstützt (Giobellina Brumana 2000: 68), und so bricht er im Januar 1936 per Schiff nach Veracruz auf. Bereits im Februar hält er an der Nationaluniversität in Mexiko-Stadt eine Reihe von drei Vorträgen zu „Surréalisme et révolution" (Surrealismus und Revolution), „L'homme contre le destin" (Der Mensch wider das Schicksal) und „Le théâtre et les dieux" (Das Theater und die Götter). Im ersten bekennt er sich zu den Anfängen des von ihm nicht nur als literarische Bewegung verstandenen Surrealismus, verurteilt aber dessen spätere politische Ausrichtung, die er für stalinistisch erachtet (Artaud 1980: 141-142). Im zweiten erweitert er die Kritik am historischen und dialektischen Materialismus als einer europäisch-rationalistischen Erfindung, welche die Ganzheitlichkeit des menschlichen Lebens weiter auflöst (Artaud 1980: 151-155). Im dritten wird sein Bruch mit dem Surrealismus augenscheinlicher als zuvor, bezeichnet er ihn doch als eine Bewegung, die aus der Mode gekommen ist, weil sie in erster Linie negativ sei, während er selbst einen positiven, gegen die europäische Dekadenz gerichteten Neuanfang vorschlage, der das mythische Denken wieder einsetze (Artaud 1980: 160-168).

In allen drei Vorträgen nimmt Artaud jeweils gegen Ende Bezug auf Mexiko. Am Schluss von „Surréalisme et révolution" schreibt er:

> Jede wahre Kultur stützt sich auf die Rasse und das Blut. Das indianische Blut Mexikos bewahrt ein uraltes Geheimnis der Rasse, und bevor die Rasse verschwindet, denke ich, dass man ihr die Kraft dieses uralten Geheimnisses entlocken muss. Während das heutige Mexiko Europa nachahmt, ist es meiner Ansicht nach die europäische Zivilisation, die Mexiko ein Geheimnis entlocken sollte. Die rationalistische Kultur Europas ist schwach geworden, und ich habe mexikanischen Boden betreten, um die Grundlagen einer magischen Kultur zu suchen, die noch aus den Kräften des indianischen Bodens sprießen kann (Artaud 1980: 150, Übersetzung FSW)[84].

---

[84] „Toute vraie culture s'appuie sur la race et sur le sang. Le sang indien du Mexique

Auch diese Aussage klingt wie ein Echo der rassistischen Vorstellungen von D. H. Lawrence. Doch geht es Artaud meines Erachtens trotz der Verwendung des Rassebegriffs nicht um eine Wertung bestimmter „Rassemerkmale" im Sinne der Konstruktion einer Überlegenheit bzw. Unterlegenheit, sondern um die Gegenüberstellung von westlich rationalistischer und indigen mexikanischer, ganzheitlich magischer Kultur. Allerdings kann man auch bei Artaud nicht übersehen, dass seine Idee von letztgenannter Kultur eine „reine" Kultur voraussetzt, die nach Möglichkeit nicht durch europäische Einflüsse „korrumpiert" sein soll. Damit greift er aber gerade auf europäische mentalitätsgeschichtliche Kulturkonzepte zurück, wie sie Ende des 18. Jahrhunderts im Kontext der Entstehung der modernen Nationalstaaten unter anderen von Johann Gottfried Herder vertreten wurden.

Die strenge Unterscheidung ist insofern für die Argumentation Artauds notwendig, als er die Kritik des Logozentrismus, die Behauptung der Dekadenz des Abendlandes und die Erforschung der magischen indigenen Kultur nur auf diese Weise rechtfertigen kann. Nicht von ungefähr sucht Artaud deshalb in Mexiko auch nicht nach solchen indigenen Gruppen, die über Jahrhunderte ständigen Kontakt zur westlichen Welt hatten, sondern möglichst „reine", unberührte „Wilde", für die man die Rarámuri zu jener Zeit auch unter Ethnologen hielt. Die Suche nach der Basis der Surrealität ist also bei Artaud an die Suche nach dem Exotischen und Primitiven geknüpft. Daher, ähnlich wie bei Breton, die Überbewertung des indigenen Elementes mexikanischer Kulturen als das „authentische" Mexiko.

In „L'homme contre le destin" vertritt Artaud eine seiner zentralen Ideen zu den indigenen Kulturen Mexikos: Diese unterscheiden sich lediglich in ihren Ausdrucksformen bzw. Praktiken, bilden aber eine einzige, einheitliche Kultur (Artaud 1980: 159). Und er geht noch einen Schritt weiter. Alle von ihm so genannten „esoterischen", nicht westlichen (oder alle nicht monotheistischen) Kulturen, von Mexiko über den Nahen Osten und Indien bis China und Japan, haben die gleiche Basis, sind im Grunde eine einzige Kultur, die ihre magisch mythische Substanz – und sei es unter der Oberfläche einer abendländisch europäischen Modernisierung – bewahrt hat (Artaud 1980: 159). Diese Grundthese hatte er, auch mit einigen

---

garde une antique secret de race, et avant que la race se perde, je pense qu'il faut lui demander la force de cet antique secret. Là où le Mexique actuel copie l'Europe, c'est pour moi la civilisation de l'Europe que doit demander au Mexique un secret. La culture rationaliste de l'Europe a fait faillite et je suis venu sur la terre du Mexique chercher les bases d'une culture magique qui peut encore jaillir des forces du sol indien" (Artaud 1980: 150).

Bezügen zu Mexiko, bereits in den „Notes sur les cultures orientales, grecque, indienne" (Anmerkungen zu den Kulturen des Orients, Griechenlands und Indiens) (Artaud 1980: 101-126) vor seiner Reise verfochten, und er sollte sie während seines Aufenthaltes in Vorträgen und Zeitungsartikeln, die in *El Nacional* publiziert wurden, ein ums andere Mal wiederholen (Artaud 1980: 190, 215, 241).

In „Le théâtre et les dieux" beschwört er noch einmal die Dekadenz der europäischen Fortschrittsideologie und der abendländischen Zivilisation (dieses Mal unter direkter Bezugnahme auf Oswald Spengler) und hält dieser die angeblich ganzheitliche mexikanische Kultur entgegen (Artaud 1980: 161, 168).

Neben den drei genannten hält Artaud noch eine ganze Reihe von Vorträgen in Mexiko-Stadt, die im Wesentlichen die Ideen der ersten drei wiederholen bzw. variieren (Artaud 1980: 169-263). Dabei versteht er den Auftrag des französischen Erziehungsministeriums, das Theater in Mexiko zu studieren, in einem sehr weiten Sinn (Artaud 1980: 187). In erster Linie geht es ihm um die Erforschung indigener Kulturen und deren Rituale und Tänze, die das Unbewusste vermittels des Körpers in die kulturelle Praxis übersetzen (Artaud 1980: 187), wie er in „Lettre ouverte aux gouverneurs des états du Mexique" (Offener Brief an die Gouverneure der mexikanischen Bundesstaaten) notiert.

In dem in *El Nacional* erschienenen Artikel „De que je suis venu faire au Mexique" (Wozu ich nach Mexiko gekommen bin) (Artaud 1980: 209-214) fasst er eine Reihe der Ideen zusammen, die in den Vorträgen und anderen Zeitungsbeiträgen bereits fragmentarisch sichtbar wurden und spitzt seine Thesen zu. Die Dekadenz Europas liegt in dem dort vorherrschenden dualistischen Denken, in der Trennung von Körper und Geist, im bloß oberflächlichen Fortschritt begründet, doch was die Welt braucht, ist eine universale und ganzheitliche Kultur, die Europa nicht mehr bieten kann. Da Artaud nunmehr (im Unterschied zu anderen Artikeln) die Möglichkeiten einer Wiederentdeckung dieser Einheit auch nicht mehr im Orient sieht, bleibt nur Mexiko, und er ist hierhergekommen, um mögliche Lösungen für dieses Problem vor Ort zu studieren und – etwas vermessen vielleicht angesichts seiner realen Einflussmöglichkeiten – seinen Beitrag dazu zu leisten (Artaud 1980: 209-211). Er insistiert noch einmal, dass Mexiko, auch wenn es sich der Modernisierung nicht völlig verschließen konnte, doch sein Geheimnis, seine synthetische Kultur bewahrt hat (Artaud 1980: 211, 213).

Von daher muss die Revolution, wie sie Artaud in „Les forces occultes du Mexique" (Die verborgenen Kräfte Mexikos) fordert und gerade in

Mexiko auch zu erwarten scheint, „[…] eine Revolution gegen den Fortschritt, gegen die Ideen der modernen Welt, gegen die heutige wissenschaftliche Zivilisation [sein]" (Artaud 1980: 229, Übersetzung FSW)[85]. Dazu bedarf es des „primitiven Geistes" (Artaud 1980: 229), der bei Artaud als Begriff nicht etwa negativ besetzt ist (Giobellina Brumana 2000: 67), sondern zum Ideal einer wiederzugewinnenden Einheit von Körper und Geist, von Mensch und Natur wird (Artaud 1980: 231). Diesen primitiven Geist wiederum sieht er in der Kunst selbst in Mexiko fast nirgends verwirklicht, wie seine Artikel zu dieser Thematik deutlich machen. Die einzige Ausnahme stellt die Malerei von María Izquierdo dar, in der die reine „indianische Seele" sich veräußert (Artaud 1980: 247-263); Izquierdo nimmt damit in den Schriften Artauds zu Mexiko eine ähnliche Funktion ein wie Frida Kahlo bei Breton (Tarver 1996: 20-22).

Die überwiegende Mehrheit der hier analysierten Vorträge und Artikel sind zwar während Artauds Mexikoaufenthalt entstanden oder publiziert worden, sie beruhen jedoch, auch wenn Artaud diesen Eindruck wenn immer möglich zu vermeiden suchte, auf dem Studium zeitgenössischer ethnologischer und kulturwissenschaftlicher Arbeiten, auf der Artaud so verhassten Schriftkultur (Brotherston 1972: 185), gegen die er ein ums andere Mal in diesen Artikeln polemisiert (Giobellina Brumana 2000: 73).[86] Der reale Kontakt mit den indigenen Kulturen Mexikos findet erst nach dem Schreiben all dieser Essays statt – sofern er denn überhaupt stattgefunden haben sollte.

Auch wenn die meisten Autoren Artauds Texte zu den Rarámuri (Tarahumaras) als Ergebnis einer realen Reise betrachten und darüber hinaus (wohl aufgrund fehlender Mexikokenntnisse) die von ihm beschriebenen Riten und Praktiken dieser Ethnie unkritisch als authentisch übernehmen (Costich 1978: 66-77; Hayman 1977: 108-113), haben sie doch auch Kritik an seinen Texten in dem Sinne geübt, dass Letztere mehr mit Artauds ei-

---

[85] „C'est une Révolution contre le Progrès, contre les idées du monde moderne, contre la civilisation scientifique d'aujourd'hui" (Artaud 1980: 229).

[86] Gabriel Weisz (2005: 39-41) sieht in der Ablehnung der Schriftkultur und der Betonung der Performativität bei Artaud auch einen der Gründe für den Bruch mit der surrealistischen Bewegung im Jahr 1926, der von anderen Kritikern auf die politischen Unterschiede zwischen der in die Kommunistische Partei Frankreichs eingetretenen Gruppe um Breton einerseits und Artaud andererseits (Giobellina Brumana 2000: 66) sowie auf persönliche Auseinandersetzungen innerhalb der Surrealisten (Hayman 1977: 63-65) zurückgeführt wird. Im Übrigen war auch Bretons Befürwortung der Kommunistischen Partei Frankreichs nur von kurzer Dauer, die des marxistischen Denkens allerdings länger anhaltend (Taminiaux 2006: 53-54).

genen Visionen als mit denen der Rarámuri zu tun haben könnten (Costich 1978: 72, 76; Hayman 1977: 111) oder gar ausschließlich seine Visionen sind. So weist Fernando Giobellina Brumana (2000: 69) darauf hin, dass Artaud letztlich immer nur im eigenen Kopf reiste und um sich selbst kreiste. Jean-Marie Gustave Le Clézio (1980) und im Anschluss an ihn Monika Walter (1999) gehen noch einen Schritt weiter, indem sie behaupten, der Kontakt Artauds mit den Rarámuri habe sehr wahrscheinlich nicht stattgefunden bzw. sei eine Integration des Surrealisten in ihre rituellen Praktiken undenkbar. Einiges spricht für diese These: neben den geografischen Bedingungen (relative Isoliertheit der Ethnie in den Bergen und Schluchten der Sierra Madre Occidental im Nordwesten Mexikos) und der kaum vorhandenen Infrastruktur auf dem Weg zu ihren Siedlungen auch die Schwierigkeiten bei der Kommunikation zwischen Autor und Angehörigen der Rarámuri. Artaud sprach kaum Spanisch und sicher auch nicht die Sprache der Ethnie, die Rarámuri sprachen zu jener Zeit ebenfalls kaum Spanisch. Trotzdem besteht Artaud in seinen Texten auf einer verbalen Kommunikation mit ihnen. Dazu kommen die persönlichen Umstände wie Artauds Gesundheitszustand und sein Drogenkonsum, welche die Reise zusätzlich erschwert haben dürften.

So mancher Kritiker hat sich auch die Frage gestellt, warum sich Artaud gerade für diese Ethnie interessierte (Giobellina Brumana 2000), die in der kurzen Zeit, die ihm für seine Reise blieb (im Ganzen 35 Tage, davon angeblich 10 Tage in direktem Kontakt mit den Rarámuri), nur schwer zu erreichen war. Neben der Tatsache, dass die Rarámuri zu jener Zeit (und teilweise bis heute) relativ isoliert leben und sich damit in Artauds Vorstellung trotz ihres Jahrhunderte dauernden Kontaktes mit der westlichen Welt besonders für das Auffinden einer ganzheitlichen Lebensweise eigneten, dürfte auch die Bekanntheit der Ethnie eine Rolle gespielt haben. Trotz ihrer Abgeschiedenheit war sie nämlich bereits in den Arbeiten von Carl Lumholtz aus den 1890er Jahren eingehend beschrieben worden (Lumholtz 1902); Lumholtz hatte etwa eineinhalb Jahre bei den Rarámuri verbracht. Und 1929 war eine weitere Monografie zu den Rarámuri erschienen, Carlos Basauris *Monografía de los Tarahumaras*. Es lassen sich tatsächlich eine Reihe von Parallelen zwischen der Beschreibung der Ethnologen und des Surrealisten feststellen, so dass man davon ausgehen kann, dass Artaud die Texte von Lumholtz und Basauri vor seiner Reise nach Nordmexiko (sei diese nun eine innere oder äußere gewesen) kannte.[87]

---

[87] Das Buch von Lumholtz war bereits zwei Jahre nach seiner Veröffentlichung im englischen Original in Spanisch erschienen (Lumholtz 1904), so dass man auch davon

Artauds Texte über die Begegnung mit den Rarámuri entstanden in einem Zeitraum von nahezu zwölf Jahren und unter sehr verschiedenen Umständen. Die ersten Artikel verfasste er noch 1936 in Mexiko, weitere in der psychiatrischen Klinik in Frankreich und den letzten nach seiner Entlassung aus der Klinik in Rodez kurz vor seinem Tod 1948 (Costich 1978: 66-67). Die Reihenfolge der Texte in der ersten französischen Ausgabe von *Les Tarahumaras* ist willkürlich und nicht chronologisch, folgt aber dem ausdrücklichen Willen des Autors (Artaud 1979: 215-216; Costich 1978: 67).

Geht man nicht von der Anordnung der Essays in *Les Tarahumaras* aus, sondern von der Chronologie des Schreibens, so zeigt sich, dass die frühen, noch in Mexiko verfassten Texte wesentlich deskriptiver und auch philosophisch weniger radikal sind als die späteren, teilweise unter Drogeneinfluss und Elektroschocktherapie in der psychiatrischen Klinik entstandenen.

In „Das Gebirge der Zeichen" vom Oktober 1936 beschreibt Artaud die Landschaft, in der die Rarámuri leben und entnimmt ihren Formen bestimmte Zeichen oder Bilder (Artaud 1975: 36), die er mit Elementen unterschiedlicher Kulturen (Kabbala, Maya-Hieroglyphen, christliches Kreuz, Gralssage und Rosenkreuzer) vergleicht bzw. in eins setzt (Artaud 1975: 39-40). Diese Assoziationen dienen der Bestätigung seiner Annahme, dass es eine gemeinsame, universelle Grundlage aller Kulturen gibt, die sich unter der Oberfläche verbirgt (Artaud 1975: 40). Im zur selben Zeit verfassten „Das Land der heiligen drei Könige" bekräftigt er diese Einheit mit Hinweis auf die gemeinsamen Zeichen, die der astronomische Sonnenkult in verschiedenen Kulturen weltweit hervorgebracht habe. Gleichzeitig spricht er sich gegen die Renaissance als den Moment der endgültigen Trennung von Geist und Körper und der Macht des Logos aus (Artaud 1975: 66). Und auch in „Der Ritus der Könige von Atlantis" entdeckt Artaud Parallelen zwischen der Kultur der Rarámuri und den von Platon beschriebenen Königen von Atlantis; Platons Darstellung und ein ritueller Tanz der Rarámuri kommen seines Erachtens aus der gleichen mythisch prähistorischen Quelle (Artaud 1975: 78), womit einmal mehr das Universelle des mythischen – und indirekt auch des surrealistischen – Denkens bestätigt wird. In „Eine Urrasse" führt Artaud aus, die Rarámuri glaubten nicht an einen Gott, sondern an die Prinzipien des Männlichen und des Weiblichen (Artaud 1975: 69). Das Kreuz sei hier kein christliches Ele-

---

ausgehen kann, dass Artaud in der mexikanischen Nationalbibliothek Zugang zur spanischen Fassung hatte. Auf die Parallelen zwischen den Texten Artauds und Basauris hat Walter (1999: 376-377) hingewiesen.

ment, sondern bereits vor der Eroberung vorhanden gewesen (Artaud 1975: 71). Diese Interpretationen findet man so mehrfach bei Lumholtz (1902), was die Intertextualität umso wahrscheinlicher macht.

Besonders deutlich wird der Unterschied zwischen den frühen Texten über die Rarámuri und den späteren beim Vergleich zweier Essays, in denen es um den Peyote und die mit dieser halluzinogenen Pflanze verbundenen Riten geht. In dem Ende 1936 oder Anfang 1937, also unmittelbar nach Artauds Rückkehr aus Mexiko nach Frankreich verfassten „Der Peyotl-Tanz" wird ein Ritus der Rarámuri beschrieben, der im Unterschied zu den zuvor analysierten Texten wesentlich mehr das Performative in den Vordergrund stellt und die Körperlichkeit des Ritus und der eigenen Existenz betont. Artaud stellt insbesondere das Theatralische des Tanzes heraus. Doch wie immer in den Texten über seine (innere oder vielleicht auch äußere) Reise zu der Ethnie im Nordwesten Mexikos steht letztlich der Autor selbst im Mittelpunkt: sein körperliches Leiden während des Drogenentzugs, das unerträgliche Warten auf den Beginn des Ritus (Artaud 1975: 41-44), das Gefühl, sein eigener Körper sei kein Ganzes, sondern ein „Klumpen unverbundener Organe" (Artaud 1975: 41) – all dies bereitet schließlich Artauds Vision im Peyote-Rausch vor, in der ihm Christus erscheint und er sich am Ende symbolisch „gekreuzigt" fühlt (Artaud 1975: 44-52). Allerdings bleibt im Text lange Zeit eine erhebliche Distanz zwischen dem Autor und den „Priestern" der Rarámuri erhalten, der Ritus wird deskriptiv und als etwas dem Autor Äußerliches repräsentiert.

Im Gegensatz dazu scheint Artaud in dem erst 1943, also nahezu sieben Jahre später in der Anstalt in Rodez verfassten Essay „Der Peyotl-Ritus der Tarahumara" wesentlich stärker in die mythische Welt der Rarámuri integriert zu sein. Berichtete er im soeben analysierten Text noch davon, dass die Rarámuri ihm eine Komödie vorspielen, um ihn nicht in den Genuss des Peyote und dessen heilender Kraft kommen zu lassen (Artaud 1975: 44), so behauptet er nunmehr, er habe gleich mehrfach Initiationsriten an sich selbst erleben dürfen, in denen zunächst der „Indianerhäuptling" und anschließend der „Sonnenpriester" und der „Ciguri-Priester" ihn in die Geheimnisse des ganzheitlichen Seins und der Seelenwanderung eingeweiht hätten (Artaud 1975: 10, 12). Nach einer langen Reihe philosophischer Reflexionen über die europäische Dekadenz und die Ursprünglichkeit und Ganzheitlichkeit der Rarámuri (Artaud 1975: 22-25) fühlt er sich außerdem bemüßigt, die Authentizität seines Berichtes zu betonen, wenn er schreibt:

Diese Worte des Priesters, die ich da wiedergegeben habe, sind vollkommen authentisch; ich habe sie für so wichtig und so schön gehalten, daß ich mir nicht gestattet habe, etwas an ihnen zu ändern, und wenn es nicht absolut wörtlich ist, werde ich doch kaum davon abweichen, [...] und meine Erinnerungen sind diesbezüglich nach wie vor äußerst genau (Artaud 1975: 26).

Der Hinweis auf die Authentizität des Gesagten verwundert nicht nur angesichts des Zeitraums, der zwischen „Erleben" und Aufschreiben besteht, sondern vor allem vor dem Hintergrund, dass die Riten der Rarámuri in ihrer Sprache stattfinden, deren Artaud nicht mächtig war. Mehr denn je scheint der Text von 1943 um die innere Reise des Surrealisten zu kreisen, die ihn von den traumatischen Therapieerfahrungen in der Psychiatrie entfernt und innerhalb derer der Peyote den Weg zur Wahrheit (Artaud 1975: 25-32) und zum Wunderbaren ebnet: „Denn im Bewußtsein ist das *Wunderbare*, mit ihm gelangt man über die Dinge hinaus" (Artaud 1975: 29, Hervorhebung im Original). Allerdings ist dieses Wunderbare nicht mehr das Wunderbare der Surrealisten, denn Artaud grenzt es gerade vom Traum ab, den man nicht mit den „[...] Bildern und Emotionen des Wahren verwechseln" (Artaud 1975: 29) sollte. In diesem Wahren ist eben gerade der Traum im doppelten Sinne aufgehoben. Vielleicht ist das die radikalste Konsequenz aus dem surrealistischen Denken, eine Konsequenz, die mit all ihren Halluzinationen weit über das hinausgeht, was die übrigen Surrealisten letztlich erträumten, aber nicht erlebten oder wie Artaud körperlich erduldeten.

Was ihn jedoch mit den anderen Surrealisten – und hier vor allem mit André Breton oder Benjamin Péret – verbindet, ist die offensichtliche Notwendigkeit, dieses Wunderbare, wie immer man es definieren möge, nicht nur im Erotischen und im Unbewussten, sondern auch im Exotischen zu suchen (Clifford 1988: 118). Trotz der von den Surrealisten vielfach vertretenen antikolonialistischen Haltung kann ihnen ein gewisser Hang zum Exotismus und Orientalismus also nicht abgesprochen werden (Antle 2006). Dabei werden insbesondere Frauen in einem mehrfachen Sinne als Andere konstruiert: als Frauen, als Nichteuropäerinnen und als „primitiv", wie sich in den Essays beider Surrealisten zur Malerei von Frida Kahlo bzw. María Izquierdo zeigt (Tarver 1996: 1). Offensichtlich brauchen die inneren Reisen, in denen Artaud oder Breton um ihre eigenen Vorstellungen von der Surrealität kreisen, ein Äußeres, an dem sie sich abarbeiten können – und was wäre geeigneter dafür als Mexiko, ein Land, das eine lange Tradition als exotischer und von europäischen Schriftstellern und Intellektuellen exotisierter Ort vorweisen kann und die Fantasien durch die noch vorhandenen Ruinen präkolumbischer Kulturen wie auch durch die indigene Präsenz in der Gegenwart in besonderem Maße angeregt hat. Dass dabei die Vielfalt gerade der indigenen Kulturen von den Surrealisten auf eine einzige reduziert wird, um die universelle Geltung des Surrealismus beweisen zu können und künstlerische Produktionen wie ethnische Riten auf diese Idee hin zu lesen, stellt innerhalb des Exotismus zu Mexiko keine Ausnahme dar. Mexiko wird im Surrealismus allerdings besonders augenscheinlich funktionalisiert. Es wird damit wieder einmal zur Metapher: für das Unbewusste, das Wunderbare, das surrealistische Land *par excellence*.

7.

EGON ERWIN KISCH:
LITERARISCHE REPORTAGE UND EXIL IN MEXIKO [88]

Es mag zunächst verwundern, dass in vielen Texten deutschsprachiger Exilanten ein wesentlich differenzierteres Mexikobild entworfen wird als in denjenigen der englischen Reisenden und Romanciers D. H. Lawrence, Graham Greene und Aldous Huxley oder in denjenigen der französischen Surrealisten André Breton und Antonin Artaud, waren die Exilanten doch nicht aus freien Stücken nach Mexiko gereist, sondern fanden dort im Unterschied zu anderen Ländern Asyl dank der großzügigen Aufnahme unter den Regierungen von Lázaro Cárdenas (1934-1940) und Manuel Ávila Camacho (1940-1946) sowie dank der unbürokratischen Unterstützung und Erteilung von Visa durch den mexikanischen Generalkonsul in Marseille, Gilberto Bosques Saldívar, den „mexikanischen Schindler" (Bloomekatz 2008).

Einerseits mag das differenziertere Mexikobild damit zusammenhängen, dass sich die Exilanten gezwungenermaßen wesentlich länger in Mexiko aufhielten als die meisten Mexikoreisenden. Andererseits hängt es auch damit zusammen, dass eine Reihe von ihnen durch den Aufenthalt in Spanien als Teil der Internationalen Brigaden während des Bürgerkriegs bereits über Spanischkenntnisse verfügten, die den Kontakt und die Integration in Mexiko erleichterten. Darüber hinaus muss man bedenken, dass viele der Erzählungen und Romane der deutschsprachigen Exilanten, in denen Mexiko eine Rolle spielt, erst längere Zeit nach der Rückkehr nach Europa entstanden, so etwa Anna Seghers' Erzählungen *Crisanta* (1951) und *Das wirkliche Blau* (1967) oder Bodo Uhses *Mexikanische Erzählungen* (1957).

Demgegenüber verfasste Egon Erwin Kisch bereits in den ersten Jahren in Mexiko eine Reihe von journalistischen Texten, die sich größtenteils an ein deutschsprachiges Publikum richteten, das mehr Wissen über das Land erlangen sollte. Dazu griff er auf eine bereits zuvor von ihm etablierte Methode der literarischen Reportage zurück, die er allerdings im Exil weiterentwickelte und verfeinerte. „Was mich anbelangt, habe ich im Exil einige

---

[88] Beim vorliegenden Kapitel handelt es sich um eine erweiterte und überarbeitete Fassung eines früheren Aufsatzes zu Kischs *Entdeckungen in Mexiko* (Schmidt 1995).

Bücher geschrieben, die weit über das hinausgehen, was ich früher gemacht habe und was ich heute größtenteils ablehne" (zitiert nach Siegel 1973: 287), schreibt Kisch 1946 an Paul Wiegler und deutet damit an, dass er seine literarische Praxis im Exil einer radikalen Kritik unterzog. Das gilt vor allem für den Band *Marktplatz der Sensationen*, in dem er seine während der Weimarer Republik vertretene Reportagetheorie[89] revidiert. Und erst recht für die während des Exilaufenthaltes in Mexiko verfassten *Entdeckungen in Mexiko*, das literarische Ergebnis seiner veränderten Auffassung von diesem Genre.

Auch wenn ich mich im Folgenden hauptsächlich mit dem Mexikobild auseinandersetzen werde, das Kisch in den *Entdeckungen* entfaltet, werde ich deshalb zunächst auf die Theorie der Reportage eingehen, wie sie sich im *Marktplatz der Sensationen*, diesen „Memoiren aus anderen Zeiten und Breiten" (Kisch 1990b: 11), darstellt.

Welche Bedeutung der Autor und die befreundete kommunistische Exilgruppe in Mexiko diesem Buch beimessen – das weit mehr eine „Reportage über die Reportage" als ein Stück Autobiografie ist (Siegel 1973: 125-126) –, lässt sich daran erkennen, dass der im Mai 1942 gegründete Verlag „El Libro Libre" seine Aktivitäten mit der ersten deutschsprachigen Ausgabe desselben beginnt.[90]

Während Kisch zuvor die genaue Wiedergabe der „Tatsachen" gefordert hatte, kehrt er im *Marktplatz* zu der bereits 1918 vertretenen Ansicht zurück, der Berichterstatter sei der Prosaist der Ballade (Siegel 1973: 126). Er verdeutlicht diese Position an den Balladen des blinden Methodius, der zum Leitmotiv des Buches und zum Kronzeugen für Kischs Reportagetheorie wird. Ausgehend von der Erkenntnis, dass „die direkte Beschreibung der Wirklichkeit weit schwieriger" (Kisch 1990b: 124) sei als gemeinhin angenommen und „nichts so prompt, so gründlich und so energisch dementiert [wird] wie gerade die Wahrheit" (Kisch 1990b: 125), gelangt er zu dem Ergebnis, dass die Gestaltung der Wahrheit der Fantasie bedarf. Zwar gilt für die Reportage, dass „die Phantasie sich hier nicht entfalten [darf], wie sie lustig ist, nur der schmale Steg zwischen Tatsache und Tatsache ist zum Tanze freigegeben" (Kisch 1990b: 270); aber sie ist notwendig, um der Wahrheit auf die Spur zu kommen – und bisweilen

---

[89] Vgl. zu Kischs Theorie der Reportage in der Zeit der Weimarer Republik Geissler (1982) und Siegel (1973: 88-119).

[90] Bereits ein Jahr zuvor war der Band auf Englisch unter dem Titel *Sensation Fair* im New Yorker Verlag *Modern Age Books* erschienen.

verwandelt sie sich in Kischs späteren Texten mehr in eine breite Brücke denn in einen schmalen Steg.

Kisch polemisiert mit dieser Auffassung von der Reportage nicht nur gegen die von Georg Lukács vollzogene Trennung von wissenschaftlicher und künstlerischer Erkenntnis (Lukács 1969: 156), sondern er hebt auch – auf der Basis des Brecht'schen Diktums, nach dem „die Realität in die Funktionale gerutscht [ist]" (Brecht 1967: 161) – die Trennung von Dokumentation und Fiktion tendenziell auf.[91] Was für die Praxis heißt, dass Kisch die Reportage eindeutig zur Kunstform erhebt (Kisch 1990b: 126), sie also als literarische Reportage definiert. *Marktplatz der Sensationen* wird insofern auch zu einer Art Selbstvergewisserung des literarischen Schreibens.

Gleichzeitig beansprucht Kisch die historische Gültigkeit der durch die Reportage gewonnenen Erkenntnisse über den aktuellen Anlass hinaus: Wenn er schreibt, „von den Fesseln des aktuellen Anlasses emanzipierte ich mich bald" (Kisch 1990b: 271), und seine Prosa nun als „unaktuelle Reportagen" (Kisch 1990b: 272) bezeichnet, so ist das Spezifische des Berichts zwar weiterhin, „daß ein wirklicher Vorfall sein Thema bildet" (Kisch 1990b: 126), aber dieser Vorfall stellt nur noch den Anlass für eine weitergehende geschichtliche Reflexion dar. Mit anderen Worten: Der Reporter wird von einem dem Tagesgeschehen verpflichteten Journalisten zum literarischen Chronisten[92] der historischen Zusammenhänge. Kisch beansprucht damit für die Reportage gerade die Funktion, die Lukács dem realistischen historischen Roman zuerkennt. Dieser Anspruch auf literarische Geschichtsschreibung hat erhebliche Konsequenzen für seine Reportagen, wie bei der Analyse der *Entdeckungen in Mexiko* noch zu zeigen sein wird.

Kischs radikale Kritik an seinen früheren Positionen und seiner journalistischen Praxis lässt sich wenigstens teilweise aus der Exilsituation in Mexiko erklären. Diese eröffnet Möglichkeiten für eine umfassendere historische Perspektive der eigenen Arbeit, weil er als Exilierter nicht mehr unmittelbar in die deutsche Politik eingreifen kann. Wulf Köpke spricht

---

[91] Theoretisch begründet werden die hier von Kisch angedeuteten Auffassungen zum Verhältnis von Fiktion und Dokumentation sowie zur Rolle der Fantasie in der künstlerischen Produktion erst wesentlich später von Alexander Kluge (Schmidt 1996a: 130-160). Erhard Schütz sieht daher meiner Ansicht nach zu Recht Kluge weit eher in der Tradition Kischs als Günter Wallraff, dessen Reportagen gerne mit denen Kischs verglichen werden (Schütz 1980: 46).

[92] Den Anspruch, Chronist zu sein, erhebt Kisch ausdrücklich (1990b: 126).

bezüglich der Exilliteratur davon, dass „[...] die Zeitenthobenheit und Entrückung im Raum einerseits zum Abstand von den Einzelheiten und andererseits zum Versuch der großen Gesamtschau [führt]", und fügt hinzu: „[...] wie ja schon einmal bei Dante" (Köpke 1986: 22). Dass Kisch im *Marktplatz der Sensationen* Dante als den Vorläufer der modernen Reportage für sich reklamiert (Kisch 1990b: 70-73), ist sicher auch darauf zurückzuführen, dass er mit ihm die Voraussetzungen literarischer Produktion unter den Bedingungen des Exils teilt. Den Hang zur historischen Gesamtschau als politische Resignation zu werten, wie verschiedentlich geschehen, trifft die Sache nur partiell. Vielleicht lassen sich gerade mit Blick auf Dante hierin positive Möglichkeiten literarischer Praxis im Exil überhaupt begründen.

Bereits zu Beginn des Jahres 1941 publiziert Kisch Reportagen über mexikanische Themen in der Exilzeitschrift *Freies Deutschland*.[93] 1945 fasst er sie dann, zumeist nach mehrfacher Überarbeitung, in dem Band *Entdeckungen in Mexiko* zusammen. Diese frühzeitige literarische Verarbeitung der Erfahrungen mit dem Gastland muss angesichts von Kischs vielfältigen kulturpolitischen Aktivitäten in der „Bewegung Freies Deutschland", dem „Heinrich-Heine-Klub", der „Asociación Checoeslovaco-Mexicana" sowie als Vermittler zwischen kommunistischen und jüdischen Emigranten erstaunen[94] – zumal doch das Exil ein erzwungenes und die Bekämpfung des Faschismus absolut vorrangiges Ziel der deutschsprachigen Schriftsteller war.

Dass Kisch dennoch die fremde mexikanische Realität sogleich für sich entdeckte, liegt nicht etwa an seiner sprichwörtlichen Schnelligkeit, am Klischee vom „rasenden Reporter" (Kisch 1990a), das er für sich erfunden und mit einer Vorliebe für das Schelmische kultiviert hatte. Vielmehr verfügte er sowohl über journalistische Erfahrung als auch (durch seinen Spanienaufenthalt während des Bürgerkriegs) über Sprachkenntnisse, die er sofort auszubauen begann (Schlenstedt 1985: 409). Vor allem aber hatte er mit der Sowjetunion und China Länder der Peripherie bereist, in denen ein schwieriger und oft widersprüchlicher Modernisierungsprozess im Gange war. Die Erkenntnisse über die Modernisierungsstrategien, welche Kisch dort gewonnen hatte, ließen sich in modifizierter Form auf das national-

---

[93] Eine Auflistung der von Kisch im *Freien Deutschland* veröffentlichten Artikel zu Mexiko findet sich in Rivera Ochoa (1987: 45-47).

[94] Siehe zu Kischs kulturpolitischer Arbeit im mexikanischen Exil Pohle (1986: 68, 119-133, 313-314).

revolutionäre Konzept der Ära Cárdenas sowie auf den *desarrollismo* der Regierungszeit Ávila Camachos in gewisser Weise übertragen.

Mit dem Titel *Entdeckungen in Mexiko* schielt Kisch, wie so oft, nach der Gunst des Publikums. Allerdings fügt er hier dem Klischee des „rasenden Reporters" nicht einfach das des „Entdeckers" hinzu; vielmehr stellt er seine Reiseberichte in einen doppelten Kontext aus Tradition und Abgrenzung gegenüber anderen Reisebeschreibungen und den darin entfalteten Mexikobildern.

Zunächst einmal knüpft Kisch mit den *Entdeckungen* ganz bewusst an Alexander von Humboldts *Ansichten der Natur* an. Zwar bezeichnet er Humboldts Mexikoreise als „wissenschaftliche Conquista" (Kisch 1942: 11) und macht durch seine Kritik am „zweiten Entdecker Amerikas" deutlich, dass „die Werke Humboldts [...] das Nützliche – wertvolle Informationen für eine unter kapitalistischen Vorzeichen durchgeführte Exploration Lateinamerikas – mit dem Angenehmen, dem ästhetischen Genuß der Naturschilderung [...] verbinden" (Badenberg 1992a: 20-21). Und indem er bezüglich seiner eigenen Reisen von Entdeckungen **in** Mexiko und nicht von der Entdeckung Mexikos spricht, grenzt er sich von der möglichen Konnotation der Eroberung ab. Aber gleichzeitig vereinnahmt Kisch aus explizit politischen Gründen Humboldt für seine Darstellung Mexikos. Gegenüber den Versuchen der Nationalsozialisten, den Naturforscher und Geografen für ihre Lateinamerikapolitik zu instrumentalisieren, beharrt Kisch auf dessen aufklärerischer und antirassistischer Grundhaltung (Kisch 1981: 187).

Über das kulturpolitische Moment hinaus erfüllen die häufigen Verweise auf Humboldt aber noch eine weitere Funktion. Kisch zeigt nämlich, wie sehr die Mexikobilder, die in der Nachfolge Humboldts entworfen wurden, durch die Lektüre seiner Texte vorbestimmt waren. Von Goethe bis Karl May – alle haben sie bei ihm abgeschrieben (Kisch 1981: 31). Das deutet auf eine sowohl dem dokumentarischen wie auch dem fiktiven Reisebericht inhärente Problematik hin: inwieweit nämlich die Rezeption früherer Texte in gegenwärtige Reiseberichte einfließt, die Lektüre also die Reiseerfahrungen vorstrukturiert.[95] Gerade die Erkenntnis der Intertextualität des modernen Reiseberichtes dürfte zu Kischs veränderter Reportagetheorie erheblich beigetragen haben.

Das „Ich war dabei" als *a priori* der Arbeit des Reporters genügt weniger denn je zur Durchdringung einer von exotischen Bildern immer bereits

---

[95] Siehe zu diesem Punkt Badenberg (1992a: 18-20) und de Certeau (1986: 137-149).

vorgeformten Wahrnehmung fremder Realität, die Alteritätserfahrung muss immer auch als eine Folge der Intertexte betrachtet werden. Hieraus erklärt sich, warum in Kischs Reportagen über Mexiko der Augenzeugenbericht als Beweis der Authentizität des Geschriebenen in den Hintergrund rückt – zumal ihn angesichts der allgegenwärtigen Präsenz von Spuren präkolumbischer Kulturen, deren Größe durch niemand mehr bezeugt werden kann, Zweifel überkommen, ob sich diese Kulturen überhaupt darstellen lassen (Schlenstedt 1985: 407-408).[96]

So schreibt Kisch über die Ausgrabungen Teobert Malers in Chichen Itzá, dass dieser „[…] den Stadtplan nur nach den Angaben von Logik und Phantasie [zeichnet] – keine alten Bürger gibt's, ihm Material zu liefern" (Kisch 1981: 313). Es sind gerade die monumentalen Überreste präkolumbischer Architektur, die für Kisch die Notwendigkeit einer historischen Gesamtschau begründen und damit den Vorrang der „logischen Fantasie" vor dem Augenzeugenbericht als privilegiertes Erkenntnisinstrument der Reportage rechtfertigen. Es sind die Reste, die Ruinen, aus denen in Ermangelung gesicherter Quellen auf das Ganze geschlossen werden kann und muss. Allerdings gerät das Genre hier an seine Grenze. Wenn der wirkliche Vorfall, der das Thema des Berichtes bildet, wegfällt, oder wenn er sich nur noch hinter Ruinen erahnen lässt, aus deren chiffrierten Bildern die Geschichte präkolumbischer Kulturen „herauszulesen" ist, so wird der dokumentarische Anspruch der Reportage *ad absurdum* geführt. Die Spuren präkolumbischer Vergangenheit beeinflussen also Kischs Schreibweise nachhaltig: Seine Reportagen werden angesichts der Notwendigkeit, die besiegten Kulturen als Teil mexikanischer Geschichte der Beschreibung zugänglich zu machen, nicht nur unaktueller, sondern zunehmend literarischer im Sinne dessen, was man traditionell als Fiktion bezeichnet. Und es sind gerade die Conquista und ihre Folgen, die spezifischen Auseinandersetzungen und Transkulturationsprozesse innerhalb der Geschichte des Kolonialismus, die eine solche „Fiktionalisierung" angesichts des Fehlens vollständiger Quellen zur Geschichte der Besiegten notwendiger machen als dies in Gesellschaften der Fall wäre, die nicht kolonialisiert wurden.

Die literarische Repräsentation Mexikos in den *Entdeckungen* nimmt ihren Ausgang zumeist von der Geschichte einzelner Dinge oder Waren.[97]

---

[96] An diesem Punkt muss bedacht werden, dass das Wissen über den Alltag und die Sozialgeschichte der präkolumbischen Kulturen in den 1940er Jahren noch sehr rudimentär war.

[97] Dieses Ausgehen von der Warenform entspricht der von Karl Marx zu Beginn des *Kapitals* angewandten Methode weit mehr, als den orthodoxen marxistischen Literatur-

Mais, Kaktus, Baumwolle, Agave etc. dienen Kisch nicht dazu, die exotische Natur des amerikanischen Kontinents zu betonen, sondern er führt den mit dem Land nicht vertrauten Leser durch diese Form des „wirtschaftlichen Feuilletons" (Kisch 1981: 222) in das Alltagsleben der Mexikaner ein. Nicht von ungefähr behauptet Heinrich Mann in der im *Freien Deutschland* abgedruckten Rezension des Buches, Kisch führe „sogar das Märchenhafte [...] gern auf das Wirtschaftliche zurück" (zitiert nach Kießling 1974, 2: 323). Aber die Darstellung gesellschaftlicher Zusammenhänge vermittels der Beschreibung der wichtigsten Handelsprodukte des Landes (zu denen natürlich auch Silber und Erdöl gehören) erfüllt eine weitere Funktion: Kisch polemisiert auf diese Weise gegen eine exotistische Sicht Mexikos, die bereits in der fiktiven Abenteuer- und Reiseliteratur des 19. Jahrhunderts vorgezeichnet wurde (Kisch 1981: 154-155) und in der europäischen Literatur des frühen 20. Jahrhunderts[98] sowie in der Malerei der Neuen Sachlichkeit (Kisch 1981: 30) vorherrschend blieb. Indem er der ausschließlichen Betonung exotischer Qualitäten bzw. der Alteritätserfahrung die Schilderung des Alltags der Menschen in Mexiko entgegenhält, entgeht er der Gefahr einer Exotisierung, in der die Fremde als bloßer Vorwand für die eigenen Fluchtträume oder die Auseinandersetzung mit sich selbst auf dem Umweg über das und den Anderen funktionalisiert wird.

Allerdings bleibt so manches gerade auch in dieser Beschreibung des Alltagslebens erklärungsbedürftig. Und hierin zeigt sich die kulturübergreifende Qualität seiner Texte, genauer gesagt deren kulturelle und literarische Heterogenität.[99] Ähnlich wie in den frühen Chroniken der Kolonialzeit wird dem imaginierten europäischen Rezipienten das Fremde durch Rekurs auf das Bekannte nähergebracht. So vergleicht Kisch die Herstellung der *tortillas* mit der des Brotes: „Das erste, was auffällt, sind die Tortillerías, Bäckereien und Bäckerläden zugleich und doch auch keines von beiden" (Kisch 1981: 11). Was in diesem Fall als legitimes Verfahren gelten kann, um seinen Lesern das Unbekannte zu erklären, wird allerdings dann problematisch, wenn es sich um den Vergleich politischer Systeme der alten

---

kritikern vom Schlage eines Georg Lukács lieb sein kann, welche die großen Romane des bürgerlichen Realismus gegenüber der Reportage verteidigen und Erstere als literarisch verbindliche Norm in das 20. Jahrhundert hinüberretten wollen.

[98] Vgl. zum Mexikobild in der Literatur der europäischen Moderne die Beiträge in Schmidt (1992a).

[99] Die Theorie der literarischen Heterogenität kann hier nicht im Einzelnen dargestellt werden. Siehe dazu Cornejo Polar (1982: 43-50, 67-107) sowie Schmidt (1996a: 171-201).

und Neuen Welt handelt. Da wird Chichen Itzá unversehens mit dem imperialen Rom in eins gesetzt (Kisch 1981: 299), oder die Führungsschicht der Mexica (Azteken) wird mit europäischen Kaisern und Fürsten des Mittelalters verglichen (Kisch 1981: 32). Damit integriert Kisch das Fremde in das Eigene, indem er politische Strukturen gleichsetzt und kulturelle Unterschiede **vor** der Konfrontation in der Conquista tendenziell zum Verschwinden bringt.

Das Auseinanderfallen der verschiedenen Ebenen des literarischen Prozesses, welches ein entscheidendes Merkmal heterogener Literaturformen ist, zeigt sich in Kischs Texten über Mexiko immer dann, wenn er die präkolumbischen Kulturen und deren Aufeinandertreffen mit der westlich-abendländischen Kultur in der Konquista beschreibt – also vor allem in den Reportagen „Der Nibelungenhort von Mexiko", „Fragen, nichts als Fragen auf dem Monte Albán", „Die Vanille-Indianer" und „Versuch einer Beschreibung von Chichen Itzá". Der Schwierigkeiten, die sich bei dem Versuch ergeben, eine Kultur (die indigene) mit den ästhetischen Mitteln einer anderen (der westlich-abendländischen) darzustellen, ist sich Kisch bisweilen durchaus bewusst. So macht er in „Der Kaspar Hauser unter den Nationen" die Unterschiedlichkeit nicht nur der kulturellen Erscheinungen, sondern auch die jeglicher Begrifflichkeit deutlich (Kisch 1981: 292-293), die das gewaltsame Aufeinandertreffen zweier Welten kennzeichnet. Wem bei dieser Konfrontation seine Sympathie gilt, ist klar: Im Erstaunen, dem „scheuen Respekt" (Kisch 1981: 293), mit dem die amerikanischen Ureinwohner den Konquistadoren gegenübertraten, sieht Kisch eindeutig die humanere Denkart und Umgehensweise mit dem kulturell Anderen. „So eingebildet wie die Weißen waren die Roten nicht, sie hielten sich keineswegs für die seit ewig erbeingesessene, für die einzige lebensberechtigte und herrschaftsberufene Menschenart. Sie sahen die Bärtigen und Blaßhäutigen nicht als minderwertig an" (Kisch 1981: 293).

Die Kritik am Rassismus der Weißen setzt Kisch an anderen Stellen des Buches fort und erweitert sie bis in die Gegenwart (Kisch 1981: 187-193), und zwar auch in der Reportage „Karl May, Mexico und die Nazis" (Kisch 1941), die in *Freies Deutschland* publiziert wurde, aber keine Aufnahme in das Buch fand. Richtete sich die Behauptung der Minderwertigkeit des Anderen und die Infragestellung seines Menschseins bei den Konquistadoren gegen eine ihnen fremde Kultur, so werden jetzt die Europäer selbst Opfer dieses Rassismus. Aus der lateinamerikanischen Perspektive, die Kisch im „Interview mit den Pyramiden" einnimmt, stellt sich der Völkermord der Nationalsozialisten als historische Verlängerung der Eroberung Amerikas dar:

Bei euch drüben vollzieht sich zur Stunde das Heil, das ihr uns gebracht, an Euch [sic!] selbst. Eure Bauwerke, eure Menschen erleben jetzt noch Gräßlicheres, als ich erlebte, obwohl euer Cortez nur ein lächerliches und klägliches Zerrbild des unseren ist. Es ist Zeit, daß wir einen Schreiber hinüberschicken, um eure Trümmer zu interviewen (Kisch 1981: 71).

Diese Umkehr der Perspektive – zum Reporter spricht hier die Pyramide von Tenochtitlán als steinerne, doch beredte Zeugin der Conquista – imaginiert einen möglichen Lernprozess aus der Geschichte des Umgangs mit dem kulturell Anderen. Auffällig ist allerdings, dass in Kischs Texten eine solche Sicht ausschließlich aus der geistigen Konfrontation mit der indigenen Vergangenheit erwächst, aber zu keinem Zeitpunkt in Auseinandersetzung mit den heute in Mexiko lebenden indigenen Gruppen. So berechtigt sicher der Versuch ist, die Gleichheit aller Menschen gegen das rassistische Bild zu setzen, das die Nationalsozialisten von den Mexikanern hatten – Kisch polemisiert des Öfteren gegen die Auffassung, Mexikaner seien Untermenschen (Kisch 1981: 187-193) –, so besteht darin doch auch die Gefahr, kulturelle Unterschiede zu negieren, den kulturell Anderen tendenziell zum Verschwinden zu bringen im Sinne einer linearen Geschichtsschreibung.

Kischs Auffassung, dass die indigenen Kulturen im Wesentlichen nur noch in der Erinnerung der Menschen existieren (Kisch 1981: 298), aber keine Gegenwart haben (Kisch 1981: 149, 293), dass also die indigenen Gruppen im Lande „eine Vergangenheit, aber keine Geschichte [haben]" (Kisch 1981: 270), lässt sich nicht allein aus der Polemik gegen den Rassismus der Nationalsozialisten erklären. Vielmehr ist sie, neben dem Aspekt der Kritik am Exotismus, als Teil seiner grundsätzlichen Auffassung über die „notwendigen" (hauptsächlich ökonomischen) Entwicklungen der Weltgeschichte zu verstehen, wie ich im Folgenden darlegen möchte.

Kisch sieht in der Conquista, trotz aller Kritik an den Eroberern, „die letzte Feldschlacht zwischen Urzeit und Neuzeit" (Kisch 1981: 54).[100] Zwar nimmt er Kunst und Architektur der indigenen Hochkulturen Mesoamerikas von dieser historischen Abfolge aus; ja er gesteht diesen sogar denselben Rang zu wie der großen europäischen Kunst (Kisch 1981: 145) oder der modernen Großstadtarchitektur (Kisch 1981: 313). Und auch die Alltagskultur der Maya erscheint ihm oft zivilisierter als die der Europäer

---

[100] Von daher seine verschiedentlich zum Ausdruck gebrachte Bewunderung für die Größe eines Cortés, die sich im oben angeführten Vergleich des Konquistadoren mit Hitler zeigt (Kisch 1981: 71).

(Kisch 1981: 301-302). Aber unter ökonomischen und politischen Gesichtspunkten gelten ihm die zeitgenössischen Überreste mesoamerikanischer Gesellschaftsorganisation als „primitiv und pittoresk" (Kisch 1981: 298). Umso emphatischer begrüßt er daher die mexikanische Revolution (Kisch 1981: 14) und insbesondere die Verstaatlichung des Erdöls unter Lázaro Cárdenas (Kisch 1981: 277). Gleichzeitig stellt er jedoch auch die Widersprüche der unvollständigen Agrarreform in der Reportage „Das verteilte Baumwolland" dar und beschreibt die negativen Auswirkungen der Modernisierung wie die Probleme der Arbeitsmigration (Kisch 1981: 19), die ungebrochene Abhängigkeit Mexikos von den Metropolen (Kisch 1981: 223, 297) oder die zunehmende Verschuldung der *ejidos* (Kisch 1981: 93).

Angesichts der ökonomischen Widersprüche der Revolution scheinen für Kisch ethnische Konflikte vollständig hinter die Klassenkonflikte zurückzutreten. Die indigenen Kulturen sind für ihn nicht mehr als eine Erinnerung an die Vergangenheit, ethnische Konflikte spielen bei der Modernisierung Mexikos seiner Ansicht nach keine Rolle (Kreutzer 1989: 73-75; Schlenstedt 1985: 412).[101] Dass er damit uneingestanden den paternalistischen Indigenismus unter der Regierung Cárdenas sowie die Politik des „Instituto Nacional Indigenista" rechtfertigt, dürfte wohl auch damit zusammenhängen, dass er in der nationalrevolutionären Modernisierungsstrategie von Cárdenas die notwendige Voraussetzung für eine sozialistische Revolution sieht.

Zu den politischen Problemen unter der Regierung Ávila Camacho, dessen Politik das Ende der nationalrevolutionären Phase und die Erstarrung der Revolution in bloßer Rhetorik bedeutete (Barth/Hof 1988: 16), hat sich Kisch in seinen Reportagen praktisch nicht geäußert. Dies ist auf der einen Seite sicherlich auf die dezidiert antifaschistische Politik Mexikos und auf die freundliche Aufnahme der Exilanten zurückzuführen, die eine diplomatische Haltung gegenüber den internen Problemen Mexikos nahelegte. Andererseits zeigt es aber auch, dass Kischs Bild von Mexiko von bestimmten Erwartungen an dessen revolutionäre Entwicklung geprägt war, aufgrund derer er die sechsjährige Regierungszeit Ávila Camachos unter den Vorzeichen der ersten Jahre der Regierung Cárdenas interpretierte. Auch in diesem Sinne sind Kischs literarische Reportagen über das Mexiko der vierziger Jahre „unaktuelle Reportagen" mit einem Hang zur Gesamtschau, der bisweilen die neuesten Veränderungen außer Acht lässt und an

---

[101] Schlenstedt (1985: 412) verweist in diesem Kontext nicht von ungefähr auf den Zusammenhang von Kischs Argumentation zur fortschrittlichen Modernisierung Mexikos mit dessen Abgrenzung gegenüber dem Rassenwahn der Nazis.

den Zielen einer sozialistischen Erneuerung in Mexiko festhält, auch wenn zur Zeit seines Aufenthaltes nichts mehr auf eine solche hindeutet.

Bei aller hier vorgebrachten Kritik an Kischs unbedingtem Festhalten an einem „ständig synchronisierenden Wahrnehmen und Werten" (Kreutzer 1989: 72) der widerspruchsvollen Modernisierung Mexikos bleibt festzuhalten, dass die *Entdeckungen* nicht nur zu den besten Büchern des Autors gehören, wie sein Biograf Dieter Schlenstedt (1985: 407) anmerkt,[102] sondern bis heute zu den wenigen deutschsprachigen Texten, die der kulturellen Vielfalt und der politischen Entwicklung Mexikos im 20. Jahrhundert über weite Strecken gerecht werden.[103] Die kulturpolitische Bedeutung der *Entdeckungen* dürfte vor allem in der Revidierung des zu Kischs Zeiten noch immer vorherrschenden exotistischen Bildes von Mexiko und in seiner Funktion als Gegenpol zur verzerrenden Darstellung des Landes in der nationalsozialistischen Propaganda liegen. Kischs *Entdeckungen* sind damit weit mehr als ein touristischer Blick auf ein fremdes Land. Gerade die Verklärung der Fremde und die Instrumentalisierung Mexikos für die je eigenen Bedürfnisse jenseits des erfahrungsarmen modernen Alltags werden von ihm radikal in Frage gestellt, auch wenn dabei bisweilen die kulturellen Unterschiede negiert und der Andere als solcher zum Verschwinden gebracht werden.

In einer Zeit, in der Mexiko aufgrund der vorangegangenen Revolutionswirren im Vergleich zur zweiten Hälfte des 20. Jahrhunderts noch relativ wenig touristisch erschlossen ist, nimmt Kisch die Kritik des späteren Expeditions- und Sensationstourismus sowie die Auseinandersetzung mit dessen Vermarktung durch den Journalismus der Massenmedien bereits vorweg. Die Reportagen „Ein Vulkan bricht aus" und „Zum Geburtstag des feuerspeienden Bergs" werfen einen kritisch distanzierten Blick auf die Inszenierung, hinter der das Naturereignis selbst kaum noch wahrnehmbar bleibt. Sie zeigen die soziokulturellen Veränderungen an, die mit der medialen Simulation von „Welt", gerade auch der eines exotisch anmutenden Naturschauspiels, eintreten. Kisch notiert:

---

[102] Verwunderlich ist in diesem Zusammenhang, dass trotz eines solchen Urteils weder Schlenstedt noch andere Kritiker der Texte Kischs den *Entdeckungen in Mexiko* allzu große Aufmerksamkeit widmen, was sich wohl nur aus ihrer mangelnden Kenntnis der Geschichte Mexikos erklären lässt.

[103] Wohl auch deshalb wurde das Buch in Mexiko bereits 1945 übersetzt und sehr positiv aufgenommen. Siehe Schlenstedt (1985: 408) und Kießling (1989: 382).

Ich kenne die Psychologie von Vulkanen nicht. Ist der eben erstandene enttäuscht, weil er ein Objekt der Neugierde, des Geldverdienens und der Sensation geworden ist? Seit Vulkangedenken ist es noch keinem ergangen wie ihm. Man hängt ihm ein Mikrophon vor die Nase, und er muß hineinkeuchen, hineinhusten oder hineindonnern für die Rundfunkhörer der Kontinente. Man stellt ihm einen photographischen Apparat vor die Nase, und jeden Anblick, den er profil oder en face bietet, bietet er den Abonnenten der illustrierten Weltpresse dar. Man streckt ihm eine Filmkamera vor die Nase, und wie er sich räuspert und wie er spuckt, er räuspert und spuckt und bewegt sich für das gesamte Kinopublikum oberhalb der von ihm mutwillig durchbrochenen Erdrinde (Kisch 1981: 24-25).

Kischs Befremden angesichts der Ankunft des Medienzeitalters scheint ebenso groß wenn nicht größer zu sein wie das Erstaunen vor dem Naturschauspiel. Tritt in den Reportagen über die steinernen Zeugen präkolumbischer Kulturen der Augenzeugenbericht als bevorzugtes Mittel des journalistischen Authentizitätsbeweises zurück, so lassen die Berichte über den Ausbruch des Paricutín den möglichen Niedergang des Genres wegen solch vermeintlicher Authentizität erahnen. Das „Ich war dabei" verhindert gerade die Wahrnehmung der Realität, beweist im Grunde nurmehr die Wirklichkeit der medialen Simulation. Vielleicht auch deshalb die eingangs besprochene Radikalisierung von Kischs Reportagetheorie und gleichzeitig das Bewusstsein vom Ende einer Entwicklung, die nostalgische Perspektive (Badenberg 1992a: 35), der distanzierte Blick zurück angesichts der schwindenden Möglichkeiten des Genres. Dennoch beharrt Kisch darauf, der Schnelllebigkeit des Sensationsjournalismus eine andere Form der Aneignung der Fremde entgegenzusetzen: „Erst wo Reisender und Reporter sich mit der Geschichte vertraut machen, weicht auch das Befremden vor der gegenwärtigen Andersartigkeit einer dann nicht mehr unbekannten Kultur" (Badenberg 1992a: 37). Der „rasende Reporter" löst sich damit endgültig aus seiner journalistischen Tradition und bekräftigt den Anspruch auf die Rolle des literarischen Chronisten.

Auch wenn Kischs Praxis der literarischen Reportage – man mag das bedauern – heute in dieser Form nicht fortzusetzen ist (Schütz 1980: 46), so bietet sie doch Ansätze, die verschiedentlich weiterentwickelt worden sind. Solche Ansätze scheinen mir in zwei Richtungen zu gehen. Zum einen liegen sie in einer die veränderten Bedingungen von Öffentlichkeit und Entwicklung der Massenmedien reflektierenden Praxis, wie sie sich in den Arbeiten Alexander Kluges manifestiert; zum anderen jedoch auch in den zeitgenössischen mexikanischen Chroniken, wie sie nach dem Massaker von Tlatelolco im Vorfeld der Olympischen Spiele von 1968 und den Erdbeben des Jahres 1985 von Elena Poniatowska, Carlos Monsiváis, Cristina Pacheco und anderen kultiviert werden. In diesen Chroniken wird die Arbeit des literarischen Chronisten insofern weiterentwickelt, als hier die anonymen Protagonisten der Historie selbst das Wort ergreifen. Kisch kommt in diesem Zusammenhang eine Vorreiterrolle zu, mit der er sich zugleich dem Ideal des „operierenden Schriftstellers" annähert, das Walter Benjamin einmal in Anlehnung an Sergej Tretjakov formuliert hat. Die Offenlegung seiner literarischen Methoden, die er in den *Entdeckungen in Mexiko* beständig realisiert und deren Fehlen er gerade auch bei Humboldt kritisiert (Kisch 1942), ermöglicht die Veränderung literarischer Praxis durch andere Autoren und erfüllt damit über seine Zeit hinaus eine gesellschaftliche Funktion auch im mexikanischen Kontext. Denn, um es mit den Worten Walter Benjamins zu sagen: „Ein Autor, der die Schriftsteller nichts lehrt, lehrt niemanden" (Benjamin 1988: 114).

Allerdings darf nicht übersehen werden, dass Kisch wie andere Autoren vor ihm an einigen Stellen zur Funktionalisierung Mexikos für die Erkenntnis des Eigenen neigt, und zwar immer dann, wenn es ihm in erster Linie um die Analyse des Faschismus und um den Rassenwahn der Nazis geht, die im Schreibprozess allgegenwärtig zu sein schienen und die den beständigen Vergleich mexikanischer Verhältnisse mit der zeitgenössischen Situation in Europa für den Autor nahelegten. Er übersieht aber auch faschistische Tendenzen in Mexiko nicht und weist verschiedentlich auf die entsprechende Bewegung der *sinarquistas* hin (Kisch 1981: 28, 89).

Kisch ist der einzige Autor des deutschsprachigen Exils in Mexiko, der die Methode der literarischen Reportage mit ihrer Mischung aus Lektüre historischer Quellen, unmittelbarer Beobachtung und einer guten Portion Fantasie auf die historischen Verhältnisse in Mexiko anwendet. Dabei erfährt der Leser jenseits aller Exotik viel über die mexikanische Geschichte, die Gegenwart, die sozialpolitische Situation und über das Alltagsleben der 1940er Jahre im Land. In den Texten von Anna Seghers, Bodo Uhse und anderen Exilanten, die später in der DDR lebten, werden dagegen Geschichten erzählt, die einen höheren Grad an dem aufweisen, was man traditionell als Fiktion bezeichnet. Sie benutzen aber gleichzeitig Mexiko im Sinne einer Metapher für die Entwicklung in der DDR und als vordergründig fremdes Ambiente für eine (in gewissem Sinne durch dieses Ambiente verschleierte und damit der Zensur entgehende) Kritik, die sich in Wahrheit weniger auf Mexiko als auf die jeweils aktuellen Verhältnisse im eigenen Land bezieht (Hanffstengel 1995; Pohle 1992).

8.

VOM *GREASER* ZUM *GOOD NEIGHBOR* UND ZURÜCK: MEXIKO IN US-AMERIKANISCHEN FILMEN

Die Geschichte der Mexikobilder im US-amerikanischen Film beginnt laut Katalog der „The Edison Kinetoscope" von 1894 mit einem Film von 30 Sekunden, dessen Originaltitel *Pedro Esquirel and Dionecio Gonzales – Mexican Duel* nicht nur ein paar ortografische Probleme bei der Grenzüberschreitung mexikanischer Namen verdeutlicht, sondern auch eines der Klischees enthält, die im US-amerikanischen Film über lange Zeit gepflegt werden sollten: Der Mexikaner an sich ist gewalttätig. Der Film bestand mithin aus einer Messerstecherei zwischen den beiden Titelhelden (García Riera 1987-1990, Bd. 1: 15-16). Dem folgen bis Anfang des 20. Jahrhunderts einige Filme über den Stierkampf in Mexiko (Woll 1980: 6-7), eines der Themen, das Gewalt und Blut versprach und sich ebenfalls für die stereotype Darstellung des Landes eignete.[104] Die frühen, überwiegend dokumentarischen Versuche im Umgang mit dem neuen Medium werden um die Jahrhundertwende von den ersten Stummfilmen mit fiktionaler Handlung abgelöst. Auch wenn in vielen dieser Spielfilme Gewalt eine hervorgehobene Rolle spielt, so wird doch die Grausamkeit besonders in jenen Streifen betont, in denen Mexikaner oder allgemein Lateinamerikaner sie ausüben (Woll 1980: 7).

In den 1910er Jahren wird ein Typ Mexikaner im US-amerikanischen Film geboren, der diese Gewaltexzesse exemplarisch verkörpert: der *greaser*. Der Begriff geht auf die pejorative Bezeichnung der Mexikaner durch Texaner im 19. Jahrhundert zurück, die später in Groschenheften aufgegriffen wurde und so große Verbreitung fand (García Riera 1987-1990, Bd. 1: 51-52). Er wird in zahlreiche Filme übernommen, die ihn im Titel ausstellen, unter anderen *Tony the Greaser* (1911), *The Girl and the Greaser* (1913), *Broncho Billy and the Greaser* (1914), *The Greaser's Revenge* (1914), *Guns and Greasers* (1918). Er erscheint als ein besonders perfider, hinterlistiger und grausamer Mensch, der keine moralischen Kriterien gelten lässt (García Riera 1987-1990, Bd. 1: 52; Woll 1980: 8-9). Unter den *greasers* gibt es echte und falsche Revolutionäre, Banditen, Landarbeiter

---

[104] Vgl. zum Stierkampf das folgende Kapitel.

und Cowboys, aber immer zeichnen sie sich dadurch aus, dass sie rauben, betrügen, vergewaltigen und morden. Der *greaser* ist derart präsent, dass auch bisweilen die Unterscheidung zwischen den Genres, in denen er vorkommt, schwerfällt. Selbst die mexikanischen Revolutionshelden, vor allem Francisco (Pancho) Villa, werden in pseudohistorischen Filmen als *greaser* dargestellt.

Der *greaser* hat in den Hollywoodfilmen nur eine Chance, der sicheren Hölle zu entgehen: indem er die Seiten innerhalb des Konfliktes wechselt. „Er muss dem Herrn, der herrschenden Rasse oder Nation gegenüber loyal sein und niemals den schwarzen Kameraden oder den Mexikanern gegenüber" (Woll 1980: 9, Übersetzung FSW)[105]. Insofern wird der *greaser* letztlich weniger durch seine Grausamkeit an sich charakterisiert als durch sein Verhältnis zu den weißen US-amerikanischen Helden der Streifen, in denen er auftaucht. Im Zeitalter des Imperialismus zählt in erster Linie, wie er sich zu den neokolonialistischen Expansionsbestrebungen verhält. Der gute *greaser* identifiziert sich mit ihnen, der böse leistet Widerstand gegen sie, die Gewalt des Guten ist legitim, die des Bösen zu verurteilen.

Die Figur ist in mehreren Genres präsent, aber im Western kommt sie am häufigsten vor. In diesem Genre werden auch die meisten Mexikaner oder Mexikanerinnen in US-amerikanischen Filmen repräsentiert. Und wie sehr das Bild Mexikos im Western die Wahrnehmung des Landes im Film allgemein beeinflusst, lässt sich daran ablesen, dass bis heute „The Internet Movie Database (IMDB)" Sergei Eisensteins *Que viva Mexico!* unter dem Genre „Dokumentation/Drama/Western" subsumiert.

Man kann grundsätzlich drei Typen von Mexikanern bzw. Mexikanerinnen im Western unterscheiden, auf deren klischeehafte Darstellung das Land reduziert wird: der bereits genannte *greaser*, der arme Bauer oder Landarbeiter, meist Opfer des *greaser*, und die feurige *señorita*. Der arme Bauer wird überwiegend als kindlich unschuldig dargestellt, mehr noch als für eine kostumbristische Reminiszens steht seine weiße Kleidung symbolisch für seinen Charakter. Er ist großenteils unfähig zu jeglicher selbstständiger Handlung, und sein Schicksal hängt vom Eingreifen des US-amerikanischen weißen Helden ab, der ihn aus den Fängen des *greaser* befreit. Diese Unfähigkeit zum Handeln gilt nicht nur für diese Figur, sondern selbst für die in Hollywoodfilmen dargestellten Helden der mexikanischen Revolution, so dass der Erfolg der Revolution letztlich von der Initiative der US-Helden abhängt (Woll 1980: 9-10). Die weiblichen mexika-

---

[105] „The loyalty is to the master, the dominant race or nation, and never to fellow blacks or Mexicans" (Woll 1980: 9).

nischen Figuren schließlich werden in den Western als leidenschaftlich und heißblütig beschrieben, sie tanzen bei jeder Gelegenheit (noch dazu meist spanischen Flamenco) und enden in den Armen des US-amerikanischen Helden, der nicht nur als solcher, sondern auch als Eroberer des anderen Geschlechts den Mexikanern grundsätzlich überlegen ist (Woll 1980: 10).

Die Repräsentation Mexikos im Hollywoodkino lässt sich in eine Reihe von Phasen einteilen, in denen die oben genannten Klischees zwar im Wesentlichen fortgeschrieben, aber den jeweiligen politischen Verhältnissen, kulturellen Beziehungen und ökonomischen Notwendigkeiten angepasst werden.

In der ersten Phase bis zum Beginn des 20. Jahrhunderts werden Dokumentarszenen produziert, die – wie auch im Falle anderer Länder – im Wesentlichen fremde Sitten darstellen, die für die jeweiligen Zuschauer einen Attraktionswert und etwas Exotisches besitzen, aber auch deren Sensationslust stillen sollten. Dazu gehörten neben den bereits genannten Gewaltdarstellungen wahrscheinlich auch ethnografische Aufnahmen, soweit sich dies überhaupt aus dem Material bzw. den Erwähnungen in der Literatur erschließen lässt, welche die Frühzeit des Mediums überlebt haben (García Riera 1987-1990, Bd. 1: 16-17).

In der ersten Dekade des 20. Jahrhunderts und bis zum Beginn des Ersten Weltkriegs dreht man eine ganze Reihe von kurzen Western, in denen es Mexikobezüge gibt (García Riera 1987-1990, Bd. 2: 13-47); darunter befinden sich auch einige der frühen Filme von David W. Griffith (García Riera 1987-1990, Bd. 1: 29-32). Daneben erscheint ein bedeutender Dokumentarfilm über die mexikanische Revolution, *Barbarous Mexico*, der die bereits vorhandenen Vorurteile über die Mexikaner in den USA aber nur verstärkt, indem er die militärischen Auseinandersetzungen während der Revolution ohne ihre historische Einordnung präsentiert. Und 1914/15 wird der erste in einer langen Reihe von Filmen über Francisco (Pancho) Villa produziert, der teils dokumentarisch, teils fiktiv das Leben des Revolutionshelden darstellt (García Riera 1987-1990, Bd. 1: 65-69).[106] Das Bild der Mexikaner in diesen Filmen ist wie gesagt hauptsächlich das der *greaser*.

Der Erste Weltkrieg sorgt mehr als jeder Protest der mexikanischen Regierungen für eine Veränderung dieses bloß negativen Image, denn nunmehr sind die Feinde andere, und Hollywood versucht zunehmend, lateinamerikanische Märkte zu erschließen (Woll 1980: 13-16). Doch der ideologische Panamerikanismus ist nur von kurzer Dauer, und die alten Stereo-

---

[106] Vgl. zum US-amerikanischen Kino über die mexikanische Revolution Frayling (1981: 217-220), Mistron (1983) und de Orellana (1991).

type feiern schnell ihre Wiederauferstehung zwischen den Weltkriegen. Die zunehmenden Proteste von Seiten der mexikanischen Diplomatie und ein zeitweises Verbot, Filme mit pejorativer Darstellung von Mexikanern im Land zu vermarkten, ändern wenig an dieser Situation. Die Hollywooddrehbücher verwenden jetzt einfach die Namen fiktiver Länder und Orte, um weitere Proteste zu verhindern, die Inhalte bleiben aber erkennbar die gleichen (García Riera 1987-1990, Bd. 1: 81-87; Woll 1980: 16-22).

Auch wenn in der Literatur verschiedentlich auf die positive Rolle des *Latin lover* hingewiesen wurde, muss man berücksichtigen, dass der Begriff *Latin* sich hier weniger auf Lateinamerikaner als auf Südländer allgemein und in den Hollywoodfilmen in der Mehrzahl auf Personen italienischer Herkunft bezieht (Woll 1980: 23). Erst in den 1940er Jahren wird der Begriff im Film auf Lateinamerikaner bezogen (Woll 1980: 26).

Während zu Beginn der 1930er Jahre in Lateinamerika die populistischen Regimes zunehmend nationalistische Positionen vertreten, welche den Widerstand gegen die negative Darstellung der Lateinamerikaner im Hollywoodkino noch verstärken, scheint die Filmindustrie der USA zunächst keine Antwort auf diese Reaktionen zu finden; die Zahl der Filme mit Lateinamerikabezug nimmt deutlich ab (Woll 1980: 30). Gleichzeitig werden lateinamerikanische Schauspieler nur selten für Rollen eingesetzt, in denen sie Lateinamerikaner spielen dürfen. So sagte Lupe Velez einmal, sie habe Chinesen, Eskimos, Japaner, Squaws, Hindus, Schweden, Malaysier gespielt, nur eben keine Mexikanerin (Woll 1980: 38). Doch gibt es auch Ausnahmen wie etwa Dolores del Río. Allerdings dürfen nur mexikanische Frauen Hauptrollen – und zwar als feurige *señoritas* – übernehmen (García Riera 1987-1990, Bd. 1: 165-171), die Männer bleiben auf die Nebenrolle des Antagonisten beschränkt. Und die klischeehafte Repräsentation der Mexikaner und Mexikanerinnen in den Komödien, Musicals und Western bleibt unverändert.

Erst Ende der 1930er Jahre beginnt eine neue Phase der Darstellung Mexikos (und auch Lateinamerikas) im Hollywoodkino. Wieder einmal wird sie nicht von einer bewussten Abkehr der Drehbuchautoren und Regisseure von den Stereotypen der Vergangenheit, sondern von der ökonomischen Situation der Filmindustrie sowie politischen Umständen ausgelöst. Der Zweite Weltkrieg führt zum Zusammenbruch der europäischen Märkte des Hollywoodfilms, und Zentral- und Südamerika gelten laut einer Statistik für 1939 als diejenigen Märkte, auf denen mit Abstand die größten Zuwachsraten zu erwarten sind (Woll 1980: 59). Gleichzeitig hatte das nationalsozialistische Deutschland 1938 mit der Produktion spanischsprachiger Spiel- und Propagandafilme begonnen (Woll 1980: 40). Dem musste

Hollywood ein Kino entgegensetzen, in dem die potenziellen Alliierten in Lateinamerika nicht mehr als Banditen oder dümmliche Bauern repräsentiert wurden.

Bereits ab 1933 hatte Franklin D. Roosevelt als US-Präsident die *Good Neighbor Policy*, eine Politik der „guten Nachbarschaft", ins Leben gerufen, um unter anderem die Ausweitung des Faschismus zu bekämpfen, und die Filmindustrie Hollywoods passte sich zunehmend dieser Politik an (López 1993: 69). Bereits in Mexikofilmen Mitte der 1930er Jahre kündigt sich ein Wechsel der Perspektive an, auch wenn die alten Vorurteile weiter präsent bleiben. So wird Francisco (Pancho) Villa in *Viva Villa!* von 1934 zwar immer noch als etwas dümmlich, aber als im Grunde guter Charakter präsentiert (García Riera 1987-1990, Bd. 1: 198; Mistron 1983). Und einen ersten filmischen Höhepunkt der *Good Neighbor Policy* stellt der Historienschinken *Juarez* [sic!] dar, in dem der gleichnamige mexikanische Präsident die Ideen des Liberalismus hochhält und als Weggefährte Abraham Lincolns dargestellt wird. Dessen Porträt ziert im Film das Amtszimmer von Juárez – womit nur vordergründig die neoimperialistischen Bestrebungen der USA verdeckt, aber eigentlich gerade aufgedeckt werden. Aus den Dialogen wird ersichtlich, dass es hier weniger um die historische Persönlichkeit geht als vielmehr um eine Darstellung, in der Juárez zum Symbol für die liberale Demokratie und zum Feind jeglicher Diktatur wird (Woll 1980: 60). In anderen Filmen der Epoche wird Alterität ebenfalls in diesem Sinne, und bisweilen unter einer nahezu ethnografischen Perspektive, in das Eigene übersetzt, um die kulturellen Beziehungen mit Lateinamerika zu verbessern und nunmehr die zuvor äußerst negativ dargestellten lateinamerikanischen Anderen filmisch symbolisch in die gute Nachbarschaft zu integrieren (López 1993: 68-70).

Walt Disney beteiligt sich an der *Good Neighbor Policy* mit einer Reihe von Animationsfilmen. Die regierungsoffizielle Einrichtung des „Bureau of Inter-American Affairs" unter der Leitung von Nelson Rockefeller gründete eine Abteilung für Film und berief den früheren Vizepräsidenten des „Museum of Modern Art", John Hay Whitney, zu deren Leiter (Woll 1980: 54). Obwohl die Arbeit dieser Behörde in erster Linie der Regulierung galt, finanzierte sie einige Nachrichtensendungen und Filme, darunter mehrere Disney-Produktionen, weil sie den Animationsfilm für ein besonders geeignetes Mittel zur antinazistischen Propaganda in Lateinamerika und im eigenen Land hielt (Woll 1980: 55-56).

Bei allen guten Absichten führte die neue Politik allerdings in erster Linie dazu, dass ein Stereotyp durch ein anderes ersetzt wurde. Der *greaser* verschwand hinter dem *Latin lover* oder dem liberalen Politiker vom

Schlage eines Benito Juárez, eine differenzierte Sicht auf Mexiko oder Lateinamerika fand dagegen nicht statt. Mexikaner traten jetzt in erster Linie als singendes und tanzendes Beiwerk in Komödien und Musicals auf. Bezüglich der erotischen Beziehungen blieb die Vorstellung der Überlegenheit des US-amerikanischen weißen Mannes über den Mexikaner unverändert bestehen (Woll 1980: 63); in vielen Filmen eroberte er weiterhin die mexikanischen *señoritas*. Und die Reaktionen in Mexiko (oder auch in Lateinamerika allgemein) auf die filmischen Produkte guter Nachbarschaft waren durchaus zwiespältig (Woll 1980: 64-65).

Nach dem Ende des Zweiten Weltkriegs flaute das Interesse Hollywoods an Mexiko zunächst etwas ab. Trotzdem gab es auch in den Folgejahren einige größere Produktionen, darunter Elia Kazans kontrovers diskutierten Film *Viva Zapata!* von 1952 und der die soziale Situation der *Mexican Americans* reflektierende *Salt of the Earth* unter der Regie von Herbert Biberman, der drei Jahre später herauskam. *Salt of the Earth*, für die damalige Zeit ein selten realistisches, engagiertes und klischeefreies Porträt der Lebensumstände der *Mexican Americans* im Südwesten der USA, war allerdings nur geringer kommerzieller Erfolg beschieden, weil Biberman auf der schwarzen Liste der so genannten *Hollywood Ten* stand, jener Regisseure und Schauspieler, die sich weigerten, vor dem „Komitee für unamerikanische Umtriebe" auszusagen und dafür ins Gefängnis gingen. Ihre Weigerung kam einem Berufsverbot gleich, und der Film wurde von vielen Kinos der USA boykottiert.

Während in den Nachkriegsjahren noch einige Filme gedreht werden, welche die ideologische Perspektive der *Good Neighbor Policy* aufgreifen, feiert im Hollywoodkino ab den späten 1950er Jahren der *greaser* eine unerwartete Rückkehr (Woll 1980: 107). Die Mexikaner werden einmal mehr auf gewalttätige und dümmliche Antihelden reduziert, über die sich die Filme oder deren Helden mokieren. Dabei nimmt die Darstellung sinnloser Gewalt von Sam Peckinpahs *The Wild Bunch*[107] bis zu den Spaghetti-Western der 1960er und 1970er Jahr immer mehr zu. So verwundert es nicht, dass Emilio García Riera in seiner Geschichte des ausländischen und hier vor allem des Hollywoodfilms über Mexiko den Zeitraum von 1960 bis 1969 mit „Gewalt, Grausamkeit, Sex und viele mexikanische Banditen" (García Riera 1987-1990, Bd. 3: 148, Übersetzung FSW)[108] überschreibt.

---

[107] Vgl. zu einer entsprechenden Analyse von *The Wild Bunch* Carroll (1998: 57-59).

[108] „Violencia, crueldad, sexo y muchos bandidos mexicanos" (García Riera 1987-1990, Bd. 3: 148).

Die Komödien und Musicals verschwinden fast völlig von der Bildfläche, und die Stereotype der Mexikaner im Western gewinnen erneut die Oberhand, wenn auch nur für kurze Zeit. Die Krise des Genres macht auch vor den Western, die in Mexiko spielen, nicht halt, und die Spaghetti-Western wirken teilweise wie ein Abgesang auf den Western selbst. Die Bezüge zu Mexiko in ihnen wiederholen zwar die bereits bekannten Stereotype, aber diese werden entweder auf ein Minimum an historischen Referenzen beschränkt oder dadurch relativiert, dass es in vielen dieser Filme keine Guten mehr gibt und das Sendungsbewusstsein der US-Western dekonstruiert wird.

Ab den 1980er Jahren diversifiziert sich die Landschaft der Mexikobilder im US-amerikanischen Film. Der Western befindet sich endgültig auf dem Rückzug, die Thematik der Lebensumstände der *Mexican Americans* (in der damaligen Begrifflichkeit noch der *chicanos*) gewinnt an Bedeutung (García Riera 1987-1990, Bd. 5: 11-72). Im Allgemeinen nimmt die stereotype Darstellung zugunsten einer etwas differenzierteren Repräsentation Mexikos ab. Dass die im Western konstruierten Mexikobilder trotzdem in den Köpfen US-amerikanischer wie europäischer Kinogänger nachhallen, lässt sich allerdings an Comics (z.B. das Lucky Luke-Heft *Tortillas für die Daltons*) oder in der Werbung (unter anderem in der Kampagne „Los Wochos" der Fast-Food-Kette McDonald's)[109] ablesen. In diesen werden die Klischees aus den Western fortgeschrieben, die das Bild Mexikos weit über Hollywood und die USA hinaus bis heute prägen.

Ich möchte im Folgenden einige der Hollywoodproduktionen mit Mexikobezügen stellvertretend für viele weitere herausgreifen, die ähnliche Mexikobilder konstruieren.

Ein besonders anschauliches Beispiel für die Umsetzung der ideologischen Vorgaben der *Good Neighbor Policy* im Hollywoodfilm stellt die Walt Disney-Produktion *The Three Caballeros* dar. Der 1942 erschienene Vorläufer dieses Films, *Saludos Amigos*, wie auch der 1945 veröffentlichte *The Three Caballeros* wurden für das „Bureau of Inter-American Affairs" produziert, waren also Teil der US-amerikanischen Kriegspropaganda (Telotte 2008: 70), auch wenn die Direktion der Einrichtung dies zunächst verneinte. Erst nach dem Krieg wurden interne Protokolle freigegeben, welche die Absichten erkennen ließen, die mit der vertraglichen Zusammenarbeit mit Walt Disney verfolgt worden waren (Woll 1980: 55-56). John Hay Whitney verkündete, dass Disney „[...] als erster Filmproduzent

---

[109] Im letzten Kapitel des Buches werde ich auf diese Mexikobilder in Comic und Werbung zurückkommen.

Hollywoods speziell damit beauftragt war, eine Botschaft von Demokratie und Freundschaft über den Rio Grande zu transportieren" und „die Wahrheit über den amerikanischen Weg" (zitiert in Woll 1980: 55, Übersetzung FSW)[110] zu verbreiten. Ein Angestellter seiner Filmabteilung ergänzte, Disney sei „[...] der beste Botschafter des guten Willens aller Zeiten. [...] Menschen in aller Welt kennen Disney und lieben seine Figuren. [Deshalb] würden sie Disneys Botschaft des Amerikanismus Glauben schenken" (zitiert in Woll 1980: 55, Übersetzung FSW)[111].

Der Film inszeniert sich selbst als Geburtstagsgeschenk für Donald Duck, als Überraschunspaket (Telotte 2008: 74), das ihm von seinen lateinamerikanischen Freunden bereitet wird, die ihn in Teilen des Films mit auf eine Reise durch den Subkontinent nehmen. Die Episoden des für die damalige Zeit durch die Kombination von Spiel-, Dokumentar- und Zeichentrickfilm technisch revolutionären Streifens spielen in der Antarktis, Argentinien, Brasilien sowie Mexiko. Argentinien wird selbstverständlich durch einen *gaucho* und dessen idyllisches Landleben repräsentiert; er trägt allerlei Kämpfe mit einem fliegenden Esel aus und gewinnt schließlich mit ihm ein Rennen während einer Kirmes. Der Papagei Joe Carioca führt Donald durch Brasilien, in erster Linie durch das idyllische, in warmen, künstlichen Farbtönen gehaltene, in seiner barocken Architektur erstrahlende Salvador da Bahia: weiße Tauben als Liebespaar, Samba- sowie Bossa-Nova-Musik und vor allem der schillernde Karneval machen aus dem Ort und der in ihm symbolisierten Nation ein, so Carioca, „*land of romance*", ein „Land der Liebe". Die bereits in der Kolonialzeit an Brasilien geknüpften Paradiesvorstellungen (Schmidt-Welle 2007) werden in *The Three Caballeros* fortgeschrieben, jedoch im Unterschied zu früheren, hauptsächlich literarischen Zeugnissen um Folklore, in erster Linie Populärmusik und Tänze, ergänzt. In Salvador da Bahia lauschen die beiden schrägen Vögel dem Gesang von Aurora Miranda, der jüngeren Schwester der berühmten Hollywoodschauspielerin Carmen Miranda. Letztere spielte in vielen Produktionen zu Lateinamerika mit, und die Ähnlichkeit der Schwestern dürfte seinerzeit einen Wiedererkennungseffekt beim US-amerikanischen Publikum ausgelöst haben. Gezeigt wird im Brasilienteil des

---

[110] „[...] as the first Hollywood producer of motion pictures specifically intended to carry a message of democracy and friendship below the Rio Grande" [and to show] „the truth about the American way" (zitiert in Woll 1980: 55).

[111] „[...] the greatest goodwill ambassador of all time. [...] People all over the world know Disney and love his characters. [Therefore] they would believe Disney's message of Americanism" (zitiert in Woll 1980: 55).

Films ein für den Tourismus inszeniertes idyllisch tropisches Paradies. Das Zeitalter des Massentourismus ist nicht mehr fern, auch wenn es sich hier vordergründig um ein Dokument der US-amerikanischen Kriegspropaganda und nicht explizit um Tourismuswerbung handelt.

Die Episode zu Mexiko erweitert die folkloristische Perspektive der Episoden zu Argentinien und Brasilien um die Darstellung von Trachten, riesigen Sombreros, *sarapes*, *piñatas*, wobei die Präsentation dieser Motive allgemein mit der „Kenntnis" des Landes gleichgesetzt wird. Dass der internationale Massentourismus aufgrund der geografischen Nähe zu den USA hier längst begonnen hat, zeigt sich daran, dass dessen bedeutendste Ziele in Mexiko zu jener Zeit, der Strand von Acapulco, Patzcuaro, Taxco sowie die schwimmenden Gärten von Xochimilco, einen breiten Raum einnehmen.[112] Das ganze Land verwandelt sich in *The Three Caballeros* in ein einziges, in grellbunten Farben schillerndes Postkartenidyll, und nicht von ungefähr nimmt der Film bewusst Postkartenmotive in die Episode auf (García Riera 1987-1990, Bd. 3: 19). Dabei sind allerdings auch Anklänge an die Repräsentation des Landes im mexikanischen Film erkennbar (García Riera 1987-1990, Bd. 3: 20), etwa in den Bezügen auf die Populärkultur in den Tänzen und auf die Darstellung der *charros* in der nationalistischen Verklärung nach der Revolution.

Aber das Klischee des „gefährlichen" Mexiko bleibt in den Bildern des wild um sich schießenden Donald-Duck-Freundes Panchito erhalten, der noch dazu ein mexikanischer Gockel, also auch im etymologischen Sinn ein Macho ist. Und auch in der Szene des blutigen Stierkampfs wird das negativ besetzte Mexiko fortgeschrieben, auch wenn diese Seite des Klischees hier vor dem Hintergrund der kriegsbedingt guten Nachbarschaft weniger zum Tragen kommt. Aber wie im Falle Brasiliens ist auch in der Episode über Mexiko das Bild des Landes durch die Folklore und ein ländliches, sozusagen vormodernes Idyll geprägt. Selbst die seinerzeit extrem schnell wachsende Hauptstadt wird lediglich in den Bildern der ländlichen schwimmenden Gärten von Xochimilco an ihrem südlichen Rand repräsentiert, so dass alle mexikanischen Orte im Film vormodern wirken. Die Aussage, die sich aus dieser Form der Darstellung in allen Episoden herauslesen lässt, ist nur allzu deutlich: die Lateinamerikaner sind unsere Freunde im Kampf gegen den Faschismus, aber sie sind unterentwickelt, vormodern, und der *American Way of Life* muss ihnen erst noch nahegebracht werden. Gleichzeitig ist gerade dieses vormoderne Idyll eine der

---

[112] Vgl. zu einer Kriritk dieser Stereotype für den und im US-amerikanischen Massentourismus Pérez Montfort (2007).

Quellen der Faszination an der Andersartigkeit – und zwar sowohl für Donald Duck wie für das Kinopublikum. Bei aller Propagierung des Panamerikanismus im Zuge der *Good Neighbor Policy* kann die Konstruktion einer kulturellen und historischen Differenz das Postkartenidyll nur als ein spezifisch anderes interessant machen.

Ikonografisch bedarf es dazu der Fortschreibung bestimmter Bilder, welche die Kinogänger trotz der Konstruktion der kulturellen Differenz als erkennbar „mexikanisch" unterscheiden können. Und so wimmelt es in der Disney-Produktion von Kakteen, die Landschaft entspricht im Wesentlichen der Wüste, die man aus den frühen Western kennt – nur dieses Mal ohne um sich schießende und unaufhörlich den Río Bravo kreuzende Banditen und *greaser*, dafür aber weiterhin mit „feurigen", ebenso unaufhörlich tanzenden *señoritas*. Aber immerhin tanzen sie im Unterschied zu den klassischen Mexikowestern keinen Flamenco mehr, sondern tatsächlich folkloristische mexikanische Tänze.

In *The Three Caballeros* werden die überkommenen Klischees mit einem deutlichen Übergewicht auf den Paradiesvorstellungen fortgeschrieben, jedoch mit einigen einschneidenden Veränderungen. Im Zeitalter der Massenmedien und der durch sie erweiterten Informationsmöglichkeiten sowie vor dem Hintergrund eines auch in Lateinamerika einsetzenden Massentourismus wird ein von einer realen Erfahrung ausgehendes Bild geschaffen, das die Wahrnehmung Mexikos allerdings auf einen schmalen, leicht konsumierbaren Ausschnitt begrenzt, der exotisch, aber nicht völlig fremd erscheint. Die Inszenierung dieser Erfahrung im Film mit Hilfe der Zeichentrickfigur Donald Duck wird folglich durch die überkommenen Vorstellungen bereits dermaßen präfiguriert, dass die selektive und eklektische Erfahrung das Land auf eine für den Touristen verdaubare Er-Fahrung jener Orte beschränkt, die Erholung, Spaß sowie Exotik garantieren (Schaffer 1996) und gleichzeitig durch die als Souvenir erwerbbare Folklore das je Besondere hervorheben, durch das sich die aufgesuchten Orte vom Rest der Welt unterscheiden beziehungsweise in der Wunschvorstellung unterscheiden sollen.

Dass sich hinter der gutnachbarschaftlichen touristischen Erschließung aber immer auch eine neokolonialistische Perspektive verbirgt, wird besonders in einer Szene des Films deutlich, welche in ihrer Gewaltdarstellung an den Western erinnert. Donald Duck, Joe Carioca und Panchito beobachten von einem fliegenden Teppich aus einen ausschließlich mit jungen Frauen bevölkerten Strand in Acapulco. Anschließend fliegen sie im Stil und mit dem Hintergrundgeräusch eines Militärflugzeuges auf die Frauen herunter, und Donald macht dazu mit den Händen das Zeichen zweier Revolver, das durch die Geräusche eines Maschinengewehrs verstärkt wird. Diese kaum misszuverstehende erotische Eroberungsfantasie verlängert den kolonialistischen Blick (Piedra 1994; Schaffer 1996) und verbindet sexuelle und kriegerische oder gewaltsame Eroberung miteinander, wie sie auch für den Western charakteristisch ist. In zwei anderen Szenen werden ebenfalls erotische Fantasien einer Ente präsentiert; einmal entflammt Donalds Herz für Dora Luz, die von einem Heiligenschein umgeben wird, der eindeutig an denjenigen der Heiligen Jungfrau von Guadalupe, der mexikanischen Nationalheiligen, erinnert (Telotte 2008: 68). Ein anderes Mal umschwärmt er Carmen Molina in einer Landschaft voller phallischer Kakteen, während sie im *Charro*-Kostüm tanzt. Und es ist kein Zufall, dass in *The Three Caballeros* alle zentralen Figuren neben den drei Freunden Donald Duck, Joe Carioca und Panchito Frauen sind, womit Lateinamerika in der Fortsetzung einer langen Tradition einmal mehr als „natürlich" und „weiblich" konnotiert wird. Die Behauptung der sexuellen Überlegenheit des weißen US-Amerikaners – und sei er nur eine lächerliche Ente – überdauert folglich auch die Politik der guten Nachbarschaft, auch wenn die Figur Donald Duck als Eroberer letztlich scheitern muss (Telotte 2008: 78) – allerdings wohl eher aufgrund der Geschichte der Figur selbst als im Sinne einer politischen Kritik des Stereotyps. Ansonsten werden viele negative Klischees über Mexiko aufgrund der politischen Gegebenheiten vor und während des Zweiten Weltkriegs im Hollwoodkino in diesem Film ausgeblendet.

Vera Cruz entstand 1954 unter der Regie von Robert Aldrich mit Gary Cooper als Oberst Benjamin Trane sowie Burt Lancaster als Joe Erin in den Hauptrollen. Der Film spielt zur Zeit der französischen Intervention in Mexiko Anfang der 1860er Jahre und mischt das Westerngenre in einigen Szenen mit einem historischen Tableau der Herrschaft Kaiser Maximilians. Er wurde ausschließlich in Mexiko gedreht und ist durch eine für seine Zeit relativ schnelle Schnittfolge gekennzeichnet, welche die Wirkung der Actionszenen erhöht.

Der Film wird in Will Wrights klassischer Monografie zur Struktur des Westerns in den *classical plot* eingeordnet, in dem ein einsamer Revolverheld einen unterdrückten Ort befreit (Wright 1975: 32), die Guten vor den Bösen rettet und so die Anerkennung der Gemeinschaft gewinnt (Wright 1975: 47). Aber Noël Carroll hat mit Recht darauf hingewiesen, dass er sowohl Elemente des klassischen als auch des *professional plot* enthält (Carroll 1998: 47). Dies ergibt sich bereits aus der Eingangssequenz, deren Bilder von reitenden Cowboys in charakteristischer Westernlandschaft durch einen Kommentar in großen Lettern überschrieben werden:

Der amerikanische Bürgerkrieg ging zu Ende, ein anderer fing an. Das mexikanische Volk kämpfte um seine Befreiung von dem ausländischen Kaiser Maximilian. In den Kampf ritten eine Handvoll Amerikaner: Ex-Soldaten, Abenteurer, Kriminelle – auf der Suche nach Profit. Sie drifteten in kleinen Gruppen nach Süden. Und einige kamen allein.

Die US-amerikanischen Helden des Films sind folglich nicht ausschließlich einsame Kämpfer für Recht und Gesetz, sondern ebenfalls Gestrandete, die in Mexiko Abenteuer und Aufträge zum Überleben suchen oder sich als Söldner verdingen wollen. Zwar ist das auch die Ausgangssituation von Benjamin Trane, aber er hat letztlich moralische Gründe und entspricht mehr dem klassischen Westernhelden – auch deshalb kommt er am Anfang des Films als einziger der Protagonisten allein nach Mexiko.

Wer allerdings angenommen hatte, dass der den historischen Kontext heraufbeschwörende Eingangstext von *Vera Cruz* ein Hinweis auf eine ernsthafte Auseinandersetzung mit mexikanischer Geschichte einleiten würde, sieht sich getäuscht. Bereits der Text selbst verlegt die europäische – in erster Linie französische – Intervention in Mexiko auf das Ende des Sezessionskriegs (1861-1865) in den USA, obwohl sie bereits ab 1862 stattfindet, um so die Geschichte der erst nach dem US-amerikanischen Bürgerkrieg nach Mexiko kommenden Revolverhelden erzählen zu können. Auch im weiteren Verlauf des Films dient mexikanische Geschichte in erster Linie als Illustration der Handlung, ohne dass die historischen Bedingungen reflektiert würden; dem Regisseur ging es weit mehr um die Actionszenen als um eine halbwegs realistische Darstellung Mexikos (Hughes 2008: 64). Dabei treten bisweilen auch die moralischen Botschaften der Helden fast völlig in den Hintergrund (Hughes 2008: 64).

Das heißt jedoch nicht, dass der Film geradezu ideologiefrei sei. Vielmehr schreibt er altbekannte Klischees aus früheren Western mit Mexikobezug fort und akzentuiert diese zum Teil im Sinne einer explizit politischen Aussage, die nur eben weitgehend hinter die Handlung zurücktritt. So werden Mexikaner im Film weiterhin als einfache Bauern (die Anhänger von Benito Juárez) und damit zugleich als Opfer der (in diesem Fall europäischen) Unterdrückung repräsentiert. Die obligatorische feurige *señorita* tritt ebenfalls auf, hier gespielt von Sara Montiel in der Rolle einer Taschendiebin und Juárez-Anhängerin, die sich in Benjamin Trane verliebt und diesen umgarnt. Und selbstverständlich wird wie in praktisch jedem Mexikowestern eine Fiesta inszeniert, bei der andalusischer Flamenco getanzt wird. Allerdings gibt es parallel zu diesem spanischen Ingrediens eine Szene mit einem folkloristischen Tanz aus dem Bundesstaat Veracruz, die auf den bereits analysierten *The Three Caballeros* zurückgehen dürfte, handelt es sich doch um dasselbe Lied. Im Unterschied zu vielen anderen Mexikowestern sind die Bösen hier allerdings keine mexikanischen Banditen oder *greaser*, sondern einerseits die Truppen Maximilians und deren französische Militärführer sowie andererseits einige der US-amerikanischen Revolverhelden, die es ausschließlich auf die eigene Bereicherung abgesehen haben.

Der Film inszeniert jedoch bei aller Handlungslastigkeit indirekt die Überlegenheit der US-amerikanischen Revolverhelden gegenüber den Mexikanern, seien erstere nun böse oder gut. Schon bei der ersten Auseinandersetzung zwischen Trane und den Leuten Joe Erins im Saloon einer mexikanischen Kleinstadt wird die Ängstlichkeit der Bevölkerung deutlich, die sich beobachtend zurückzieht bzw. von Joes Schergen verscheucht wird. Und in einer Szene, in der Joe in Anwesenheit des Adjutanten des Kaisers Maximilian zwei seiner eigenen Männer erschießt, sind es die bäuerlichen Anhänger von Benito Juárez, die in diesem Moment die Flucht ergreifen, während die Cowboys völlig ruhig bleiben. Dieses Szenario wiederholt sich in *Vera Cruz* gleich mehrfach.

Auch bei der Begegnung der Revolverhelden mit Maximilian, der sie schließlich für die Bewachung eines Goldtransportes nach Veracruz anstellt, werden die besonderen Schießkünste der US-Amerikaner im Vergleich zu den Militärs des Kaisers ganz im Sinne des *professional plot* vorgeführt, so dass die ungehobelten Cowboys gleichzeitig der Lächerlichkeit entgehen, die sich aus ihrem Unwissen bezüglich höfischer Etikette zunächst ergeben hatte. Und bei allen militärischen Auseinandersetzungen mit den Anhängern von Juárez, welche die Kutsche mit dem Gold stehlen wollen, kämpft jeweils eine kleine Gruppe der Revolverhelden erfolgreich gegen die zahlenmäßige Übermacht der schlecht organisierten und bewaffneten Bauern, die stets als namenlose Masse auftreten (Frayling 1981: 219). Nachdem die Cowboys sich mit der Bauernarmee zusammengetan haben, um das nach vielen Verwicklungen vom Adjutanten des Kaisers entführte Gold zurückzuerobern, sorgen die professionellen Revolverhelden auch in der entscheidenden Schlacht für einen Sieg, was einmal mehr ihre militärische und technologische Überlegenheit zum Ausdruck bringt.

Dahinter verbirgt sich eine für den *professional plot* im Western durchaus charakteristische Ideologie der Affirmation des Technokraten (auch wenn er im Genre in nahezu mythischer Gestalt daherkommt), der durch seinen technologischen und strategischen Vorsprung, durch Managerqualitäten, Konflikte zu lösen weiß. Im Unterschied zu den Western, die in den USA spielen, tritt allerdings im Mexikowestern die Gesellschaft oder Gemeinschaft nicht völlig hinter dieser Gruppe professioneller Revolverhelden zurück, sondern wird in die Handlung eingebunden und damit mehr als bloße Staffage (Carroll 1998: 48-49) – vielleicht zeigt sich gerade hier eine spezifische Komponente der Repräsentation von Alterität in dieser historischen Phase des Genres.

Allerdings ist *Vera Cruz* auf ideologischer Ebene mehr als die bloße Überhöhung der US-amerikanischen technologischen Überlegenheit, wie sie sich in den besonderen Fähigkeiten und der besseren Waffenausrüstung der Revolverhelden darstellt. Der Film steht erst am Anfang der Geschichte des *professional plot* und hat wie gesagt einen klassischen Helden und mit ihm (im Unterschied etwa zu vielen der späteren Spaghetti-Western mit Mexikobezug) auch eine traditionelle, unverbrüchliche Moral.

Bei der ersten Begegnung der US-amerikanischen Helden mit den Anhängern von Juárez konfrontiert der General der Bauernarmee die Helden mit den „traditionellen Werten" der US-amerikanischen Gesellschaft, während der Adjutant Kaiser Maximilians ihnen „nur" einen Auftrag mit viel Profit verspricht. Der in „typischer" mexikanischer Bauernkleidung und *sarape* als Ausdruck der Zugehörigkeit zum „Volk" auftretende General Ramírez sagt dazu:

> [Ramírez:] Macht bei uns mit. […] Als Amerikaner werden Sie unseren Freiheitskampf zu würdigen wissen. Wir bieten Ihnen mehr als Gold, *señor*. Wir bieten Ihnen ein Ideal.
> [Joe Erin:] Für Ideale ist Ben Trane zuständig. Er hatte lange damit zu tun. Er hat für den Süden gekämpft.
> [Ramírez:] Ein heldenmütiger Kampf, *señor*. Meine Anerkennung.
> [Benjamin Trane:] Wofür? Wir haben verloren.

Die in diesem Gespräch enthaltene Auslegung der Freiheitsideale der mexikanischen wie der US-amerikanischen Protagonisten mag widersprüchlich und geradezu wirr erscheinen, sie ist allerdings nicht ungewöhnlich für die extrem vereinfachende Ideologie des Genres. Es wird nicht zwischen den konkreten, an historische Auseinandersetzungen geknüpften Idealen unterschieden, sondern die Auseinandersetzungen zwischen Klassen und politischen Fraktionen werden auf einen allgemeinen Idealismus reduziert, in dem das konkret Historische verschwindet und nur noch die Frage nach Gut oder Böse gestellt wird. Von daher ist es für die letztlich reaktionäre Auslegung unerheblich, auf welcher Seite des Sezessionskrieges Benjamin Trane gekämpft hat, solange er das für irgendein Ideal und heldenhaft tat. Damit wird eine fiktive nationale Einheit in den USA zur Zeit des Bürgerkriegs hergestellt, die als Vorbild für die Bemühungen der

Mexikaner bei ihrem Kampf um „Freiheit" und nationale Selbstbestimmung, das heißt Freiheit von der europäischen Usurpation, dienen kann. Im Kontext des Kalten Krieges, in dem der Film entstand, kann die Negation der inneren Widersprüche einer Gesellschaft als Versuch gelesen werden, jegliche ausländische Einmischung in die mexikanischen Angelegenheiten zu verurteilen – was aber insofern widersprüchlich bleibt, als die gewaltsame US-amerikanische Einmischung durch die Cowboys gerechtfertigt wird. Die Reduzierung politischer Fragen auf einen allgemeinen, nur schwer zu verortenden Idealismus in den Figuren Trane und Ramírez (Carroll 1998: 51; Hughes 2008: 63) kann insofern als Rechtfertigung US-amerikanischer Interventionen im Namen der „Freiheit" gelesen werden. Ich werde bei der Interpretation von *The Magnificent Seven* im weiteren Verlauf dieses Kapitels noch deutlich machen, wie eine weniger reaktionäre, liberale Version dieser Rechtfertigung im Mexikowestern aussehen kann. Die für die ideologische Botschaft von *Vera Cruz* notwendige Abstrahierung von den konkreten historischen Umständen im Mexiko der 1860er Jahre hat in den zeitgenössischen Filmkritiken in den USA auch dazu geführt, dass der Film von vielen Kritikern in die Zeit der mexikanischen Revolution eingeordnet wurde – bedingt durch die lange Tradition, welche die Darstellung der Revolution im Mexikowestern hatte.

Vor dem Hintergrund einer nahezu mythischen politischen Auseinandersetzung, in der abstrakte Freiheitsideale entworfen werden, darf es dann auch nicht verwundern, dass die mexikanische Landschaft in *Vera Cruz* ebenfalls geradezu mythische Dimensionen annimmt, wie man sie aus den Filmen John Fords mit ihren Panoramen des Monument Valley kennt. Bedeutsamer als das Postkartenidyll (Hughes 2008: 62) der Haciendas und Klöster, das einen gewissen Einfluss von Sergei Eisensteins *Que viva Mexico!* bei der Auswahl der Drehorte erkennen lässt, scheinen mir die imposanten Berge des südlich von Mexiko-Stadt gelegenen Bundesstaates Morelos (einer der bevorzugten Drehorte von Mexikowestern) und vor allem die mehrfach abgelichtete Ruinenstätte von Teotihuacan mit ihrer großen Sonnenpyramide zu sein, welche die mythische Geografie evozieren, die auch Ford in seinen Filmen für die ewige Auseinandersetzung zwischen Gut und Böse wählte.

Der unter der Regie von John Sturges 1960 entstandene Western *The Magnificent Seven* (in Deutschland unter dem Titel *Die glorreichen Sieben* vermarktet) ist von der Handlung her ein *remake* des japanischen Klassikers *Die sieben Samurai* (1954) von Akira Kurosawa. Seine Handlung dürfte, so lässt sich aus dem Hinweis auf die mexikanische Landpolizei

(*Los Rurales*) zu Beginn schließen, am Vorabend der mexikanischen Revolution oder während der ersten Phase derselben spielen.

Der Film beginnt damit, dass die Bewohner eines Ortes im Norden von Mexiko[113] in eine Grenzstadt der USA reisen, um Waffen zu kaufen, die sie für die Verteidigung gegenüber Banditen benötigen, die ihr Dorf regelmäßig terrorisieren. In der Grenzstadt klärt einer der Protagonisten des Films, Chris Adams (Yul Brynner), sie darüber auf, dass Helden heutzutage billiger sind als Waffen, und bietet Hilfe gegen Bezahlung an. Er stellt weitere fünf Revolvermänner an, und nach heftigem Drängen und einigen riskanten Aktionen wird auch der jugendliche Heißsporn Chico (Horst Buchholz) in die Gruppe der glorreichen Sieben aufgenommen. Nachdem die sieben Helden, die sich durch ihre je besonderen Fähigkeiten im Einzelnen sowie als Typen unterscheiden, aber alle durch ihren professionellen Umgang mit Waffen gekennzeichnet sind, die erste Schlacht gegen die Banditen verloren haben, wollen sie das Schlachtfeld zunächst verlassen, kehren aber zurück, um gemeinsam mit den Dorfbewohnern die Banditen zu besiegen. Dies gelingt letztlich, kostet aber vier der sieben Helden das Leben. Am Ende reiten Chris und Vin (Steve McQueen) davon; Chico, der sich in die Dorfbewohnerin Petra verliebt hat, bleibt dagegen bei den Bauern.

The Magnificent Seven kann innerhalb der strukturellen und historischen Ordnung, die Will Wright (1975) für den Western aufgestellt hat, in die Kategorie des *professional plot* eingereiht werden (Wright 1975: 85-123), auch wenn der Autor selbst diesen Western in seinem Buch nicht berücksichtigt. Der Film enthält jedoch eine Reihe von strukturellen Elementen, die eine solche Einordnung rechtfertigen. Die Protagonisten sind Profis, die ihre Aktionen für Geld oder eine andere Belohnung ausführen; sie agieren als einheitliche (und in gewissem Sinne der militärischen Logik folgende) Gruppe und haben alle besondere Fähigkeiten oder einen herausgehobenen Status; sie sind als Gruppe unabhängig von der Gesellschaft; sie sind untereinander loyal; die Gesellschaft (in diesem Fall das mexikanische Dorf) ist unfähig, sich selbst gegen die Antagonisten zu verteidigen; der Job verwickelt die Helden in einen bewaffneten Kampf mit den im *professional plot* besonders starken Antagonisten; die Helden besiegen die Bösen (Wright 1975: 113). Nöel Carroll hat daher bereits mit Recht darauf hingewiesen, dass der Film in diese Untergruppe des Genres eingeordnet werden sollte (Carroll 1998: 46-47).

---

[113] Der reale Ort im mexikanischen Bundesstaat Morelos, an dem Teile des Films gedreht wurden, hat allerdings nichts mit dem Norden Mexikos gemein, sondern wurde aus Gründen der malerischen Geografie gewählt (Hughes 2008: 125).

Lediglich ein Aspekt des *professional plot* bleibt in *The Magnificent Seven* ausgeklammert. Die Helden bleiben nicht, wie in den meisten Western, die Profis oder Söldner als Protagonisten haben, am Ende als Gruppe (tot oder lebendig) zusammen, da Chico im Dorf zurückbleibt und sich damit in die Gesellschaft integriert. Diese Tatsache sowie einige Bemerkungen der Helden in ihren Gesprächen untereinander machen deutlich, dass zumindest das Heldenimage, eventuell mit ihm aber auch das Genre als Ganzes, in eine Krise geraten ist, die sich in der Ideologie des Films äußert. Die Revolverhelden sind nicht mehr wie in früheren Western ausschließlich nach Mexiko unterwegs, um im Sinne einer höheren Moral für Recht und Ordnung in einer von rechtsfreien Räumen und Chaos geprägten Gesellschaft zu sorgen, sondern weil sie in ihrem eigenen Land angesichts von dessen Modernisierung funktions- und nutzlos geworden sind (Welle 1992: 171).

Im Vergleich mit dem Original *Die sieben Samurai* gibt es zwei Unterschiede in der Geschichte, die für das Mexikobild in *The Magnificent Seven* bedeutsam sind. Während die Bauern in Kurosawas Film zwar ängstlich sind, aber den Kampf mit den Bösen grundsätzlich befürworten, verraten einige der mexikanischen Bauern die Helden, um der Auseinandersetzung mit den Banditen aus dem Weg zu gehen. Im *remake* hat offenbar das Klischee der feigen und verräterischen Mexikaner aus den klassischen Western die Oberhand über die Treue zum Original gewonnen.

Und während es sich in dem japanischen Klassiker in erster Linie um einen Klassenkonflikt handelt, verschiebt dieser sich in der Hollywoodproduktion zu einem ethnischen Konflikt (Buscombe 1993: 15). Dabei kann man zwischen ethnischen Beziehungen im Innen- und im Außenverhältnis unterscheiden. Nach innen wird eine liberale Multikulturalität propagiert, die sich in einer der Eingangsszenen zeigt, in der zwei der Helden, Chris und Vin, gegen den Willen und den bewaffneten Widerstand der weißen Bevölkerung einer US-amerikanischen Grenzstadt einen Indianer auf dem den Weißen vorbehaltenen Friedhof beerdigen (Carroll 1998: 52). Auch die Zusammensetzung der glorreichen Sieben ist multiethnisch, Immigranten, ein Cajun, Mestizen gehören zur Truppe (Corkin 2004: 180). Aber die Loyalität innerhalb der Gruppe und damit auch die Liberalität gegenüber anderen Ethnien existiert nur im Innenverhältnis. Nach außen, gegenüber den mexikanischen Bauern, die als mestizisch oder indigen repräsentiert werden, erscheinen die US-amerikanischen Helden – ganz in der Tradition nahezu aller Mexikowestern Hollywoods – als den Mexikanern überlegen, auch wenn die Attitüde nicht mehr so rassistisch ist wie in den Western der Frühphase, in denen der schmierige *greaser* allgegenwärtig schien. Dieser leicht veränderte Umgang mit der mexikanischen Bevölkerung wird vor allem an der Beziehung eines der Helden, Bernardo O'Reilly (Charles Bronson), zu den Kindern des Dorfes ersichtlich, um die er sich liebevoll kümmert – bzw. wird er von ihnen praktisch adoptiert. Doch stellt sich im Verlauf des Films heraus, dass Bernardo selbst mexikanische Wurzeln hat. Aber auch wenn er ihnen erklärt, dass ihre Eltern die eigentlichen Helden sind, weil sie die Verantwortung für ihre Kinder übernehmen und damit ein Loblied auf die bäuerliche Gemeinschaft singt, außerhalb derer die Revolverhelden sich ja gerade befinden (Carroll 1998: 53), ist diese pathetische Rede doch ein zu schwaches Gegenargument gegenüber dem professionellen und erfolgreichen gewaltsamen Handeln der Kämpfer für Recht und Frieden, das der Film detailreich in Bild und Ton inszeniert.

Wie in älteren Western wird die mexikanische Bevölkerung auch in *The Magnificent Seven* auf Banditen, unschuldige Bauern (Buscombe 1993: 16) und heißblütige *señoritas* reduziert. Allerdings ist die folkloristische Perspektive bemühter als in früheren Hollywoodproduktionen. Zum einen müssen die mexikanischen Dorfbewohner nicht mehr untereinander Englisch mit heftigem spanischen Akzent sprechen, und die wenigen spanischen Ausdrücke, die sie in die Gespräche einflechten (meist in besonders bedrohlichen Situationen) und welche die Authentizität der mexikanischen Atmosphäre des Films bezeugen sollen, sind zumindest korrekt wiedergegeben. Zum anderen wird hier der in älteren Western übliche andalusische Flamenco bei der Fiesta durch einen bei den indigenen Gruppen der Yaquis und Mayos im Norden Mexikos verbreiteten rituellen Hirschtanz ersetzt – was dem Film eine gewisse, im Western unübliche ethnografische Note verleiht.

Die Banditen sind hier grausamer als in früheren Westernfilmen, aber das ist weniger ein Indiz für die besonders ausgeprägte Grausamkeit der Mexikaner als vielmehr eine allgemeine Tendenz in der Geschichte des Genres, die sich in den teils sinnlosen Gewaltexzessen von *The Wild Bunch* und einer ganzen Reihe von Spaghetti-Western fortsetzen sollte. Diese Tendenz ergibt sich auch aus dem *professional plot* selbst, da die Gruppe von Revolverhelden natürlich zur Aufrechterhaltung ihres Heldenimages auch mehr Feinde benötigt als ein einzelner unermüdlicher Kämpfer für Recht und Ordnung.

Im Unterschied zu den mexikanischen Bauern früherer Hollywoodfilme sind die in Sturges' Film dargestellten wesentlich sauberer (sowie in unschuldiges Weiß gekleidet) und wirken daher auf den Betrachter zwar noch genauso unfähig zu jeglichem selbstständigen Handeln und damit abhängig von US-amerikanischer Rettung, aber sie erscheinen „zivilisierter". Das hatte allerdings nicht in der Absicht des Regisseurs gelegen. Da der Film in Mexiko mit offizieller Unterstützung dortiger Studios und staatlicher Stellen gedreht wurde, machte die mexikanische Zensur entsprechende Vorgaben und unterband offenbar auch einige der dümmlichsten Dialoge der Bauern (Hughes 2008: 127). Die paternalistische Perspektive der US-Helden ihnen gegenüber (Frayling 1981: 219) und damit die Behauptung der Überlegenheit Ersterer bleibt allerdings auch in *The Magnificent Seven* erhalten, auch wenn sie hier letztlich als respektvolle Hilfe zur Selbsthilfe inszeniert wird (Buscombe 1993: 17-20). Die Kameraführung hat Anteil an dieser Perspektive, indem sie stets die Mexikaner im Vergleich mit den Revolverhelden als kleiner erscheinen lässt (Corkin 2004: 181-182). Allerdings ist der Film bezüglich dieses Aspektes komplexer, insofern er zwei seiner Helden mit mexikanischen Wurzeln ausstattet und daher die Perspektive der Überlegenheit des US-amerikanischen Revolverhelden zumindest in Ansätzen aufbricht (Buscombe 1993: 20-21).

Die *señoritas* sind hier weniger präsent, da die Bauern sie aufgrund ihrer Angst, die Revolverhelden könnten sie vergewaltigen, bis zur Hälfte des Films verstecken. Und sie sind nicht so „vogelfrei" wie in früheren Western. Aber auch hier erobert einer der US-amerikanischen Helden eine der Mexikanerinnen, allerdings um mit ihr eine Familie zu gründen und vor dem Hintergrund seiner eigenen teils mexikanischen Familiengeschichte.

The Magnificent Seven kann über den konkreten Kontext hinaus als ideologisch liberale Version der Notwendigkeit militärischer Intervention durch die USA in anderen Ländern zum Zweck ihrer Demokratisierung und Modernisierung vermittels der Beratung und Befriedung gesehen werden (Carroll 1998: 60; Corkin 2004: 180). Insofern wurde er meines Erachtens zu Recht als Antizipation des US-amerikanischen Eingreifens in Vietnam interpretiert (Buscombe 1993: 22; Corkin 2004: 180).[114] Es könnte allerdings sein, dass diese Version dem US-amerikanischen Publikum nicht moralisch oder ethisch konsequent genug erschienen ist – auch wenn die Helden des *professional plot* am Ende des Films die Söldnermentalität (ähnlich wie Benjamin Trane in *Vera Cruz*) vielleicht ein letztes Mal innerhalb der Geschichte des Genres ihrer moralischen Verpflichtung zur Weltrettung unterordnen. Auf jeden Fall war der Film in Europa wesentlich erfolgreicher als in den USA, vor allem in Italien, wo er zum Vorbild für eine Reihe von Spaghetti-Western wurde (Frayling 1981: 127-128; Buscombe 1993: 23; Hughes 2008: 130). Alle Versuche, die Geschichte der

---

[114] Siehe zu einer Kritik dieser Lesart McGee (2007: 143-149).

sieben Helden in mehreren *remakes* fortzuschreiben, konnten allerdings nicht an den Erfolg des Originals anknüpfen (Hughes 2008: 130-131). Dafür wird *The Magnificent Seven* noch lange aufgrund seiner von Elmer Bernstein komponierten Filmmusik in Erinnerung bleiben, die als akustischer Hintergrund der Marlboro-Reklame lange Zeit Bestand hatte.

Der 1986 unter der Regie von John Landis gedrehte Western *¡Three Amigos!* ist eine Parodie von *The Magnificent Seven*. Der Film stellt sich als eine Art Potpourri der verschiedenen Ausformungen des Genres Western dar (Welle 1992: 173-174). Unter den Zitaten zahlreicher Filme stechen aber diejenigen aus *The Magnificent Seven* hervor (Lusted 2003: 232), so dass man mit Bezug auf die Handlung weitgehend von einem *remake* sprechen kann. Aber auch die Geschichte der Disney-Helden aus *The Three Caballeros* wird bereits im Titel evoziert.[115]

Die Hauptrollen spielen die durch viele Hollywoodkomödien berühmt gewordenen Steve Martin, Chevy Chase und Martin Short. Schon diese Besetzung lässt erahnen, dass es sich um eine Komödie an der Grenze zum Slapstick handelt; der großenteils uninspirierte Auftritt der Titelhelden hat dem Film allerdings zu Recht negative Kritiken eingebracht (Ebert 1986).

Während der Vorspann läuft, singen die drei Amigos ein Lied über sich selbst als Helden von Wildwestfilmen und reiten dabei durch die Sonorawüste, wobei nicht erkennbar ist, ob es sich um die mexikanische oder US-amerikanische Seite derselben handelt. Die Handlung beginnt mit einer klassischen Westerneinstellung, der Vogelperspektive auf eine mexikanische Kleinstadt, in der es aber im Unterschied zu älteren Filmen des Genres ein Automobil gibt. Dieser Bezug auf die moderne Technologie im Western – im weiteren Filmverlauf kommt noch ein Flugzeug hinzu –, welche den berittenen Helden als solchen im Grunde obsolet werden lässt, kann ebenfalls als Zitat, dieses Mal aus dem 1969 entstandenen Film *Butch Cassidy and the Sundance Kid*, gelesen werden. In der Einstellung der mexikanischen Kleinstadt, die *¡Three Amigos!* einleitet, heißt es im Untertitel: „Mexiko 1916". Obwohl der Film also zu einem Zeitpunkt angesiedelt ist, in dem die Phase der militärischen Auseinandersetzungen innerhalb der mexikanischen Revolution noch in vollem Gange ist, gibt es im weiteren Verlauf des Streifens keinen einzigen unmittelbaren Bezug zur Revolution.

---

[115] Nicht von ungefähr wird auch in einem Comic-Heft mit der Hauptfigur Donald Duck eine Geschichte erzählt, die im Titel „The Magnificent Seven (Minus Four) Caballeros" unmittelbar Bezug auf *The Magnificent Seven* nimmt. Leider war es mir bisher nicht möglich, das vollständige Comic-Heft zu erlangen, so dass eine Analyse dieser Erzählung hier nicht erfolgen kann.

Es sei denn, man sieht in dem gesetzfreien Raum, in dem die Banditen im Film agieren, eine Allegorie auf das Chaos der Revolution.

Der gewählte Zeitraum ist umso erstaunlicher, als 1916 das Jahr einer der wichtigsten Auseinandersetzungen zwischen den USA und Mexiko innerhalb der Revolutionsereignisse bezeichnet. Am 9. März 1916 hatte Francisco (Pancho) Villa die US-amerikanische Garnisonsstadt Columbus angegriffen. Als Antwort darauf schickte die US-Regierung am 14. März eine Strafexpedition nach Mexiko, die bis zum Februar 1917 im Land blieb. Will sich Landis über diese Strafexpedition lustig machen, indem er die US-amerikanischen Helden als dümmliche Figuren denunziert, die Realität und Fiktion nicht unterscheiden können? Oder ist der Hinweis auf das Jahr 1916 lediglich als intermediale Referenz an die Stummfilmzeit zu verstehen, auf deren Western (und auf deren Mexikobilder) er Bezug nimmt? Die Handlung von *¡Three Amigos!* lässt meines Erachtens beide Interpretationen zu.

Das Handlungsschema ist im Grunde das gleiche wie in *The Magnificent Seven*. Dort sind es die Bauern, hier ist es eine junge Dorfbewohnerin, welche die Westernhelden um Hilfe bittet, um die Banditen, die das Dorf ständig berauben, zu vertreiben. Hier wie dort verlieren die Helden die erste Schlacht gegen die Banditen, kehren aber zurück und besiegen sie schließlich mit der Hilfe des ganzen Dorfes. Hier wie dort sind es die US-amerikanischen Helden, welche die armen mexikanischen Bauern erst zum Handeln bringen müssen, da diese alleine zu jeglichem Widerstand oder zu jeglicher Aktion gegen das Böse unfähig sind – wie in nahezu allen Western mit Mexikobezug (Woll 1980: 27). Doch die Parodie des Genres setzt an dem Punkt an, an dem klar wird, dass die Helden gar keine „realen", sondern auch innerhalb des Films nur Leinwandhelden sind.

Selbstverständlich kann man wie José Luis Mejías kritisieren, dass die junge Mexikanerin Carmen, welche die Helden anstellt, als so dumm dargestellt wird, dass sie Film und Realität nicht unterscheiden kann (in García Riera 1987-1990, Bd. 5: 129). Aber es sind in erster Linie die US-amerikanischen Amigos, die ihre eigene Realität nicht von ihrer Leinwandexistenz unterscheiden können und für jeden Konflikt im „realen" Leben der Komödie auf Rezepte aus ihren Stummfilmen zurückgreifen. Zwar werden Mexikaner weiterhin auf vielfältige Weise lächerlich gemacht: Carmen spricht aus unerfindlichen Gründen mit anderen Mexikanern gebrochenes Englisch mit einem heftigen Akzent; die Mexikaner, welche sie in der Bar des Städtchens um Hilfe gegen die Banditen bittet, sind ausnahmslos zu feige dazu oder wollen nur mit ihr anbändeln; der Chef der Banditen, „El Guapo" (der Schöne), verkörpert das Gegenteil seines Namens und wird als infantile Person präsentiert. Aber diese Charakterisierungen bekommen einen anderen Sinn im Vergleich zu früheren Westernfilmen, da letztlich alle Protagonisten als lächerlich und weltfremd inszeniert werden, also auch die drei US-amerikanischen Helden.

In dem Stummfilm, den Carmen in der Kirche des Städtchens sieht, treten die drei Amigos allerdings als „wirkliche" Helden auf, die nach ihrem selbst gewählten Motto „Wir reiten, wir kämpfen, wir lieben" alle Bösen ohne Probleme besiegen und selbstverständlich die heißblütigen mexikanischen *señoritas* erobern. Und in diesem Film innerhalb des Films verzichten sie großzügig auf die pekuniäre Belohnung durch die Einwohner des von ihnen befreiten mexikanischen Dorfes, da sie ausschließlich für die Gerechtigkeit kämpfen. Carmens wegen Geldmangel verstümmeltes Telegramm an die Amigos, das diese nach ihrer Entlassung durch ihren Produzenten in Hollywood als Segen verstehen, da sie glauben, ihre finanzielle Misere so überwinden zu können, löst dann eine Kette von Verwicklungen aus, an deren Ende die Amigos tatsächlich auf die Belohnung für die Rettung des Dorfes verzichten.

Die erste Auseinandersetzung der Amigos mit den Banditen macht ebenfalls alle Seiten lächerlich. Die Leute von „El Guapo" sind die Karikatur der mexikanischen Banditen aus anderen Western, und die Amigos sind sich nicht einmal im Klaren darüber, dass es sich hier nicht um eine Wildwestshow, sondern um eine „reale" Konfrontation handelt. Entsprechend wiederholen sie den Diskurs der Helden aus früheren Filmen des Genres: „Wo immer es Ungerechtigkeit gibt, werdet ihr uns finden. Wo immer gelitten wird, wir sind da. Wo immer die Freiheit bedroht ist, werdet ihr uns finden: die drei Amigos" (Übersetzung FSW).[116] Und da Ned Nederlander, einer der drei Amigos, sich nicht an den entsprechenden Satz und damit an den zivilisatorischen Auftrag der Verbreitung der Freiheit durch den Westernhelden erinnert, muss er dafür auch noch die Hilfe seiner Freunde als Souffleure in Anspruch nehmen.

Aber während einige der Westernklischees karikiert werden, schreibt der Film andere fort, ohne dass eine ironische Distanz erkennbar wäre. Die Feigheit der Bauern, ihr Angewiesensein auf US-amerikanische Hilfe, die Heißblütigkeit der mexikanischen *señoritas*, die sich selbstverständlich in die US-amerikanischen Helden verlieben, die unumgängliche Fiesta aller Mexikowestern mit Flamencomusik und Frauen in spanischen Kostümen

---

[116] „Wherever there is injustice, you will find us. Wherever there is suffering, we'll be there. Wherever liberty is threat, you will find the three amigos".

machen deutlich, wie sehr der Film die Geschichte des Genres trotz der Parodie, die er beabsichtigt, fortschreibt.

Ein neues Element innerhalb dieser Geschichte ist allerdings der intermediale Bezug auf die mexikanischen Filme der „goldenen Epoche" in dem Sinne, dass die drei Amigos nicht etwa die typische Kleidung der klassischen Westernhelden, sondern die Kostüme von Mariachis tragen – was zumindest zu ihren Gesangseinlagen passt. Diese Kostümierung sowie das tuntige Gehabe der drei Freunde – ihre mögliche Homosexualität wird wie fast alles in dieser Slapstickkomödie klischeehaft dargestellt – verstärken noch die Lächerlichkeit der Leinwandhelden (Welle 1992: 175).

Bei aller Parodie enthält der Film auch Elemente, die eindeutig eine neokolonialistische Perspektive beinhalten. Auf linguistischer Ebene wird dies ersichtlich, indem die mexikanischen Bauern Englisch sprechen, also die ihnen durch den Film sozusagen aufgezwungene Sprache. Nur in wenigen Momenten wird ihr durchgängiges, nie akzentfreies Englisch durch Ausrufe in Spanisch unterbrochen, die sich auf die Banditen bzw. die Amigos im Augenblick der bewaffneten Auseinandersetzungen beziehen und wie in exotistischen literarischen Texten die Authentizität des Geschilderten belegen sollen. Hinter dem Gebrauch des schlechten Englisch durch die Mexikaner im Film steckt mehr als die bloße Notwendigkeit, die Dialoge für das in erster Linie US-amerikanische Publikum verständlich zu machen. Vielmehr übernehmen die mexikanischen Figuren innerhalb der neokolonialistischen Strukturen die Sprache der Herrschenden, imitieren sie aber nur mangelhaft, was als Hinweis darauf verstanden werden kann, dass ihre Integration in die Gesellschaft, der sie unterworfen werden, nie vollständig gelingen kann, weil sie deren Codes nicht beherrschen. Dass dieser linguistische Aspekt mehr ist als ein bloßes Zugeständnis an den oder eine Selbstverständlichkeit im englischsprachigen Markt für den Film, zeigt sich in der Tatsache, dass die deutschen Figuren, die mit den Banditen zusammenarbeiten, im Unterschied zu den Mexikanern untereinander ihre eigene Sprache sprechen, sich mithin linguistisch nicht erobern lassen.

Und am Ende besiegen die US-amerikanischen Amigos nach einer pathetischen Rede von Lucky Day über die Notwendigkeit, sich dem Bösen zu stellen, eben doch die mexikanischen Banditen und erobern die Frauen des mexikanischen Dorfes. Lediglich der zweideutige Blick Carmens am Schluss des Films könnte suggerieren, dass auch diese Szene als ironisches Zitat früherer Westernfilme – in erster Linie natürlich des beständig in ¡Three Amigos! zitierten The Magnificent Seven – zu verstehen sein könnte. Die Taschenuhr, die einer der Amigos beim Abschied einem Jungen des Dorfes schenkt (die Filmhandlung spielt wie gesagt 1916), kann darüber hinaus als Symbol für den technologischen Fortschritt verstanden werden, den die US-amerikanischen Helden in die entlegensten Weltgegenden bringen, um diese zu modernisieren und dem *American Way of Life* zu öffnen.

Die Mexikobilder im Hollywoodfilm werden mehr noch als diejenigen in der Literatur durch eine äußerst reduzierte Zahl von Stereotypen geprägt, die genreübergreifend jenseits aller historischen Entwicklungen der Filmindustrie im Einzelnen und über die Veränderungen in den kulturellen sowie politischen Beziehungen zwischen den USA und Mexiko hinaus fortgeschrieben werden. Zwar ist in bestimmten politischen Phasen wie der *Good Neighbor Policy* das Bemühen erkennbar, zumindest in Ansätzen ein freundlicheres Bild Mexikos im Film zu präsentieren, aber die lange tradierten ideologischen Vorgaben und die Klischees bleiben im Wesentlichen bestehen. Neben den immer gleichen Bildern der Mexikaner als armen Bauern, Banditen, *greasers* und feurigen *señoritas* wird eine grundsätzliche kulturelle und politisch ideologische Überlegenheit des *American Way of Life* konstruiert, die besonders im Western mit einem abstrakten Sendungsbewusstsein einhergeht, das seine Grundlagen in den Ideen des *Manifest Destiny* (Welle 1992) nur schwerlich verbergen kann.

In den Western der 1960er und 1970er Jahre kehrt nicht nur der mexikanische *greaser* auf die Leinwand zurück, sondern mit ihm auch das Bild eines kulturell Anderen, der mehr denn je durch Gewaltexzesse charakterisiert wird, die jeglichem sozialen Kontext enthoben sind (Frayling 1981: 222). Mexiko erscheint in diesem Kontext als barbarischer und zugleich primitiver Ort, als eine vormoderne, ausschließlich agrarisch geprägte Gesellschaft, die es im Namen eines abstrakten Freiheitsideals zu modernisieren und zu demokratisieren gilt.[117]

Dieses Sendungsbewusstsein wird schließlich im Spaghetti-Western dekonstruiert. Daher die oft sinnlos erscheinenden Gewaltorgien in diesem Subgenre, das insofern progressiv ist, als es der Repräsentation der gewaltsamen Intervention durch US-amerikanische Revolverhelden ihre ideologische Legitimation entzieht. Gleichzeitig wird Mexiko in einer Reihe dieser Filme zur Metapher für die zeitgenössische Situation in Italien (Frayling 1981: 228), und die unmittelbaren Bezüge auf die mexikanischen Verhält-

---

[117] Dee Dee Halleck hat in ihrem Film *The Gringo in Mañanaland* (1995), der aus einer Aneinanderreihung von Ausschnitten US-amerikanischer Spiel-, Dokumentar- und Werbefilme sowie Nachrichtensendungen besteht, gezeigt, dass diese Form der Perzeption in den USA nicht nur für Mexiko, sondern auch für Lateinamerika allgemein gilt.

nisse werden meist auf ein Minimum reduziert. Sergio Leone hat einmal mit Bezug auf einen seiner Spaghetti-Western behauptet, „[...] die mexikanische Revolution in diesem Film ist nur ein Symbol und nicht *die* mexikanische Revolution, sie ist in diesem Zusammenhang nur wegen ihrer Berühmtheit und wegen ihrer Beziehung zum Kino interessant. Sie ist ein wirklicher Mythos [...]" (zitiert in Frayling 1981: 225, Übersetzung FSW, Hervorhebung im Original)[118]. Leone und mit ihm die anderen Regisseure von Spaghetti-Western mit Mexikobezug (und das sind nicht wenige[119]) beziehen sich also weniger auf die mexikanische Realität und die historische Entwicklung des Landes als vielmehr auf die Film- und vor allem die Westerngeschichte. Sie kritisieren nicht die Mexikobilder in den Hollywoodwestern, sondern übersetzen sie in einen anderen filmischen Kontext. Aber damit lösen sie die Klischees keineswegs auf, sondern verwandeln sie lediglich – im besten Fall – in ein ironisches Zitat. Diese Tendenz setzt sich bis in die 1990er Jahre in Filmen über Mexiko fort, wie sich etwa an Robert Rodríguez' viel gelobtem Erstling *El Mariachi* ablesen lässt, in dem Mexiko als Hort der Gewalt erscheint, der aber weit mehr intermedial denn interkulturell konstruiert wird.

---

[118] „[...] the Mexican Revolution in the film is only a symbol and not *the* Mexican Revolution, only interesting in this context because of its fame and its relationship with cinema. It's a real myth [...]" (zitiert in Frayling 1981: 225), Hervorhebung im Original).

[119] Vgl. die Auflistung in Weisser (1992).

9.

STIERKAMPF, BARBAREI UND DIE FREMDHEIT DES EIGENEN [120]

Eine mit Holzstangen notdürftig errichtete Absperrung macht den Platz zur Arena. Trauben von Menschen auf und hinter der Einzäunung, einige besonders Mutige vor ihr. Ein Mann mit einer Muleta (dem roten Tuch), den Blick offenbar auf den Stier oder das Kalb gerichtet, das für den Betrachter – verdeckt von der Menschenmenge – unsichtbar bleibt. Begrenzt wird das Areal zusätzlich durch ein langes, flaches Gebäude im Hintergrund und ein paar Marktstände, vor denen in Umschlagtücher eingehüllte Frauen und Männer mit großen Hüten stehen, sie alle unbeteiligt am Geschehen in der Arena. Der Blick des Betrachters wird in dieselbe Richtung gelenkt wie derjenige der Zuschauer des Stierkampfs, die Perspektive ermöglicht scheinbar die Identifikation mit der Masse. Und doch bleibt man außerhalb, sieht das Schauspiel von einem erhöhten, einen gewissen Überblick gewährleistenden Punkt aus – der Blickwinkel von schräg oben als Standort privilegierter Interpretation.

Die Fotografie trägt den Titel „Corrida" (*Tina Modotti* 1983: 30); es handelt sich um ein Werk der italienischen Künstlerin Tina Modotti. Sie enthält nicht den hohen Symbolgehalt, die harten, oft agitatorischen Zwecken dienenden Schwarz-Weiß-Kontraste, wie man sie von einigen der in Mexiko entstandenen Fotografien Modottis kennt. Der Stierkampf wird nicht aus dem Lebenszusammenhang der Menschen herausgerissen, er erscheint vielmehr als ein gesellschaftliches Phänomen unter anderen – hier konkret neben dem Markt angesiedelt. Durch die Betonung des Spektakels, des Betrachtens, hinter dem der Kampf selbst augenscheinlich verschwindet, thematisiert Modotti zum einen den Akt des Sehens, das fotografische Auge, und damit die dargestellte Wirklichkeit als wahrgenommene. Gleichzeitig versucht sie die *corrida* in einen Zusammenhang zu stellen, der jegliche Interpretation des Stierkampfs als Symbol Mexikos von vornherein untergräbt.

---

[120] Eine erste Version des vorliegenden Kapitels erschien unter dem Titel „Im Labyrinth der Fremde. Stierkampf als exemplarische Mexiko-Erfahrung" (Schmidt 1992d).

Im Gegensatz dazu fungiert der Stierkampf in fast allen literarischen Repräsentationen, die im Folgenden untersucht werden, als exemplarische Mexikoerfahrung, als Symbol für die Kulturgeschichte des Landes, für Mentalität und Beziehungen der Mexikaner untereinander bzw. zu den Reisenden. Oder er bildet den Vorwand für grundsätzliche Reflexionen über die Natur des Menschen und die Fremdheit, die wir oft in und an uns selbst wahrnehmen (Kristeva 1990), wenn wir mit dem Erstaunen über unser Innerstes konfrontiert sind.

Bevor ich zu den Darstellungen des Stierkampfs in der Literatur von Alfons Goldschmidt, Jack Kerouac, Katherine Anne Porter, Maryse Holder, James M. Cain und Aldous Huxley komme, möchte ich aber noch einige grundsätzliche Bemerkungen zu diesem kulturellen Phänomen einfügen, soweit es mir für die Interpretation der Prosa der genannten Autorinnen und Autoren unerlässlich erscheint.

Das deutsche Wort Stierkampf wie auch der entsprechende englische Begriff *bullfight* bezeichnen nur unzureichend eine Reihe von kulturellen Ereignissen, bei denen Stiere eine wichtige Rolle spielen. Streng genommen handelt es sich dabei überhaupt nicht um Kämpfe, weshalb hiervon in der Sprache der *aficionados*, also der Stierkampfbegeisterten oder Fans, auch nie die Rede ist. Das Wort *torear* (abgeleitet von *toro* = Stier) bedeutet etwa soviel wie der Begriff „Fischen" im Deutschen. Eine Kritik, die sich auf der Annahme gründet, dass der Stierkampf ungerecht sei, weil das Tier keine oder kaum eine Chance habe, den „Kampf" zu gewinnen, verfehlt deshalb ihr Objekt. Das bedeutet selbstverständlich nicht, dass es illegitim wäre, diese Kunstform – und um eine solche handelt es sich zweifelsohne – aus ethischen bzw. tierschützerischen Gesichtspunkten heraus abzulehnen. Nur sollte man dem Stierkampf nicht etwas vorwerfen, was er nicht zu sein vorgibt.

Die Formen dieses kulturellen Ereignisses, die in der im Weiteren analysierten Literatur vorkommen, sind die *corrida*, die *novillada*, die *becerrada* und die *capea*. Die *novillada* unterscheidet sich von der allgemein bekannten, in ihrem Ablauf bis ins kleinste Detail festgelegten *corrida*[121] lediglich dadurch, dass in ihr noch relativ unerfahrene Matadore agieren und jüngere Stiere verwendet werden. Bei der *becerrada* werden Kälber eingesetzt, und es können sowohl Toreros als auch nicht professionelle Stierkampffans teilnehmen. Die gesamte Zeremonie wird abgekürzt, da bei dieser Form

---

[121] Ich verzichte an dieser Stelle auf eine genaue Darstellung des Ablaufs der *corrida*, da dies im Kontext der vorliegenden Interpretation von relativ geringer Bedeutung ist. Eine detaillierte Beschreibung gibt Marvin (1988: 1-35).

weder *picadores*[122] noch *banderilleros*[123] zugegen sind. Auch die *becerra-da* endet zwar normalerweise mit der Tötung des Stiers, doch bricht hier bisweilen die traditionelle Trennung zwischen Publikum und Akteuren zusammen, so dass es zur allgemeinen Teilnahme in der Arena kommt, weshalb die Abgrenzung zwischen *becerrada* und *capea* nicht immer klar zu ziehen ist. *Capeas* werden zumeist auf dem zentralen Dorfplatz in einer provisorisch errichteten Arena abgehalten. Es gibt keine Kostümvorschriften, und jedem ist es erlaubt, das Tier mit einem Mantel oder einem anderen Kleidungsstück zu reizen und es eventuell einzufangen bzw. auf ihm zu reiten. Letzteres gilt besonders für Mexiko, wo die Grenze zwischen *capea* und Rodeo oft fließend zu sein scheint. Die Tötung des Stiers ist kein integraler Bestandteil des Ereignisses, die strenge Reglementierung der *corrida*-Inszenierung wird völlig aufgehoben.[124]

9.1
Abscheu und Faszination des Barbarischen:
Alfons Goldschmidt, Jack Kerouac, Katherine Anne Porter

Alfons Goldschmidt, Wirtschaftswissenschaftler und Publizist, lehrte auf Einladung des Erziehungsministers José Vasconcelos Anfang der 1920er Jahre an der Universität in Mexiko-Stadt Ökonomie und schrieb zwei Bücher über seine Reiseeindrücke: *Mexiko* (1924) und *Auf den Spuren der Azteken. Ein mexikanisches Reisebuch* (1927). In beiden sowie in der verschollenen Filmfassung von *Auf den Spuren der Azteken* nimmt er sich der Thematik des Stierkampfs an; der Schluss des Films soll die Vorführung einer vollständigen *corrida* enthalten haben (García Riera 1987-1990, Vol. 2: 114).

Für Goldschmidt ist die *corrida* „ein ekelhaftes Spiel", eine „Spekulation auf billige Blutrünstigkeit", bloße „Tierschlächterei" (Goldschmidt 1985: 142-143). Er kann keine Bewunderung für den angeblichen Mut der Matadore empfinden (Goldschmidt 1985: 142), das ganze Spektakel stößt ihn ab (Goldschmidt 1985: 141). Letztlich verabscheut er die *corrida* als eine Mischung aus Sadismus und kapitalistischer Geschäftstüchtigkeit:

---

[122] *Picadores* sind berittene Toreros, die den Stier durch Lanzenstiche reizen.

[123] Als *banderilleros* werden die den Matador begleitenden Toreros bezeichnet, die den Stier mit Wurfpfeilen reizen, die sie ihm in den Nacken stechen.

[124] Siehe zu den soeben kurz skizzierten, der *corrida* verwandten Formen Marvin (1988: 36-51).

„Aber ich sehe nur das von Geschäft und Quällust gepeinigte schöne Tier" (Goldschmidt 1985: 270).

Allerdings legt der Autor Wert darauf, dass das Geschäft dieses blutigen Festes „aber auch gar nichts mit Mexiko zu tun [hat]. [...] Das Torerogewand ist importiert wie der Stierkampf, aus dem die Spanier hier Gold gemacht haben" (Goldschmidt 1985: 141). Die *corrida* wurde von den Konquistadoren mitgebracht „wie gewisse Krankheiten oder europäische Medizinen, die dem Indio Geld aus der Tasche holen, aber ihm nichts nützen" (Goldschmidt 1985: 142). Sie ist für den ökonomischen Ruin ungezählter Stierkampfbegeisterter verantwortlich, die ihr Geld in Pfandhäuser tragen, um Eintrittskarten zu finanzieren. „Viel Unglück, viel Kinderelend, viel Familienbarbarei hat diese Seuche ins Volk gebracht" (Goldschmidt 1985: 142).

Die Stierkampfbegeisterung von Teilen der indigenen Bevölkerung Mexikos ist Goldschmidt zufolge das Ergebnis jahrhundertelanger Unterdrückung durch die Eroberer: „Grausamkeit folgt auf Unterdrückung. Gütig ist der Indio, höflich ist er, innig kann er sein, dennoch bemerkst du Grausamkeiten, die dich erschüttern. Grausamkeiten an Menschen und an Tieren" (Goldschmidt 1985: 143). Die eigentliche indigene Mentalität jedoch, so suggeriert er, repräsentiert ein Kind, ein „noch nicht von Reklame, von Herrscherschlauheit [...] vergifteter Bräunling, dieser leibschmutzige, aber nicht seelendreckige, unendlich liebenswerte Rotzjunge" (Goldschmidt 1985: 143), der Mitleid mit dem Tier empfindet. Für diese Haltung will der Autor auch seinen idealen Leser – das mexikanische Arbeitsvolk – gewinnen, welches sich seiner Agitation gegen den Stierkampf anschließen soll:

Macht Front gegen die Meuchler! Macht Front gegen die Jubler! Front gegen diesen Kampf, der ja gar kein Kampf ist [...] Auf das Tier, das Tier müsst ihr sehen, auf diesen einfachen Glanz, diese rotzitternde Angst der armen Augen. Das Biest ist der Mensch, das Tier ist gut (Goldschmidt 1985: 270).

Auf dass es ein Ende habe mit diesen Blutfesten, schlägt er vor, „den Stierzirkus [...] zu einem Volkshaus [zu] machen, wo der Arbeitsmann und die Arbeitsfrau an Feiertagen und an Alltagsabenden tanzen, singen, schauen und Dinge lernen, die ihre eigenen Dinge sind und nicht Import wie der Stierkampf" (Goldschmidt 1985: 143). Mit anderen Worten: Die politische Erziehung des Volkes soll sich auf das Authentische, das nicht aus Spanien mit der Conuqista notwendig Importierte, mithin auf die Elemente der indigenen Kulturen beschränken.

Was aber, wenn das in seinem tiefsten Inneren so tugendhafte mexikanische Volk diesem Vorschlag des Herrn Professor Goldschmidt nicht folgt?

Was, wenn der Plan José Vasconcelos', die Stierkampfarena in ein antikes griechisches Gymnasium zu verwandeln, beim Volk kaum auf Gegenliebe stößt, wie der Autor selbst anmerkt (Goldschmidt 1985: 269). Denn „noch brennen, pfeifen, klatschen, jubeln und schmähen vierzigtausend Mexikaner im Stierzirkus der Hauptstadt. Jede Mittelstadt hat ihren Torero und ihre Helden" (Goldschmidt 1985: 270). Doch bedarf es lediglich einiger Geduld, so Goldschmidt, denn „so schnell wandert die Seele nicht vom Stier zum Menschen, vom Röcheln zum freien Ruf, vom Todeszucken zum Sprung der zehntausend Beine" (Goldschmidt 1985: 269-270).

Die *corrida* wird in Goldschmidts Texten zum Symbol der Unterdrückung des eigentlichen Volkswillens, der wahren Bestimmung des indigenen Mexiko. Hierin besteht eine Parallele zwischen seiner Interpretation dieses kulturellen Ereignisses und derjenigen Sergei Eisensteins in *Que viva Mexico!*, wo der Stier ebenfalls als Opfer eines grausamen Ritus und dieser wiederum als Inbegriff des Verharrens in einer Kultur des Todes bzw. der Erstarrung gesehen wird.[125] Die aus Europa mit der Conquista eingeschleppte „Seuche" Stierkampf steht stellvertretend für die allgemeine Vergiftung der indigenen Kultur, des natürlichen bäuerlichen Lebens, durch eine dekadente Zivilisation, die „fiebert und fault" (Goldschmidt 1985: 54). Die Kultur kann von der Krankheit Zivilisation nur durch eine Revolution, den „Sprung der zehntausend Beine", geheilt werden, die die notwendige Evolution des Menschen vorantreibt (Goldschmidt 1985: 111, 152-153) und ihn gleichzeitig an seine „natürlichen" Wurzeln anknüpfen lässt – im Falle Mexikos an die laut Goldschmidt paradiesischen Zustände unter Quetzalcoatl (Goldschmidt 1985: 216-217). Dabei bleibt allerdings ein seltsamer Widerspruch zwischen der notwendigen Evolution und Revolution einerseits sowie der Verklärung der bäuerlichen Vergangenheit andererseits, die sich meines Erachtens aus der Identifikation Golschmidts mit sozialistischen Ideen bei gleichzeitiger, dem Zeitgeist entsprechender Zivilisationskritik ergibt. Erinnert sei in diesem Zusammenhang nur an Oswald Spenglers *Untergang des Abendlandes* (Spengler 1970) sowie zahlreiche weitere Schriften, die aufgrund des Schocks des Ersten Weltkriegs die Krise der westlichen Zivilisation heraufbeschwören.

In den Büchern *Mexiko* und *Auf den Spuren der Azteken* konstruiert Goldschmidt eine notwendige historische Entwicklung von dem vorgeblichen Paradies unter Quetzalcoatl bis zum jetzigen Vorabend der proletarischen Revolution (Goldschmidt 1985: 183). Diese Evolution führt über die

---

[125] Vgl. Kapitel 3.2 des vorliegenden Buches.

Versklavung der „[Menschenfrucht Mexikos], die sich erst zum Kinderbewusstsein auswächst, um dann gemein und schuldig zu werden" (Goldschmidt 1985: 110) – eine Versklavung, die bereits mit der Herrschaft der Azteken einsetzt (Goldschmidt 1985: 199-200, 239) –, und die noch wesentlich grausamere Kolonialherrschaft der Spanier (Goldschmidt 1985: 263) bis zur Wiedergewinnung des verlorenen Paradieses.

Der Stierkampf erscheint innerhalb dieser Vorstellung als Sinnbild der Pervertierung menschlicher Bedürfnisse in einer Zeit extremer Versklavung. Die „Gladiatorenkampfaufregung" (Goldschmidt 1985: 142), der Sadismus der Stierkampffans sowie die kapitalistische Geschäftstüchtigkeit sind Symptome der kranken Zivilisation; nur unterdrückte, gekränkte Menschen bedürfen blutrünstiger Spiele. Und nur wer sich wie der Junge, dessen Reaktion auf den Stierkampf Goldschmidt beschreibt, im Zustand der Unschuld befindet, wird die *corrida* gewissermaßen instinktiv ablehnen. Sein Mitleid mit dem Stier ist „ein Schrei der güteheischenden Menschenseele gegen die Biesterei" (Goldschmidt 1985: 143) und damit zugleich Ausdruck des Mitleids mit der gequälten Menschheit.

In den Augen Goldschmidts symbolisiert der Stierkampf die Barbarei der dekadenten Zivilisation. Letztere wird von einer Revolution, die die Rückkehr zur „natürlichen" Kultur und damit zu paradiesischen Zuständen bedeutet, hinweggefegt werden. Und mit diesem kathartischen „Sprung der zehntausend Beine" wird das ekelhafte Geschäft der *corrida* verschwinden. Bis zum Eintreffen der Revolution jedoch bleibt nur die moralische Verurteilung des Blutfestes: „Das Biest ist der Mensch, das Tier ist gut. Ihr mordet Stiere, um Menschen zu kitzeln. Pfui Deubel über euch!" (Goldschmidt 1985: 270). Dabei mutet seine Vorstellung, die herbeigesehnte Revolution führe zur Wiedereinsetzung eines ländlichen Idylls, angesichts seiner Biografie als Ökonom besonders seltsam an, versteht er doch den Fortschritt als Rückschritt und als Rückkehr zum verlorenen Paradies. Dass diese rückwärtsgewandte Utopie das seinerzeit noch weitgehend ländliche Mexiko als *locus amoenus* verwendet, ist als exotistische Vorstellung auch über Goldschmidts Zeit hinaus durchaus nicht unüblich.

Wie Goldschmidt, so drückt auch Jack Kerouac in der 1960 publizierten Erzählung „Mexico Fellaheen" („Fellachen in Mexiko") sein Mitleid mit dem gequälten Stier aus. Und bei beiden stehen die Tiere dem Geschehen fassungslos und „mit menschlicher Überraschung" (Kerouac 1981: 38) gegenüber. „Was wollt ihr eigentlich von mir?" (Goldschmidt 1985: 142) oder „Warum kann ich nicht endlich nach Hause?" (Kerouac 1981: 38) scheinen sie zu fragen.

Kerouac beschreibt anfangs nahezu ausschließlich den äußeren Ablauf einer *novillada*. Im Vergleich mit den übrigen hier besprochenen Texten erweist sich „Fellachen in Mexiko" darin als ein relativ genaues Bild der Vorgänge – entsprechend der Forderung der Beatniks nach einer spontanen Prosa, die das Alltägliche aufnimmt und die Oberfläche, das unmittelbar sinnlich Wahrnehmbare, in den Vordergrund stellt. Aber immer dann, wenn der Autor versucht, sich das Gesehene zu erklären, wird der Stierkampf zum bloßen Vorwand für allgemeine Reflexionen über Religion. Der Stier wird zur Metapher für den leidenden Christus am Kreuz, dessen Abbild Kerouac ein paar Tage nach dem Besuch der *novillada* in einer Kirche betrachtet. Er „ist jetzt blutüberströmt wie [...] Christus" (Kerouac 1981: 38) und blickt „nach oben zu Himmel und Sonne, und dann gurgelt es aus ihm heraus" (Kerouac 1981: 38). Der *picador* „[...] mit einer Lanze, der nun dem Stier ein paar stählerne Spitzen ins Schulterblatt stößt" (Kerouac 1981: 37), gleicht den Soldaten, die den Gekreuzigten mit Lanzen traktieren (Kerouac 1981: 40); „wie eine blutrote Fahne leuchtet nun die [...] leidende Flanke des Stieres" (Kerouac 1981: 38), genau wie die „tiefe Wunde zwischen [den] Rippen" (Kerouac 1981: 40) Jesu. Und der überzeugte Katholik Kerouac empfindet Mitleid mit dem Tier, wie er im Geiste auch mit Christus leidet: „[...] wäre ich dabei gewesen hätte ich ‚Aufhören!' geschrien und wäre gleichfalls gekreuzigt worden" (Kerouac 1981: 40).

Im Gegensatz zum barmherzigen Schriftsteller Kerouac, der bereit ist, den Menschen ihre Grausamkeiten zu vergeben (Kerouac 1981: 40), sind die Mexikaner „auf urzeitliche blutige Opfer [...] aus" (Kerouac 1981: 32); als der Stier verwundet ist, scheint „jedermann froh" (Kerouac 1981: 38). Sie lechzen nach dem Blut des Tieres, das immer wieder von neuem stellvertretend für Jesus gemordet wird: „Was für ein Sieg, der Sieg Christi! Ein Sieg über den Wahnsinn, die Plage der Menschheit. ‚Tötet ihn!' brüllen sie immer noch bei Kämpfen und in Schlachten, bei Hahnenkämpfen, Stierkämpfen, Boxkämpfen [...]" (Kerouac 1981: 40).

Der Tod gibt ihnen Anlass, sich auf Kosten des Opfers zu amüsieren, sie zelebrieren ihn als fröhliches Fest: „Und ich sah, wie jedermann stirbt und wie es keinen kümmern wird, ich spürte wie schrecklich es ist zu leben nur um zu sterben wie ein Stier gefangen in einem Ring aus brüllenden Menschen. – Jai Alai, Mexiko, Jai Alai!" (Kerouac 1981: 39).[126] Diesem nach Ansicht des Autors genuin indigenen, grausamen Todeskult der Mexikaner

---

[126] Die orthografischen Eigentümlichkeiten des Textes wurden an dieser Stelle und auch im Folgenden beibehalten. Der Begriff *Jai Alai* kommt aus dem Baskischen und bedeutet fröhliches Fest. Er bezeichnet darüber hinaus ein Ballspiel.

hält er schließlich das Abbild des gekreuzigten Christus in der Kirche entgegen: „Hier hat das heilige Spanien den Blutherz-Opfer-Azteken von Mexiko ein Bild der Sanftmut und des Mitgefühls geschickt [...]" (Kerouac 1981: 40) – und übersieht dabei geflissentlich die Herkunft des Stierkampfs.

War Kerouac Mexiko bei seinem Grenzübertritt noch als „sanft und liebenswürdig" (Kerouac 1981: 30), als „das Reine Land" (Kerouac 1981: 29) erschienen, so verwandelt es sich nach dem Erlebnis in der Stierkampfarena in einen vom Todeskult beherrschten Ort. Die Grausamkeit des Stierkampfs setzt er unversehens mit der einer ganzen Kultur gleich: Im Grunde huldigen die Mexikaner noch immer der „Blutherz-Opfer"-Mentalität der Azteken; die indigene Kultur ist ein Hort der Barbarei – im Gegensatz zur christlichen Zivilisation Spaniens, deren Sanftmut und Mitgefühl im Abbild des Gekreuzigten repräsentiert werden.

Dass der Stierkampf erst im Gefolge der Conquista aus dem christlichen Spanien nach Mexiko gelangte; dass er von daher nicht aus dem aztekischen Todeskult heraus erklärt werden kann; und dass das heilige Spanien in seiner Sanftmut einen Völkermord an den Ureinwohnern der Neuen Welt beging – all das ist nicht wesentlich, wenn es darum geht, den Stierkampf als Sinnbild mexikanischer Grausamkeit und Blutrünstigkeit zu präsentieren und den Katholizismus als positives Gegenbild davon abzuheben.

Die Willkürlichkeit einer solch symbolträchtigen Interpretation des Stierkampfs wird offensichtlich, wenn man sich vor Augen hält, dass Alfons Goldschmidt in seiner Auslegung der *corrida* zu diametral entgegengesetzten Ergebnissen kommt. Während der Stierkampf für ihn das Barbarische der dekadenten europäischen Zivilisation versinnbildlicht, symbolisiert er für Kerouac die barbarische Blutrünstigkeit des indigenen Mexiko. Doch ob die Zivilisation als Barbarei erscheint oder ob sie der Barbarei entgegengehalten wird – beide Male dient die Beschreibung des Stierkampfs weit mehr der Illustration bestimmter kulturgeschichtlicher Thesen als der Darstellung eines konkreten kulturellen Ereignisses.

„Ach, ich und die Widersprüche, die Paradoxien!" (Porter 1970: 98, Übersetzung FSW)[127], notiert Katherine Anne Porter in ihrem zuerst 1955 erschienenen Essay „St. Augustine and the Bullfight" bezüglich ihrer Reaktion auf die *corridas*, die sie Jahre zuvor in Mexiko-Stadt besuchte. Ursprünglich hatte sie kein Interesse daran gezeigt, einem Stierkampf beizu-

---

[127] „Ah, me, the contradictions, the paradoxes!" (Porter 1970: 98).

wohnen, weil sie „eine Abneigung gegen das Abschlachten von Tieren als Sport hat" (Porter 1970: 97, Übersetzung FSW)[128]. Aber nach unermüdlicher Überredung durch einen Freund geht sie schließlich doch in die Arena (Porter 1970: 95-96); „[...] mit kalten Händen, innerlich zitternd, mit einem schmerzhaften Kribbeln in Handgelenken und Schlüsselbein" (Porter 1970: 98, Übersetzung FSW)[129] erwartet sie den Beginn der *corrida* und fährt dann fort: „[...] dennoch war meine Erregung nicht ausschließlich schmerzlich [...]" (Porter 1970: 98)[130].

Auch wenn sie in dem Moment, in dem der Stier ein Pferd so verletzt, dass diesem die Eingeweide aus dem Bauch heraushängen,[131] die Augen schließt, ist sie doch zunehmend fasziniert von dem, was sich in der Arena abspielt. Am Ende gewinnt ihre Erregung Oberhand über das Mitleid mit dem Stier, so dass sie gemeinsam mit der Menge der Tötung des Tieres entgegenfiebert (Porter 1970: 101). Und es ist beileibe nicht die durch die Art der Inszenierung des Schauspiels entstehende Spannung, die ihre wachsende Verzauberung verursacht. Vielmehr ist es gerade die Faszination an Grausamkeit und Tod, die sie jetzt süchtig macht nach diesem Spektakel, das sie in der Folgezeit mehr als hundert Mal besucht (Porter 1970: 99-100).[132]

Zwar bleibt Porter stets außerhalb der Welt der Stierkampffans – aber nur deshalb, weil sie sich ihrer Ansicht nach im Unterschied zu diesen der ganzen Tragweite ihrer Faszination bewusst ist, weil sie sich des Bösen in ihr selbst bitterlich schämt (Porter 1970: 100).[133] Auch der Vergleich mit der in den Bekenntnissen des heiligen Augustinus beschriebenen Faszination eines gebildeten jungen Römers für die Gladiatorenkämpfe hat lediglich die Funktion, ihr eigenes Schuldgefühl zu reduzieren: „Oh, es mochte etwas typisch Menschliches sein, es mochte sein, dass es jedem passieren

---

[128] „I do not like the slaughtering of animals as sport" (Porter 1970: 97).

[129] „[...] with cold hands, trembling innerly, with painful tinglings in the wrists and collarbone" (Porter 1970: 98).

[130] „[...] yet my excitement was not altogether painful [...]"

[131] Der besondere Abscheu, den Alfons Goldschmidt und anfangs auch Katherine Anne Porter im Unterschied zu anderen Literaten beim Stierkampf empfinden, resultiert zum Teil daraus, dass in den 1920er Jahren die Pferde in der Arena noch nicht gepanzert und deshalb schwere Verletzungen der Tiere an der Tagesordnung waren.

[132] „I loved the spectacle of the bullfights, I was drunk on it, I was in a strange, wild dream from which I did not want to be awakened [...] this had death in it, and it was the death in it I loved" (Porter 1970: 100).

[133] „And I was bitterly ashamed of this evil in me [...]" (Porter 1970: 100).

konnte! Ich sehnte mich danach, von meiner Einzigartigkeit frei zu sein, die Sünde wenigstens mit einem Gefährten zu teilen: Ich konnte meine Schuld nicht allein tragen" (Porter 1970: 101, Übersetzung FSW)[134]. Nur mit dem Freund, der sie zu ihrem ersten Besuch eines Stierkampfs überredete, geht sie nie wieder gemeinsam in die Arena, weil beide ein „teufliches Geheimnis", eine „Blutschuld" verbindet. Und weil sie hasst, was er ihr über ihre Persönlichkeit offenbart hat (Porter 1970: 99-100).

Wie bei Goldschmidt und Kerouac, so steht auch bei Porter das Barbarische im Mittelpunkt der Betrachtungen über den Stierkampf. Im Unterschied zu beiden Autoren bezieht Katherine Anne Porter ihre Empfindungen während der *corrida* aber nicht auf die Barbarei des Kapitalismus oder diejenige indigener Kultur. Vielmehr sucht sie die Ursache für ihre Faszination am Stierkampf in ihrer eigenen Psyche. Sie macht dies – außer im Essay „St. Augustine and the Bullfight" – auch in der Einordnung desselben innerhalb ihrer gesammelten Essays deutlich, indem sie ihn nicht unter die Essays zu Mexiko, sondern unter „Persönliches und Besonderheiten" subsumiert. Auch wenn sie damit der Gefahr zu erliegen scheint, Mexiko zum bloßen Vorwand für eine Betrachtung über sich selbst zu nehmen – ein Vorwurf, der sich angesichts ihrer übrigen, meist sehr kenntnisreichen Texte zu Mexiko wohl kaum aufrechterhalten lässt –, entgeht sie so doch einer Interpretation des Stierkampfs, die ihn zur Metapher für Mexiko schlechthin überhöht.

Porters Essay repräsentiert in gewisser Weise die andere Seite der Prosa Alfons Goldschmidts und Jack Kerouacs. Das in diesen Texten ausgegrenzte subjektive Element, die Reflexion über die Ursachen der eigenen Empfindungen in der Persönlichkeit des eine unbekannte Realität Wahrnehmenden selbst, kehrt in „St. Augustine and the Bullfight" als bestimmendes Thema wieder. Das Verdienst der Autorin besteht gerade darin, sich die Subjektivität der eigenen Perspektive auf ein kulturelles Phänomen Mexikos bewusst gemacht zu haben, sich der Distanz schaffenden Fremdheit ihrer selbst ausgesetzt zu haben (Kristeva 1990).

---

[134] „[...] oh, it might be a commonplace of human nature, it might be it could happen to anyone! I longed to be free of my uniqueness, to be a fellow-sinner at least with someone: I could not bear my guilt alone [...]" (Porter 1970: 101).

9.2
Maryse Holders und James M. Cains wahre Machos

In der Verfassung, in der ich mich befand – ich hatte selbst das Leiden wiederentdeckt –, fiel es mir nicht schwer, mich mit dem Opfer zu identifizieren und die Corrida als Beispiel für die Beziehung der Männer zu den Frauen zu sehen. Der Stier war tot, während die Menge natürlich noch lebendig und bei Bewußtsein war, was von der Perspektive des Stiers (meiner Perspektive) aus gesehen seltsam inkongruent erschien (Holder 1980: 93).

Maryse Holder, US-amerikanische Universitätsdozentin, die in Mexiko „Urlaub vom Feminismus" (Grunwald 1992: 194) macht, lässt in ihrer postum veröffentlichten Briefesammlung *Give Sorrow Words* (1979; *Ich atme mit dem Herzen*) erst gar nicht das Bemühen erkennen, die *corrida* als eigenständiges kulturelles Phänomen zu betrachten. Von Anfang an dient die Beschreibung des Stierkampfs nur als Vorwand, um über das Verhältnis von Männern und Frauen zu reflektieren. Die *corrida* stellt, wie sie selbst anmerkt, nichts anderes als eine Allegorie dieser Beziehung dar (Holder 1980: 93). Während Goldschmidt, Kerouac und anfangs auch Porter ein Mitleid mit dem Stier empfinden, das ihre eigenen psychischen Probleme nicht unmittelbar tangiert, identifiziert sich Holder aufgrund ihrer schmerzlichen Erfahrungen mit mexikanischen Männern völlig mit dem Tier, leidet buchstäblich mit ihm.

„Der Torero, [...] die übertriebene Ausgabe eines Machomanns" (Holder 1980: 93), verfolgt die „Strategie [...], den Stier sexuell zu reizen, ihm Lust zu verschaffen" (Holder 1980: 93-94). „Er tanzte vollendet mit dem Stier. Sie hatten einen gemeinsamen Rhythmus [...]" (Holder 1980: 94). „Ich begriff endlich die Welt der Männer, wie Männer Pferde reiten, ihre Tapferkeit beweisen, Stiere und Frauen töten. [...] Reizen, töten, Applaus empfangen" (Holder 1980: 95). Mit diesen wenigen Sätze über die *corrida* lässt sich die Beziehung mexikanischer Männer zu Frauen für Holder gedanklich einkreisen. Übertragen auf ihre eigenen Erfahrungen mit mexikanischen Gigolos ließe sich die Strategie des Machos ähnlich verkürzt als Anmachen, Flachlegen, Verlassen, Applaus empfangen charakterisieren. Der Tanz, der im gesamten Buch mit orgastischem Sex gleichgesetzt wird, bildet auch den Höhepunkt des Stierkampfs – eines Kampfes, bei dem das Schicksal des Tieres von vornherein festgelegt ist (Holder 1980: 94). Sein Tod ist gleichbedeutend mit dem Verlassenwerden der Autorin durch die Männer. Auch wenn sie verschiedentlich die Reduzierung von Frauen auf die Opferrolle in der Frauenliteratur der 1970er Jahre kritisiert, betreibt sie diese doch selbst in dem Vergleich Stier/Frau, die beide schicksalhaft auf die Rolle des Opfers festgelegt sind. Noch dazu mutet der Vergleich zwischen der Frau und ausgerechnet dem männlichen Tier, das oft als Inbegriff männlicher Potenz gesehen wird, seltsam an; dies umso mehr, als in Holders Buch ständig Unterschiede zwischen ‚männlichem' und ‚weiblichem' Verhalten als geschlechtsspezifische dargestellt werden.

Die *corrida* erscheint in *Ich atme mit dem Herzen* ausschließlich als Metapher für den *machismo* der Mexikaner. „Sich auf eine Metapher zu beschränken, ist Literatur" (Holder 1980: 95), notiert Holder einmal während der Beschreibung des Stierkampfs. Trotz der ansonsten brillanten *machismo*-Kritik der Autorin (Holder 1980: 174) wird sie dem Stierkampf als einzelnem kulturellem Ereignis mit einer solch verkürzenden Interpretation keinesfalls gerecht. Ihr Versuch, Mexiko (darin D. H. Lawrence nicht unähnlich) durch unmittelbar sinnliche Wahrnehmung auf der Basis eines vitalistischen Ideals zu erfahren, scheitert nicht nur, weil eine solche Wahrnehmung die in die Funktionale gerutschte Realität nicht mehr erfassen kann; er scheitert auch nicht nur, weil Holder (auch hier ähnlich wie Lawrence) ihre intellektuelle Vorgeschichte entgegen allen Bemühungen nicht vergessen kann. Dieser Versuch muss vielmehr auch deshalb scheitern, weil sie alle unmittelbaren Erfahrungen, die sie in und mit Mexiko macht, auf eine einzige – diejenige mit dem *machismo* – reduziert, der zum Erklärungsmuster für eine ganze Gesellschaft wird. Der Stierkampf ist bloße Metapher für den *machismo*, der wiederum zum Symbol für Mexiko wird. Kein Wunder also, dass Holder selbst nach drei Monaten in Mexiko das Gefühl hat, dem Land im Ganzen nicht gerecht geworden zu sein (Holder 1980: 209) – eine Einschätzung, die sich auf ihre Interpretation der *corrida* ohne Umschweife übertragen lässt.

James M. Cain, bekannt geworden als Drehbuchautor zahlreicher Hollywoodproduktionen (u.a. durch die Verfilmung seines Romans *The Postman Always Rings Twice*), macht in seinem Roman *Serenade in Mexiko* (*Serenade*) von 1937 den *machismo* ebenfalls zum zentralen Sujet. Im Unterschied zu Maryse Holder kritisiert Cain aber niemals männliches Imponiergehabe. Er beschreibt vielmehr das Konkurrenzverhalten beim Werben um die Gunst einer Frau aus der Sicht des Ich-Erzählers John Howard Sharp. Der Opernsänger Sharp, der sich nach dem Verlust seiner Stimme in Mexiko-Stadt aufhält, verliebt sich in die indigene Prostituierte Juana, der er in einer Bar begegnet, wo sie den Matador Triesca als Freier zu gewinnen sucht.

Obwohl es im Roman nur eine einzige direkte Referenz an den Stierkampf gibt – Sharp erinnert sich daran, eine *novillada* gesehen zu haben,
bei der Triesca einen seiner ersten Auftritte hatte –, wird das Stierkampf-
thema mehrfach indirekt aufgegriffen. Zunächst drückt Sharp in der Szene
in der Bar seine Antipathie gegenüber dem Matador aus, bei dem „es sich
um einen Riesenfatzke handelte, der sich vor Größenwahn und Eitelkeit
nicht mehr halten konnte" (Cain 1985: 8). Während der anschließenden
Auseinandersetzung der beiden Männer um Juana stimmt er auf der Gitarre
das Vorspiel zum letzten Akt von Bizets Oper *Carmen* an (Cain 1985: 20)
– womit das folgende Eifersuchtsdrama, das gewissermaßen eine Variation
der Opernhandlung darstellt, bereits angedeutet wird.[135] Als Sharp später
mit Juana durchbrennt, betrachtet er eifersüchtig die Insignien des Matadors, welche die Frau mitnimmt: „Zum erstenmal sah ich das Cape eines
Stierkämpfers. [...] Ich haßte es, denn ich wußte, von wem es kam [...]"
(Cain 1985: 32).

In Hollywood angekommen, beginnt Sharp, der durch die Liebe zu Juana seine Stimme wiedergewonnen hat, eine neue Karriere als Sänger und
Filmschauspieler. Der berufliche Durchbruch gelingt ihm mit der Arie des
Stierkämpfers Escamillo aus *Carmen* (Cain 1985: 87-90). Das Paar geht
daraufhin nach New York, wo er ein Engagement an der „Metropolitan
Opera" erhält. Sharp wird jedoch von seinem ehemaligen Liebhaber Wins-
ton verfolgt, den Juana mit einem Degen während eines gespielten Stierkampfs auf einem Fest umbringt (Cain 1985: 146). Sie flieht nach Mexiko,
wo Sharp sie schließlich in der besagten Bar mit Triesca wiedertrifft, den er
noch einmal in einem improvisierten Gesangswettstreit besiegt, bevor Juana schließlich von der Polizei erschossen wird (Cain 1985: 178-179).

Der Roman *Serenade in Mexiko*, der 1956 mit verändertem *plot* verfilmt
wurde (García Riera 1987-1990, Bd. 4: 111), nimmt ein Klischee auf, das
nicht nur in der US-amerikanischen Literatur über Mexiko vorkommt,
sondern weit mehr noch den Umgang des Hollywoodkinos mit dem Nach-
barland bzw. mit Lateinamerika allgemein bestimmt. Ausgehend von der
Annahme, dass der Stierkampf die Metapher für den mexikanischen *machismo* ist, thematisiert Cain in seinem Roman die Konkurrenz eines US-
amerikanischen und eines mexikanischen Mannes um die Gunst einer mexikanischen Frau. Dabei erweist sich der Gringo Sharp im direkten Vergleich mit dem Latino Triesca als der bessere Macho. Er befreit nicht nur

---

[135] Der letzte Akt der Oper spielt vor und in der Arena von Sevilla. Während drinnen die
corrida beginnt, tötet José aus Eifersucht Carmen, die ihn wegen des Stierkämpfers
Escamillo verlassen hat.

Juana aus den Fängen des schmierigen, eitlen, überheblichen und größen-
wahnsinnigen Stierkämpfers Triesca, sondern bewahrt sie auch vor dem ihr
vorbestimmten unmoralischen Lebenswandel. Ohne ihn müsste sie ihr
weiteres Dasein als Prostituierte fristen; mit ihm dagegen begibt sie sich
auf den Pfad der Tugend, der ohne Umweg in den Hafen der Ehe mit einem
„White Anglo-Saxon Protestant" führt.[136] Damit in dieser Ehe Langeweile
erst gar nicht aufkomme, wird sie durch die Leidenschaftlichkeit der streng
katholischen mexikanischen *señorita* gewürzt, die auch vor einem Mord
aus Liebe nicht zurückschreckt.

Sharp wird – bei allem vordergründigen *machismo* des mexikanischen
Matadors – zum eigentlichen Sieger in der Arena, wie sein Erfolg in der
Rolle des Stierkämpfers Escamillo und die Eroberung Juanas beweisen.
Die Botschaft des US-Amerikaners Cain ist nur zu deutlich: Die Mexikaner
mögen ihren *machismo* noch so sehr zur Schau stellen, die eigentlichen
Stierkämpfer, die besseren Liebhaber, die wahren Machos sind wir! Und
die in *Serenade in Mexiko* penetrant zum Ausdruck gebrachte Homophobie
Cains tut ein Übriges, um diese Botschaft zu verstärken.

Obwohl Maryse Holder den *machismo* der Mexikaner angreift, James
M. Cain dagegen den der US-Amerikaner im Vergleich zu dem der Mexikaner mehr oder weniger unverblümt verherrlicht, gehen beide doch von
der gleichen Grundannahme aus: Der Stierkampf ist bloße Metapher des
machismo, der Torero – und sei es nur der Opernsänger in dessen Rolle –
der Macho *par excellence*.

9.3
„Blut, echtes Blut"

Aldous Huxley beschreibt in seinem 1934 publizierten Reisebuch *Beyond
the Mexique Bay* einen Stierkampf auf der „provisorischen Plaza de Toros
am Rande der Stadt" Etla (Huxley 1934: 285, Übersetzung FSW)[137] im
Bundesstaat Oaxaca. Die nur zeitweilig errichtete Arena, die ohne *muleta*,
mit Jackett oder *sarape* agierenden Amateur-Toreros sowie die Tatsache,
dass „es kein Töten geben sollte" (Huxley 1934: 286, Übersetzung FSW)[138],

---

[136] Siehe zu diesem Stereotyp der Liebesbeziehungen US-amerikanischer Männer mit
mexikanischen Frauen im Hollywoodkino García Riera (1987-1990, Bd. 1: 55, 137).

[137] „A temporary Plaza de Toros had been built on the outskirts of the town [...]" (Huxley 1934: 285).

[138] „There was to be no killing" (Huxley 1934: 286).

deuten darauf hin, dass es sich um eine *capea* handelt, die wenig mit dem streng formal inszenierten Schauspiel der *corrida* zu tun hat. Und so verläuft das Ereignis, dem der englische Romancier beiwohnt, denn auch entgegen seinen Erwartungen „erfreulicherweise unblutig" (Huxley 1934: 286, Übersetzung FSW)[139].

Doch scheint das nicht nach dem Geschmack der Zuschauer zu sein: Sie verhöhnen die nicht sonderlich mutigen Toreros durch Johlen, Pfiffe und Gelächter (Huxley 1934: 286). Huxley sieht darin „einen Schrei nach Blut, nach dem köstlichen Spektakel des Schmerzes" und drückt im gleichen Atemzug sein Missfallen an der „rohen Animalität" (Huxley 1934: 286, Übersetzung FSW)[140] der Mexikaner aus. Dieser Vorwurf des Animalischen wird zusätzlich durch den Vergleich der lokalen Schönheitsköniginnen mit Ochsen verstärkt (Huxley 1934: 285-286); in Huxleys Augen „sind die [mexikanischen] Schönheiten Monster [...] mit den Merkmalen der Gefühllosigkeit, der Blödheit, der büffelartigen Halsstarrigkeit" (Huxley 1934: 286, Übersetzung FSW)[141]. Als schließlich ein betrunkener Amateur-Torero leicht verletzt wird, verursacht dies allgemeines Entzücken, auch wenn der Blutdurst der Menge damit nicht völlig befriedigt scheint: „Dennoch hatte es Blut gegeben. Echtes Blut. Man muss lernen, sich mit Wenigem zufrieden zu geben" (Huxley 1934: 287, Übersetzung FSW).[142]

In der Stierkampfszene von *Beyond the Mexique Bay* lässt Huxley in seltener Deutlichkeit seine Vorurteile gegenüber den Mexikanern erkennen. Die Beschreibung des Nachmittags in Etla eröffnet dem Leser den Blick hinter die Maske des im Buch vorherrschenden rationalen Diskurses. Es ist die Wiederkehr des Lawrence'schen Bildes der Animalität und Blutrünstigkeit eines ganzen Volkes, das hier den Intellektualismus der Reflexionen Huxleys überlagert. Der Stierkampf scheint wie geschaffen für die Bestätigung des zuvor bereits Geahnten, dessen sich der Autor nur noch zu vergewissern braucht. Jeder Tropfen Blut dient als Beweis für den Symbolgehalt dieses kulturellen Ereignisses, das – wie bei Lawrence, Eisenstein,

---

[139] „The proceedings began at last and were gratifyingly unsanguinary" (Huxley 1934: 286).

[140] „It was a clamour for blood, for the delicious spectacle of pain [...] so disgusting in [its] low animality" (Huxley 1934: 286).

[141] „The beauties were monsters [...] [with] the stigmata of insentience, of stupidity, of buffalo-like obstinacy" (Huxley 1934: 286).

[142] „Still, there had been blood. Real blood. One must learn to be thankful for small mercies" (Huxley 1934: 286).

Goldschmidt oder Kerouac bereits gesehen – zum Sinnbild vermeintlich mexikanischer Blutrünstigkeit wird.

Allerdings will sich die *capea*, dieser nahezu unblutige Stierkampf der Kleinstadt, kaum zur Beglaubigung der vorgefassten Meinung über Mexiko eignen. Zu wenig ernsthaft erscheinen Huxley die Aktionen der Feierabend-Toreros, zu unaufmerksam die Reaktionen der Zuschauer, zu lächerlich das ganze Spektakel. So schildert er denn mit leiser Ironie seinen „Nachmittag eines Fauns", dessen Lust an der Betrachtung der blutrünstigen Masse durch die *capea* nicht recht befriedigt zu werden scheint. Aber wie sagt er doch selbst: „Man muss lernen, sich mit Wenigem zufrieden zu geben".

9.4
Stierkampf als exemplarische Mexikoerfahrung

Die Darstellung der verschiedenen Formen des Stierkampfs in der Prosa nach Mexiko gereister Literaten wurde hier exemplarisch untersucht. Die Liste der Schriftsteller, die über Stierkampf in Mexiko geschrieben haben, ließe sich fortsetzen, ohne dass grundsätzlich neue Aspekte hinzukommen würden. D. H. Lawrence, Tom Lea, Malcolm Lowry, Norman Mailer (um nur einige der bekanntesten unter ihnen zu nennen) haben sich der Thematik ebenso angenommen wie eine Reihe von Drehbuchautoren, die den Stoff für das Kino bearbeiteten.

In allen hier besprochenen literarischen Repräsentationen des Stierkampfs kommt diesem ein hoher symbolischer Gehalt zu. Sei es, dass er zum Sinnbild der Unterdrückung des indigenen Mexiko durch die barbarische europäische Zivilisation wird (Goldschmidt); sei es, dass er die Blutrünstigkeit bzw. die aztekische „Blutherz-Opfer"-Mentalität der Mexikaner symbolisiert (Huxley, Kerouac); oder sei es, dass er zur Metapher der Geschlechterbeziehungen und des *machismo* mexikanischer Männer wird (Holder, Cain) – immer steht der Stierkampf für den Zustand einer ganzen Gesellschaft, für Mentalität und soziale Beziehungen der Mexikaner im Allgemeinen, und wird so zur Metapher für Mexiko überhöht. Die Diskrepanz zwischen den vorgeprägten Bildern in den Köpfen der Schreibenden und dem, was sie wirklich wahrnehmen, kann dabei schließlich so groß werden, dass das beschriebene kulturelle Ereignis nur noch einen schwachen Widerschein von dem vermittelt, was der Schriftsteller in ihm sehen will. Das wird insbesondere in Huxleys Darstellung der *capea* offensichtlich, die nach seiner eigenen Aussage zwar „erfreulicherweise unblutig" verläuft, aber gleichwohl die Blutrünstigkeit der Mexikaner versinnbildlichen soll.

Einzig Katherine Anne Porter entgeht der Gefahr, den Stierkampf zur Metapher Mexikos zu machen, indem sie die Subjektivität des eigenen Blicks, der eigenen Empfindungen reflektiert – allerdings zu dem Preis, das kulturelle Ereignis für das Nachdenken über das Böse in ihrer Person zu funktionalisieren und es damit fast zum Verschwinden zu bringen.

Ich möchte an dieser Stelle noch einmal die Sätze von Clifford Geertz erwähnen, die ich bereits in der Einleitung zum vorliegenden Buch zitierte. „Der Hahnenkampf ist ebenso wenig der Schlüssel zum balinesischen Leben wie der Stierkampf zum spanischen", schreibt er in „Deep Play: Notes on the Balinese Cockfight" und fährt dann fort:

> Was er über dieses Leben aussagt, bleibt durch andere, gleichermaßen vielsagende kulturelle Darstellungen weder uneingeschränkt noch unangefochten. [...] Die Kultur eines Volkes ist ein Ensemble von Texten, die selbst wiederum Ensembles darstellen, welche der Ethnologe über die Schultern derer zu lesen versucht, denen sie eigentlich gehören. [...] Solche Formen als „etwas über etwas aussagen" anzusehen, das an jemanden gerichtet wird, bedeutet zumindest die Möglichkeit einer Analyse zu eröffnen, die sich mehr mit deren Substanz auseinandersetzt als mit reduzierten Formeln, die vorgeben, sie zu erklären (Geertz 1973b: 452-453, Übersetzung FSW)[143].

Geertz' Aussage zum Stierkampf in Spanien lässt sich im vorliegenden Kontext auf Mexiko übertragen: Er stellt ebenso wenig den Schlüssel zum Verständnis mexikanischer wie spanischer Kultur dar. Die verschiedenen Formen des Stierkampfs als Texte begreifen (welche in sich bereits ein Ensemble von Texten sind), die etwas über etwas sagen, das durch andere kulturelle Ereignisse in Mexiko eingeschränkt, modifiziert, infrage gestellt werden kann – eine solche Auseinandersetzung mit dem Stierkampf würde nicht nur der Substanz dieses kulturellen Ereignisses näherkommen; sie würde gleichzeitig auch die Stilisierung des Stierkampfs zur Metapher für

---

[143] „The cockfight is not the master key to Balinese life, any more than bullfighting is to Spanish. What it says about that life is not unqualified nor even unchallenged by what other equally eloquent cultural statements say about it. [...] The culture of a people is an ensemble of texts, themselves ensembles, which the anthropologist strains to read over the shoulders of those to whom they properly belong. [...] to regard such forms as ‚saying something of something,' and saying it to somebody, is at least to open up the possibility of an analysis which attends to their substance rather than to reductive formulas professing to account for them" (Geertz 1973b: 452-453).

Mexiko schlechthin verhindern, welche das Ensemble von Texten, das die Kultur(en) des Landes ausmacht, auf eine einzige, eindeutige und widerspruchsfreie Formel reduziert.

Einzig in der am Anfang dieses Kapitels besprochenen Fotografie Tina Modottis erscheint der Stierkampf als ein gesellschaftliches Phänomen unter anderen, wodurch er in einen größeren Zusammenhang eingebettet wird, was wiederum eine Interpretation desselben als Metapher Mexikos untergräbt. In den erörterten literarischen Repräsentationen dagegen wird er, sofern er nicht überhaupt nur für eine Analyse der eigenen Persönlichkeit funktionalisiert wird, zum Sinnbild dessen, was die jeweiligen Autorinnen und Autoren für die Essenz mexikanischen Lebens halten.

Maryse Holder notiert in ihrer Beschreibung des Stierkampfs einmal: „Sich auf eine Metapher zu beschränken, ist Literatur" (Holder 1980: 95). Wäre dem so, müsste man sich das Versagen der Literatur (wie übrigens auch anderer Kunstformen) insbesondere in Bezug auf die Möglichkeit der Repräsentation einer fremden Kultur unumschränkt eingestehen. Gerade durch die Reduzierung des Texte-Ensembles einer fremden Kultur auf eine einzige Metapher – in diesem Falle in der Stilisierung einer einzelnen Erfahrung zur exemplarischen Erfahrung Mexikos schlechthin – wird die Annäherung an die unzähligen kulturellen Formen und Praktiken verhindert, die etwas über etwas aussagen, das an jemanden gerichtet wird (der nicht notwendigerweise und in der Realität nur selten der das Land bereisende Fremde ist[144]).

Erst der Verzicht auf die Metaphorisierung einzelner Erfahrungen zu Erfahrungen einer ganzen Gesellschaft, einer ganzen Kultur könnte im Zusammenwirken mit dem Reflektieren der Subjektivität der eigenen Wahrnehmung eine Annäherung an fremde Kulturen ermöglichen. Diese Annäherung wiederum könnte den ersten Schritt in Richtung auf einen inter- oder auch transkulturellen Dialog darstellen, innerhalb dessen ich den Anderen als mich Wahrnehmenden wahrnehme.

---

[144] Erst in den kulturellen Ereignissen, die auf die von außen forcierte Exotisierung Mexikos mit einer Selbstexotisierung antworten, ist der Fremde derjenige, an den sich die Repräsentationen der Kultur unmittelbar richten. Dies gilt zum Beispiel im Falle der eigens für Touristen inszenierten Feste. Ich werde auf diesen Aspekt in Kapitel 11 zurückkommen.

10.
GRENZGÄNGER:
B. TRAVEN, MALCOLM LOWRY UND LUIS BUÑUEL

Die Geschichte der Mexikobilder in Literatur und Film des 20. Jahrhunderts ist, wie in den vorhergehenden Kapiteln dargelegt, im Wesentlichen eine Geschichte der Stereotypen, Klischees und der Metaphorisierung des Landes bzw. des kulturell Anderen auf der Grundlage meist sehr begrenzter (realer oder fiktiver) Alteritätserfahrungen und deren symbolischer Repräsentation. Doch gibt es auch Ausnahmen im Meer der klischeehaften Mexikodarstellungen durch europäische und US-amerikanische Schriftsteller und Filmregisseure, die eine für ihre jeweilige Zeit fortgeschrittene Bemühung um eine möglichst realistische bzw. differenzierte Darstellung des Landes erkennen lassen. Gegenstand des vorliegenden Kapitels sind drei dieser Ausnahmen: die Prosa B. Travens und Malcolm Lowrys sowie die „mexikanischen" Filme Luis Buñuels.

10.1
B. Traven: Von der anarchistischen Utopie
zur Kritik der mexikanischen Revolution

Aller Wahrscheinlichkeit nach dürfte der Autor B. Traven, immer auf der „Flucht in die Anonymität" (Guthke 1987: 19), Mitte 1924 in Mexiko angekommen sein, wohin er ab diesem Zeitpunkt das verlegt, was man gemeinhin Lebensmittelpunkt nennt, auch wenn bis heute nicht alle Details der mysteriösen Biografie Travens geklärt werden konnten.[145] Aber es geht mir hier nicht um eine weitere Facette seiner Selbstinszenierung als Abenteurer und die Selbstanonymisierung als Autor, sondern um die Mexikobilder, die in seiner Prosa bis 1940 entstehen.

---

[145] Vgl. zur Biografie B. Travens: Guthke (1987; 1990); Zogbaum (1992). Diese und weitere wissenschaftliche Nachforschungen zur Biografie Travens haben bis heute nicht dazu geführt, dass die ins Kraut schießenden Spekulationen über sein Leben eingedämmt worden wären. Vgl. zur Selbstinszenierung dieser Biografie Guthke (1987); Zogbaum (1992: 23); Krämer (2000: 65-66).

Bereits 1925 publiziert Traven seinen ersten längeren Text über Mexiko, *Die Baumwollpflücker*, als Fortsetzungsroman in der sozialdemokratischen Zeitung *Vorwärts*. Dieser erscheint in erweiterter Form 1926 unter dem Titel *Der Wobbly* und ab 1929 in einer überarbeiteten Fassung erneut unter dem ursprünglichen Titel. Der US-Amerikaner Gerard Gale, der bereits im ersten Traven-Roman *Das Totenschiff* als Erzähler fungierte, erlebt diverse Abenteuer während seines Vagabundenlebens in der mexikanischen Provinz, wo er sich als Baumwollpflücker, Erdöldriller, Gelegenheitsarbeiter und ungelernter Bäcker sowie als Viehtreiber durchschlägt. Dies alles erzählt er vor dem Hintergrund des allgemein und relativ vage gehaltenen Kontexts einer Gesellschaft, in dem die arbeiterfreundliche Regierung und die bedeutende Rolle der Gewerkschaften hervorgehoben werden (Guthke 1987: 341-342; Raasch 2006: 60-61), aber trotz beider die kapitalistischen Ausbeutungsverhältnisse weiter bestehen. Dass die Situation in der durch den Erdölboom schnell wachsenden und einer extremen Industrialisierung unterworfenen Stadt Tampico im Bundesstaat Tamaulipas allerdings nicht auf die mexikanischen Verhältnisse zur Mitte der 1920er Jahre im Allgemeinen übertragen werden kann, erschließt sich Traven zunächst nicht (Zogbaum 1992: 4-10); und entsprechend stellt er die Situation so dar, als gelte sie für Mexiko im Ganzen.

Das Mexikobild in *Die Baumwollpflücker* ist vielfältig wie der Roman selbst, beschreibt er doch in lose zusammenhängenden Episoden zahlreiche Aspekte des Arbeits- und Alltagslebens. Allerdings ist die Perspektive eine zutiefst europäische, geprägt durch Travens anarchistische Ideologie und die Übertragung der Repräsentation europäischer Klassenkämpfe auf die mexikanischen Verhältnisse – wobei man allerdings auch die besondere Situation in Tampico berücksichtigen muss, da sich in der Stadt zu diesem Zeitpunkt zahlreiche Angehörige der in den USA verfolgten Gewerkschaft „Industrial Workers of the World" (die *wobblies* aus dem zwischenzeitlichen Titel des Romans) aufhielten, die mit den anarchistischen Ideen sympathisierten, die auch Traven vertrat (Jenkins 1987; Zogbaum 1992: 1-4).

Bereits am Anfang des Romans werden der Zusammenhalt der proletarischen Klassengenossen über nationale und ethnische Unterschiede hinweg sowie die internationale Solidarität thematisiert (Traven 1990a: 8-9). Die Ausbeuter nehmen keine Rücksicht auf Nationalitäten (Traven 1990a: 94), und die Widersprüche der Gesellschaft sind keine ethnischen, sondern lediglich Klassenwidersprüche (Traven 1990a: 54). Innerhalb dieser Darstellung wird das positive Bild einer postrevolutionären Regierung gezeichnet, die trotz ihrer Neutralität angesichts konkreter Streikaktionen grundsätzlich auf der Seite der Arbeiterschaft und der Gewerkschaften steht (Traven

1990a: 72-78, 80-81, 84-86, 126). Die Mexikaner werden als freiheitsliebendes, im Grunde anarchistisches Volk charakterisiert (Traven 1990a: 96-97). Mexiko erscheint hier einmal mehr als Sehnsuchtsraum eines Schriftstellers, der seine in der Alten Welt gescheiterte Revolutionsutopie auf die mexikanische Revolution überträgt.

Das bedeutet allerdings nicht, dass ethnische Charakterisierungen gänzlich ausbleiben. Die indigene Bevölkerung wird als langsam, geduldig, genügsam, ängstlich und somit als leichter ausbeutbar repräsentiert (Traven 1990a: 9, 22, 32, 56, 91, 120-122). Damit schreibt Traven die überkommenen Klischees über die indigenen Gruppen fort, die sich auch in anderen zeitgenössischen Texten europäischer Schriftsteller finden. Gleichzeitig kritisiert er aber den Rassismus der US-Amerikaner im Land gegenüber ihren indigenen Arbeitern und die rassistischen Verhaltensweisen von weißen oder mestizischen Mexikanern ihnen gegenüber (Traven 1990a: 16-17, 59, 97).

Diese grundsätzliche Sicht auf die indigene Bevölkerung und auf die mexikanischen Verhältnisse behält Traven in den frühen Erzählungen bei (Traven 1990b). Die Minimierung oder Vereinfachung der ethnischen Aspekte politischer Konflikte bzw. Klassenauseinandersetzungen in Mexiko gilt auch noch für den essayistischen Reisebericht *Land des Frühlings* (Traven 1984; Rall/Rall 2003: 213-224) sowie die zuerst 1929 erschienenen Bände *Die Brücke im Dschungel* (Krämer 2000: 67-83) und *Die weiße Rose* (Eigenheer 1993: 25-29). Zwar werden im Reisebericht die indigenen Kulturen im Süden des Landes wesentlich ausführlicher dargestellt als in *Die Baumwollpflücker*. Doch ist auch hier „der wahre Indianer [...] eine proletarische Erscheinung gemäß [...] [der] Gleichsetzung von Proletariat und lateinamerikanischer Urbevölkerung" (Guthke 1987: 405; Lürbke 2000: 56), die der Autor bereits in den ersten Mexikotexten vorgenommen hatte. Im Reisebericht nimmt allerdings die Idealisierung der indigenen Kulturen als proletarische oder urkommunistische und mit ihnen eine vereinfachende Gegenüberstellung von indigener „Kultur" und weißer „Zivilisation" (Guthke 1987: 413) sowie die Behauptung einer kulturellen Überlegenheit der „Indianer" im Sinne eines „umgekehrten Rassismus" (Hohnschopp 1993: 155) noch zu.

Die größtenteils paternalistische Perspektive auf die indigene Bevölkerung, die in diesen Texten zum Ausdruck kommt, ist allerdings kein bloßes Phänomen der literarischen Produktion Travens; sie ist vielmehr auch für die Auseinandersetzung mexikanischer indigenistischer Schriftsteller sowie der bekanntesten Wandmaler, vor allem für Diego Rivera, kennzeichnend. Traven findet sich mithin innerhalb der zeitgenössischen innermexikanischen Debatten deo Indigonismus wiedei (Steele 198/; Zogbaum 1992: 76-81). Und obwohl man ihm die idealisierende und teils auch eurozentrische Perspektive auf die indigenen Kulturen seiner Zeit vorhalten kann (Lürbke 2000: 59, 62), muss man diesen historischen Kontext doch bedenken, dessen Debatten lange vor neueren ethnologischen Erkenntnissen oder postkolonialistischen Paradigmen angesiedelt waren.

Die frühen Romane und der Reisebericht enthalten auch eine Idealisierung der mexikanischen Revolution, die sich aus dem historisch konkreten Zusammenhang ihrer jeweiligen Produktion erklären lässt (Zogbaum 1992: 26-27, 38-41, 44-54). Diese Idealisierung gibt Traven allerdings im so genannten „Caoba-Zyklus"[146] von Roman zu Roman ein Stück mehr auf, auch wenn er am Ende des Zyklus auf die Utopie einer idealen indigenen Gemeinschaft zurückgreift. Insbesondere die letzten beiden Bände des Zyklus können nicht nur als Kritik der Diktatur unter Porfirio Díaz gelesen werden, sondern auch als indirekte Anklage bezüglich der unerfüllten Versprechungen der mexikanischen Revolution (Fischer 1987: 198, 201, 203; Hohnschopp 1993: 181; Lürbke 2000: 122) – indirekt vor allem auch wegen des rechtlichen Status von Traven in Mexiko, aufgrund dessen er bei zu deutlicher Kritik an der Revolution als Ausländer mit Abschiebung rechnen musste (Zogbaum 1992: 107). Traven selbst hat auf diese historische Aktualität über die Zeit des Porfiriats hinaus hingewiesen (Guthke 1987: 437).

Im Folgenden möchte ich beispielhaft den 1936 veröffentlichten Roman *Die Rebellion der Gehenkten* (Traven 1936) analysieren. Erzählt wird zunächst die Geschichte des Tzotzil Candido und seiner Familie. Als er die Operation seiner todkranken Frau nicht bezahlen kann, lässt er sich für die Arbeit als Holzfäller anwerben. Nach dem zwischenzeitlichen Tod seiner Frau geht er mit seinen beiden Söhnen und seiner Schwester in das Lager im Dschungel, in dem ausschließlich Angehörige indigener Gruppen in Chiapas die schwersten Arbeiten verrichten müssen. Auf dem Weg dorthin schließen sich ihnen weitere Kontraktarbeiter an, darunter auch Martin Trinidad, ein ehemaliger Lehrer, sowie die Armeedeserteure Lucio Ortiz und Juan Mendez (Letzterer wird später zu einer der Hauptfiguren von *Ein General kommt aus dem Dschungel*). Die indigenen Arbeiter müssen sich einem Schuldverschreibungssystem beugen, aus dem sie sich praktisch

---

[146] Der „Caoba-Zyklus" oder auch „Mahagoni-Zyklus" besteht aus den Romanen *Der Karren* (1931), *Regierung* (1931), *Der Marsch ins Reich der Caoba* (1933), *Die Troza* (1936), *Die Rebellion der Gehenkten* (1936) und *Ein General kommt aus dem Dschungel* (1940).

nicht herauskaufen können, sie werden damit quasi zu Leibeigenen der Besitzer der Konzessionen des Mahagonigeschäftes. Nach unzähligen Erniedrigungen und Folterungen und anfänglichen Fluchtversuchen kommt es schließlich zur Rebellion der Arbeiter, die ihre Ausbeuter ermorden und aus dem Dschungel marschieren, um ihre Rebellion fortzusetzen und auch die abhängigen Landarbeiter der Region in sie einzubeziehen.

Im Gegensatz zu *Land des Frühlings*, aber auch im Unterschied zu den ersten Bänden des „Caoba-Zyklus", stellt Traven in *Die Rebellion der Gehenkten* die indigenen Kulturen nicht mehr als in erster Linie idyllische Kommunen dar; weder ethnische noch kulturelle Aspekte stehen hier im Vordergrund. Es geht ihm vielmehr um die Beschreibung der konkreten Lebens- und Arbeitsbedingungen der indigenen Bevölkerung im Kontext der Mahagoni-Industrie in Chiapas (Baumann 1987: 246-247). Er thematisiert das Anwerbungssystem und dessen Knebelverträge mit den meist analphabetischen indigenen Arbeitern (Traven 1936: 17, 20, 58-59), die klimatischen und geografischen Bedingungen im Urwald (Traven 1936: 55, 66), das Funktionieren der Caoba-Wirtschaft (Traven 1936: 47-49, 77-81), die Lebens- und Arbeitsbedingungen im Dschungel (Traven 1936: 83-84, 96, 153-156), das einer Leibeigenschaft entsprechende „Verschuldungssystem" der abhängigen Arbeiter (Traven 1936: 58-59; Hohnschopp 1993: 186-187), die ethnische Diskriminierung durch *ladinos*[147] (Traven 1936: 59, 75, 131, 137), die verbreitete Korruption unter dem Regime von Porfirio Díaz (Traven 1936: 7, 23, 30-34, 59) sowie besonders eindrücklich die Unterdrückung der Arbeiter durch die Aufseher und die Besitzer des Holzunternehmens, die bei Nichterfüllung der Arbeitsvorgaben oder bei Fluchtversuchen auch vor grausamer Folter oder Erschießungen nicht zurückschrecken (Traven 1936: 53, 62-65, 74-75, 84-85, 149-150).

Und es geht Traven um die Gegenüberstellung der mächtigen *ladinos* und der unterdrückten indigenen Gruppen, bei der Erstere durch ihre Grausamkeit, Vergewaltigungen, ihre Dekadenz, ihre schlechten Manieren sowie durch ihren Betrug an und die Ausbeutung der indigenen Bevölkerung gekennzeichnet werden (Traven 1936: 24, 28-29, 46, 158) – eine Vorstellung, die bereits in den früheren, in erster Linie zivilisationskritischen Texten Travens häufig auftauchte. Im Unterschied zu diesen regt sich allerdings in *Die Rebellion der Gehenkten* bald der Widerstand der Arbeiter

---

[147] Der Begriff *ladinos* bezeichnet in Zentralamerika sowohl die weißen und mestizischen als auch die akkulturierten indigenen, Spanisch sprechenden Menschen mit Ausnahme der kreolischen Eliten. Traven benutzt den Begriff aber meist verkürzend nur für Weiße.

gegen die Grausamkeiten sowie gegen die äußere wie innere Kolonisierung (Ludszuweit 1996: 275-283). Zunächst sind es noch individuelle Formen des Widerstands (Traven 1936: 72, 100, 104-105), die angesichts der immer grausameren Folterungen schließlich in einen kollektiven Akt der Rache einmünden (Hohnschopp 1993: 200), bei dem die Besitzer der Holzwirtschaft und die Aufseher im Lager auf zum Teil äußerst grausame Weise gefoltert und umgebracht werden (Traven 1936: 160-161, 166-169, 190-1). Traven legitimiert diese Grausamkeiten mit der Notwendigkeit der Gegengewalt und stellt sie damit in den Zusammenhang kapitalistischer Ausbeutung am Vorabend der mexikanischen Revolution:

> Es war nicht die Wildheit der indianischen Arbeiter, daß sie zerstörten und mordeten, wo immer sich eine Gelegenheit fand, den Schutt wegzuräumen, der ihnen im Wege lag. Sie waren nur darum Wilde, weil sie Gegner und Unterdrücker hatten, die zehnmal wilder und hundertmal grausamer waren, wenn sie fürchteten, daß ihre Schinken angeknabbert werden möchten (Traven 1936: 208).

Der Glaube an die Notwendigkeit einer gewaltsamen Revolution unterscheidet ihn auch von den meisten indigenistischen Autoren in Mexiko, welche die Befreiung der indigenen Bevölkerung vornehmlich in politischen Reformen und in ihrer Integration in einen modernen mexikanischen Staat sahen (Steele 1987: 312-313).

Traven stellt die Rebellion der Gehenkten in den Kontext der mexikanischen Revolution, macht aber auch deutlich, dass es zwar ein allgemeines „revolutionäres" Klima zu dieser Zeit gibt, von dem die indigenen Arbeiter im Dschungel allerdings nichts wissen, da entsprechende Nachrichten nicht zu ihnen vordringen (Traven 1936: 113-115, 222, 228).

Die Rebellion der indigenen Arbeiter im Reich der Caoba ist zunächst spontan und ungeplant (Traven 1936: 170), doch beim Marsch der Revolutionäre aus dem Dschungel heraus organisiert sie sich quasi von selbst (Traven 1936: 220-250). Diese Selbstorganisation der Revolution und der Revolutionäre nimmt im Roman einen relativ breiten Raum ein, sie ist entscheidend für Travens anarchistische Idee der Revolution durch Aktion. Gleichzeitig kritisiert er damit auch (aufgrund seiner eigenen Erfahrungen mit der Münchner Räterepublik) das „Zerreden" des revolutionären Aufstandes. Zwar hebt er die politische Agitation beispielhaft in der Figur des ehemaligen Schullehrers Martin Trinidad positiv hervor (Traven 1936: 123-124, 129), aber gleichzeitig schreibt er: „Es sind immer die Revolutionsparlamente und deren Sitzungen, die eine Revolution veröden und sie endlich zu Fall bringen" (Traven 1936: 253).

Die Mahagoniarbeiter sind auch daran interessiert, die Revolution auf die Massen der indigenen Landarbeiter auszudehnen, um so letztlich eine allgemeine Revolution in Gang zu setzen, die mit jeglicher Art von Herrschaft aufräumt (Traven 1936: 205-207). Hier greift Traven allerdings auf eine kleinbürgerlich anarchistische Idee zurück, die in den ersten Romanen des „Caoba-Zyklus" bereits präsent war. Die Abschaffung jeglicher Herrschaft soll nämlich nicht etwa mit der Abschaffung von Privatbesitz an Boden verbunden werden. Sein Ideal ist es vielmehr, dass jedem der Boden gehöre, den er bebaut (Traven 1936: 208, 257) – ein Ideal, das im folgenden Roman des Zyklus, *Ein General kommt aus dem Dschungel*, noch wesentlich deutlicher zutage tritt.

Mit dem Bild der aufständischen indigenen Arbeiter wird in *Die Rebellion der Gehenkten* die in der europäischen Literatur der Zeit verbreitete Vorstellung vom apathischen, passiven „Indianer" und einem kulturell absolut Anderen in Frage gestellt, der vorgeblich in einer anderen Dimension oder einer anderen Zeit existiert. Das Bild indigener Kulturen unterscheidet sich insofern auch von früheren Repräsentationen in Travens eigenen Texten, als Unterschiede zwischen den Ethnien durchaus anerkannt werden und diese bisweilen als eigene „Nationen" betrachtet werden (Traven 1936: 122, 232; Lürbke 2000: 123) – auch wenn die Traven-Forschung bisher meist das Gegenteil behauptete.

Die literarische Repräsentation des kulturell Anderen ist in diesem Zusammenhang eine historisch konkrete, an die zeitgenössischen politischen, ökonomischen und kulturellen Bedingungen geknüpfte. Dies unterscheidet sie von nahezu allen literarischen Versuchen europäischer Schriftsteller aus Travens Zeit, das indigene Mexiko zu thematisieren – trotz berechtigter Kritik an Travens anarcho-primitivistischer Utopie einer Gemeinschaft selbstständiger indigener Kleinbauern „jenseits" des Kapitalismus innerhalb eines kapitalistischen Systems, wie sie vor allem im Folgeband der *Rebellion der Gehenkten*, dem den Zyklus beschließenden Roman *Ein General kommt aus dem Dschungel*, deutlich wird (Murphy 1987).

Seien es die utopischen Entwürfe der Surrealisten André Breton und Antonin Artaud, seien es die primitivistisch vitalistischen Darstellungen bei D. H. Lawrence oder Sergei Eisenstein, sie alle repräsentieren die indigenen Gruppen Mexikos als der Zeit entrückte, einer ahistorischen Mentalität unterworfene Wesen jenseits der Moderne. Und auch die so häufig, vor allem von den englischen Schriftstellern thematisierte Vorstellung von der Hölle Mexiko erfährt in *Die Rebellion der Gehenkten* eine neue Wendung.

Zwar heißt es bei Traven: „Ihr seid nicht in der Vorhalle der Hölle, hier seid ihr bereits am anderen Ende der Hölle" (Traven 1936: 68). Aber dieser Satz bezieht sich nicht auf ein irgendwie geartetes dunkles, vormodernes Mexiko, sondern auf die konkreten Bedingungen der Ausbeutung der indigenen Arbeiter im Holzfällerlager. Insofern ist Travens Darstellung der Klassenkonflikte am Vorabend der mexikanischen Revolution in *Die Rebellion der Gehenkten* im Kontext der europäischen Literatur seiner Zeit ein fortschrittlicher Versuch, die konkreten historischen Bedingungen in Chiapas in den ersten drei Jahrzehnten des 20. Jahrunderts zu repräsentieren, ein Versuch nicht ohne Widersprüche und Tendenzen zur Funktionalisierung des Anderen für die eigene anarchistische Utopie, aber weitgehend frei vom Exotismus der in den vorigen Kapiteln analysierten Texte anderer europäischer Schriftsteller.

10.2
Malcolm Lowry: Die Abgründe des Eigenen

Malcolm Lowrys zuerst 1947 erschienener Roman *Under the Volcano*, zu Deutsch *Unter dem Vulkan*, ist nur eines von mehreren Büchern des Autors über Mexiko.[148] Es ist verschiedentlich in eine Reihe mit den hier bereits analysierten Mexikobüchern von D. H. Lawrence, Aldous Huxley und Graham Greene gestellt worden (Woodcock 1956: 32; Pacheco 1964; Ruffinelli 1978: 144-158; Walker 1984: 229-302). Eine oberflächliche Lektüre des Romans mag diesen Befund zunächst bestätigen. Es finden sich in ihm eine Reihe von Motiven und Mexikobildern wieder, die wir bereits aus den Romanen von Lawrence, Huxley und Greene kennen. Und der Tenor des Erzählten liegt ebenso auf den extremen Erfahrungen oder Vorstellungen, den Metaphern von Paradies und Hölle, die für die Prosa seiner Vorläufer charakteristisch ist.

Der Roman spielt an zwei Tagen, jeweils an Allerseelen 1938 und 1939. Im ersten Kapitel erinnert sich Jaques Laruelle an die Ereignisse vor genau einem Jahr, die in den elf weiteren Kapiteln erzählt werden. Die übrige Romanhandlung besteht in der Rekonstruktion des letzten Tages im Leben des britischen Ex-Honorarkonsuls und Trinkers Geoffrey Firmin, der sich

---

[148] Neben diesem Roman hat er weitere Texte zu Mexiko, darunter die beiden längeren *Dark as the Grave Wherein my Friend is Laid* (Lowry 1968) und *La Mordida* (Lowry 1996), sowie eine Reihe von Gedichten mit Mexikobezug (Lowry 1992) hinterlassen. Meine Analyse konzentriert sich im Folgenden auf den Roman *Unter dem Vulkan*.

in dem Ort Quauhnahuac (indigener Name der Stadt Cuernavaca im mexikanischen Bundesstaat Morelos) aufhält. Firmin wird von seiner Frau Yvonne und seinem Halbbruder Hugh besucht, die vergeblich versuchen, ihn von seiner Trunksucht und Todessehnsucht abzubringen. Schließlich wird der Ex-Konsul von einer Gruppe mexikanischer Faschisten ermordet und in eine Schlucht geworfen.

In dem Vorwort zum Roman, das Lowry im September 1948 verfasste, legt er die Parallelen zwischen seinem Mexikobild und demjenigen der genannten englischen Schriftsteller nahe, indem er vom langsamen, melancholischen und traurigen Rhythmus Mexikos, vom konfliktgeladenen Aufeinandertreffen mehrerer Rassen und vom Kampf zwischen Gut und Böse spricht (Lowry 1989: 4). Im ersten Kapitel gibt es eine ganze Reihe von Hinweisen, die Mexiko mit dem Paradies verknüpfen (Lowry 1989: 20, 25); auch die Vorstellung versteinerter Gesichter der indigenen Bevölkerung taucht ähnlich wie bei Lawrence und Huxley wieder auf (Lowry 1989: 27). Und gleichzeitig wird die Stadt Quauhnahuac als Ort beschrieben, in dem überall der Abgrund und die Hölle lauern (Lowry 1989: 31, 55).

Man darf allerdings nicht vergessen, dass hier nicht wie bei Lawrence und Huxley eine Romanfigur erzählt, die als *alter ego* des Autors gelten kann, sondern Jaques Laruelle, der sich bei seiner Rückkehr nach Mexiko an die tragischen Ereignisse und den Tod des Konsuls erinnert (Anaya Ferreira 2001: 328) – und das alles vor dem Hintergrund der weltpolitischen Situation im November 1939, angesichts derer Laruelle sinniert: „Was vor einem Jahr geschehen war, schien heute bereits einem anderen Zeitalter anzugehören. Man hätte meinen sollen, die Schrecken der Gegenwart hätten es aufgesogen wie einen Wassertropfen" (Lowry 1989: 19). Die persönliche Tragödie des Konsuls verliert insofern an Bedeutung angesichts der (bei Lowry weltumspannenden) Tragödie des Faschismus und des Zweiten Weltkriegs (Albala 2000: 135, 174).

In den übrigen Kapiteln tauchen ebenfalls regelmäßig Bilder auf, wie man sie aus den Romanen von Lawrenec, Huxley und Greene kennt. Einer der indigenen Kofferträger wird als „dunkler Gott" beschrieben (Lowry 1989: 69), und Firmin betrachtet die „gutmütigen alten Götzengesichter" (Lowry 1989: 280) indigener Frauen. Diese Andeutungen des dunklen, mysteriösen indigenen Mexiko, die vor allem auf Lawrence anspielen, sind jedoch stets Wahrnehmungen einzelner Protagonisten, die durch andere Ereignisse oder Alteritätserfahrungen in Frage gestellt werden.

Auffällig ist in diesem Zusammenhang die hervorragende Kenntnis mexikanischer Geschichte und Kulturen (Anaya Ferreira 2001: 323), die es Lowry erlaubt, zeitgenössische Entwicklungen im Land in einen historischen Kontext einzuordnen und die Geschichte Mexikos nicht als isoliertes nationales – oder gar wie Lawrence bloß indigenes – Phänomen zu betrachten. Vielmehr ordnet er mexikanische Geschichte und Gegenwart in die internationalen Entwicklungen und Ereignisse ein, ohne die historische Entwicklung des Landes lediglich als frühere Stufe europäischer Entwicklung zu interpretieren, wie es Huxley und Greene taten.

So reflektiert Lowry die politische Unterdrückung unter der Diktatur von Porfirio Díaz, die innermexikanischen Auseinandersetzungen zwischen Linken und Rechten nach der Revolution, die herrschende Korruption, aber auch die internationalen Konflikte wie die Versuche des nationalsozialistischen Deutschland, antisemitische Kampagnen in Mexiko zu initiieren, sowie die zunehmenden Spannungen zwischen Mexiko und Großbritannien im Kontext der Verstaatlichung des Erdöls, die in erster Linie britische Konzerne betraf (Lowry 1989: 122-124, 138-139, 303, 424-425, 436-437). Lowry ist der einzige der im vorliegenden Buch untersuchten englischen Autoren, der diese Spannungen offen benennt. Und seine Auseinandersetzung mit dem europäischen Faschismus ist nicht wie bei Huxley eine symbolische, innerhalb derer Mexiko als Laboratorium für die Untersuchung der eigenen Gesellschaft funktionalisiert wird, sondern es geht ihm um die konkreten historischen Ereignisse und deren widersprüchliche Auswirkungen auf die mexikanische Realität am Vorabend des Zweiten Weltkriegs (Lowry 1989: 122-125).

Die gute Kenntnis des Landes hat selbstverständlich auch damit zu tun, dass Lowry längere Zeit in Mexiko lebte und sich intensiv mit Geschichte und Gegenwart des Landes auseinandersetzte.[149] Im Ganzen verbrachte er während zweier Aufenthalte 25 Monate im Land (Walker 1984: 268). Dies lässt sich im Roman an den zahlreichen spanischsprachigen Zitaten ablesen, die im Unterschied zu anderen Texten über Mexiko nicht die legitimierende Funktion der Schaffung einer „authentischen" Atmosphäre haben, sondern eine Auseinandersetzung mit mexikanischer Realität auch über Sprachgrenzen hinweg vermitteln. Die Überschreitung der Sprachgrenzen ist nur eine von vielen in *Unter dem Vulkan*. So werden auch Kulturgrenzen überwunden bzw. in Frage gestellt, indem Mexiko wie bereits gesagt in seinem konkreten nationalen wie internationalen historischen Kontext verortet wird und damit nicht als homogene oder indigene Nation erscheint. Insofern kann ich der These von Lowrys Biograf Douglas Day, nach der

---

[149] Vgl. zur Biografie Lowrys: Day (1973) und zu seinen Mexikoaufenthalten Day (1973: 214-248, 311-312, 350-365) und Walker (1984: 267-302).

Mexiko eine bloß zufällige Geografie für den Roman darstelle (Walker 1984: 229-230), nicht nachvollziehen. Lowry verwendet zwar eine Reihe der Mexikobilder, die auch andere englische bzw. europäische oder US-amerikanische Schriftsteller vor ihm benutzten, in erster Linie bei der Repräsentation von Gewalt und Tod, aber seine Vision Mexikos ist wesentlich weniger von Vorurteilen und Vorverurteilungen geprägt als diejenige Lawrence', Huxleys oder Greenes (Anaya Ferreira 2001: 323-325), obwohl er schlechtere konkrete Erfahrungen in Mexiko machte als sie.[150] Allerdings macht er sich bisweilen ironisch über die Vorstellungen von Mexiko als Hort der Barbarei und Gewalt lustig; etwa wenn er ein Gespräch Hughs mit dem US-Amerikaner Weber wiedergibt, in dem Letzterer diesem im Flugzeug zubrüllte:

«Quauhnahuac! Da haben sie während der Revolution in den Arenen die Frauen gekreuzigt und die Stiere auf sie gehetzt. Feine Sache, das! Das Blut lief in Rinnsteine herunter, und auf dem Marktplatz haben sie Hunde gebraten. Die fragen nicht lange, die schießen gleich! Du hast verdammt recht...!»
Aber jetzt war keine Revolution in Quauhnahuac, und in der Stille schienen die purpurnen Abhänge vor ihnen, die Felder, selbst der Wachtturm und die Arena von Frieden, vom Paradies zu murmeln (Lowry 1989: 128, Hervorhebung im Original).

Der gravierendste Unterschied zwischen Lowrys *Unter dem Vulkan* und den bereits analysierten Texten englischer Autoren besteht gerade in der Verarbeitung des im Zitat angedeuteten, für die Literatur über Mexiko so charakteristischen Motivs von Paradies und Hölle als essenzieller Bestandteil der Alteritätserfahrungen. Auch in *Unter dem Vulkan* wird dieses Motiv häufig aufgegriffen. Manchmal verwandelt sich die gesamte Umgebung für Firmin in eine einzige Bedrohung (Lowry 1989: 101-102). Auf der anderen Seite kann die Landschaft aber auch paradiesisch schön und friedlich sein (Lowry 1989: 141). Und bisweilen fühlt der Ex-Konsul sich in einem Inferno: „Plötzlich überfiel ihn etwas, was er noch nie mit so bestürzender Gewißheit empfunden hatte: das Gefühl, daß er selbst in der Hölle sei" (Lowry 1989: 244). Aber er sucht diese Hölle auch: „Ich liebe die Hölle. Ich kann es nicht erwarten, wieder hinzukommen. Ich renne schon. Ich bin schon fast wieder dort" (Lowry 1989: 376). Und er sehnt sich zugleich nach dem Paradies, das er in bestimmten Momenten, zumeist in den vom Alkohol geschwängerten, ebenfalls zu finden scheint. So heißt es über

---

[150] Diese Erfahrungen, darunter seine Deportation aus Mexiko im Jahr 1946, hat der Autor in *La Mordida* (Lowry 1996) verarbeitet.

die Bar, in der er sich beinahe zu Tode trinkt· „[…] dies war der Ort, den er liebte – Zuflucht, das Paradies seiner Verzweiflung" (Lowry 1989: 402). Die Bilder von Paradies und Hölle in Lowrys Roman sind nie unabhängig von den persönlichen Erfahrungen des Ex-Konsuls, sie sind innere oder mit der Realität der Trunkenheit sich verwischende (Albala 2000: 228). So wie sich seine persönliche Tragödie (in einem durch und durch romantischen Bild) in der Landschaft widerspiegelt (Lowry 1989: 89), so wie die Landschaft je nach der positiven oder negativen Stimmung des Protagonisten ihr Gesicht verändert, weil sein Eifersuchtsdrama und seine Sehnsucht nach einer harmonischen Beziehung mit seiner Ex-Frau Yvonne (Lowry 1989: 59) sich in der Symbolik der Vulkane Popocatepetl und Iztaccihuatl als „Inbild der vollkommenen Ehe" (Lowry 1989: 121) wiederfinden, so sind auch die Bilder von Paradies und Hölle letztlich von ihm selbst abhängig. Mithin heißt es am Ende des ersten Kapitels in einem nie abgeschickten Brief des Ex-Konsuls:

… Nacht – und wieder einmal das nächtliche Ringen mit dem Tode, das von dämonischen Orchestern erbebende Zimmer, die Fetzen angstgequälten Schlafes, die Stimmen vor dem Fenster, die eingebildeten Besucher, die in verächtlichem Ton unausgesetzt meinen Namen rufen, die Spinette der Finsternis. […] die nimmerschlafende, ewige Trauer des großen Mexiko. […] Ein Grauen, das die Nervenkraft eines Riesen erfordert. Nein, meine Geheimnisse sind die des Grabes und müssen gehütet werden. Und so sehe ich mich zuweilen als einen großen Forscher, der ein außerordentliches Land entdeckt hat, aus dem er niemals zurückkehren kann, um der Welt davon zu berichten; aber der Name dieses Landes ist Hölle.
Es ist natürlich nicht Mexiko, sondern liegt im Herzen (Lowry 1989: 54-55).

In diesem letzten Satz liegt gerade der entscheidende Unterschied zur traditionellen literarischen Repräsentation Mexikos als Hölle und Hort der Barbarei. Und damit dekonstruiert Lowry gleichzeitig die allumfassenden Mexikometaphern der englischen Schriftsteller, die vor ihm das Land bereist hatten. Insofern können die Bilder von Paradies und Hölle in *Unter dem Vulkan* als intertextuelle Verweise gelesen werden, die der Dekonstruktion der Mexikometaphern dienen. In diesem Zusammenhang ist William Gass zuzustimmen, der behauptete, in Lowrys Roman gebe es keine bedrohlichen Vulkane, sondern nur bedrohliche Sätze (in Walker 1984: 229). Weit entfernt von einem kolonialistischen Blick, der den Anderen als barbarisch verteufelt, sucht Lowry den Konflikt in uns selbst, macht die Funktionalisierung des kulturell Anderen für die Konstruktion der eigenen Sehnsuchtsräume und Sehnsuchtsträume oder das eigene Grauen greifbar.

Dass der Ex-Konsul beides sucht – das Grauen ebenso wie das verlorene Paradies (Anaya Ferreira 2001: 347) –, macht diese Suche nur umso tragischer. Mexiko ist insofern in *Unter dem Vulkan* zwar „[…] der ideale Schauplatz für den Kampf eines Menschen gegen die Mächte der Finsternis und des Lichts" (Lowry 1989: 4), wie der Autor im Vorwort zum Roman schreibt, aber diese Mächte sind in erster Linie diejenigen der Psyche Firmins (und des mit ihm leidenden Trinkers Lowry) und in zweiter Linie diejenigen des Grauens des europäischen Faschismus am Vorabend des Zweiten Weltkriegs (Anaya Ferreira 2001: 325) – und nicht die Mächte eines als barbarisch konstruierten kulturell Anderen, in dem das Eigene literarisch symbolisch gespiegelt wird.

10.3
Luis Buñuel in Mexiko: Zwischen Kompromiss und Kritik

1946 geht Luis Buñuel nach einem längeren, für ihn frustrierenden Aufenthalt in den USA, wo er seit 1938 gelebt hatte, nach Mexiko. Will man seine Entscheidung verstehen, muss man sich vergegenwärtigen, dass es ihm in all den Jahren, in denen er in Hollywood und New York in der Filmindustrie gearbeitet hatte, nicht gelungen war, auch nur einen einzigen Film unter eigener Regie zu verwirklichen. In Hollywood synchronisierte und überwachte er die Produktion von Filmen über den spanischen Bürgerkrieg, doch kamen diese nie in die Kinos (Buñuel 1982: 174; Sánchez Vidal 1999: 44, 46). In New York war er für das „Bureau of Inter-American Affairs" im Museum für Moderne Kunst tätig, unterstützte folglich die US-amerikanische antifaschistische Propaganda (Barbáchano 2000: 149-151; Buñuel 1982: 175; de la Colina/Pérez Turrent 1986: 45). Nach seinem erzwungenen Abschied aufgrund einer Denunziation Salvador Dalís arbeitete er neuerlich in Hollywood (Buñuel 1982: 177-185).

In Mexiko dagegen realisiert Buñuel zwanzig der zweiunddreißig Filme, bei denen er Regie führte, darunter künstlerisch so bedeutende wie *Los olvidados* (*Die Vergessenen*, 1950), *Nazarín* (*Nazarin*, 1959) und *El ángel exterminador* (*Der Würgeengel*, 1962), sowie eine Reihe auch kommerziell erfolgreicher Melodramen. Trotz dieser außerordentlich reichen Produktion ist die mexikanische Phase in Buñuels Filmschaffen immer wieder von der europäischen und vor allem der französischen Kritik als künstlerisch wenig bedeutsam gekennzeichnet worden (Bazin 1961: 22; Eder/Jansen 1975: 71-72; Jansen 1975: 28-32; Drouzy 1978: 99; Mitry 1980:

375).[151] Die Kritiker messen dabei seine späteren stets an den ersten beiden, noch ganz der surrealistischen Ästhetik verpflichteten Filmen *Un chien andalou* (*Ein andalusischer Hund*, 1929) und *L'âge d'or* (*Das goldene Zeitalter*, 1930).

Sie scheinen dabei zu vergessen oder vergessen zu wollen, dass Buñuel sich zwischenzeitlich von der surrealistischen Ästhetik distanziert hatte (de la Colina/Pérez Turrent 1986: 40). Seine folgende Auffassung dazu spricht Bände: „Nach Meinung der Surrealisten ist die Mehrheit der Menschen dumm oder verachtenswert; das entfernte sie von jeglicher sozialen Teilnahme und ließ sie die Anstrengung anderer ablehnen" (in Aranda 1969: 120, Übersetzung FSW)[152]. Bereits an seinem 1933 gedrehten halbdokumentarischen Film *Las Hurdes – Tierra sin pan* (*Las Hurdes – Land ohne Brot*) lässt sich die veränderte Ästhetik des aragonesischen Regisseurs ablesen, der erkannt hatte, dass die avantgardistischen Filme die Massen nicht erreichten. Er war deshalb angesichts der faschistischen Bedrohung bereit, kommerzielle Filme zu drehen, um ein größeres Publikum zu erreichen (Aranda 1969: 340-342). Mit Recht haben daher einige Kritiker darauf hingewiesen, dass der Buñuel, der nach Mexiko kommt, mehr dem Regisseur von *Las Hurdes* als demjenigen der frühen surrealistischen Filme entspricht (Fuentes 1993: 22; Tuñón 2003: 135-136). Auch seine Arbeit für die Filmproduktionsfirma „Filmófono" in Spanien 1935/1936, die eine Reihe melodramatischer Streifen drehen ließ, stützt diese Interpretation (Barbáchano 2000: 124-132).

Nach seiner Ankunft in Mexiko erhält Buñuel von dem Produzenten Oscar Danciger das Angebot, ein kommerzielles Melodrama zu drehen (García Riera 1971: 90; de la Colina/Pérez Turrent 1986: 48). Das Ergebnis, *Gran Casino*, von 1946, ist ein Misserfolg, der den Regisseur für drei Jahre praktisch arbeitslos macht. Erst 1949 dreht er ein weiteres Melodram, *El gran calavera* (*Der große Lebemann*), das zum Kassenschlager wird. Es steht zu vermuten, dass der erste Misserfolg weniger der Tatsache geschuldet ist, dass Buñuel die ästhetischen Vorgaben und Codes des nationalistisch melodramatischen mexikanischen Kinos befolgte, wie einige Kritiker äußerten, denn er befolgte sie ebenso in *El gran calavera*, sondern dass

---

[151] Die neuere Kritik widerspricht allerdings dieser Auffassung. Vgl. unter anderen Fuentes (1993: 22-24), Lillo (1994: 5-9), Evans (1995: 36-89) und López de Abiada (2005: 395, 397).

[152] „Los surrealistas consideraban a la mayoría de la especie humana estúpida o despreciable, lo cual les apartó de toda participación social, haciéndoles rehuir la labor de los otros" (in Aranda 1969: 120).

Gran Casino aufgrund der Besetzung der Hauptrollen mit den alternden und rivalisierenden Stars Jorge Negrete und Libertad Lamarque scheiterte. Der kommerzielle Erfolg des zweiten in Mexiko gedrehten Films erlaubt es ihm, 1950 *Los olvidados* (*Die Vergessenen*) ohne größere ästhetische oder politische Kompromisse mit dem Produzenten drehen zu können, weshalb einer seiner radikalsten Filme entsteht.

Die Gründe für Buñuels langjährigen Aufenthalt in Mexiko und seine Entscheidung, bereits 1949 die mexikanische Staatsangehörigkeit anzunehmen, sind vielfältig. Trotz der oft schwierigen ökonomischen Bedingungen in der Filmindustrie des Landes (Fuentes 1993: 14) und trotz der Zensur durch staatliche Stellen sowie das Eingreifen der Gewerkschaften in die Produktion (Buñuel 1982: 193, 198; Roloff 1991: 548; Fuentes 1993: 37; Sánchez Vidal 1999: 70; Ros Galiana 2003: 164) garantierte ihm die Filmindustrie der „goldenen Epoche" nicht nur ein Auskommen, sondern auch die Möglichkeit, seine Regieprojekte – wenn auch zum Teil mit Kompromissen – verwirklichen zu können.

Zum einen konnte er hier in der damals größten und erfolgreichsten spanischsprachigen Filmindustrie (García Riera 1971: 9, 344-347; Baxter 1996: 240; D'Lugo 2003: 51-53) in seiner Muttersprache arbeiten. Zum anderen dürfte die Tatsache, dass Mexiko nach dem Spanischen Bürgerkrieg viele exilierte Intellektuelle und Künstler aufgenommen hatte, eine Rolle für seinen Verbleib im Land gespielt haben. So arbeitet er in Mexiko mit den spanischen Schriftstellern Julio Alejandro, Max Aub und Eduardo Ugarte (Fuentes 1993: 33; Rodríguez 2008) sowie mit dem Drehbuchautor und Produzenten Manuel Altolaguirre zusammen. Auch die exilierten Schauspieler Luis Beristáin, Antonio Bravo, José María Linares Rivas, María Gentil Arcos und Ofelia Guilmain kooperieren mit dem Regisseur. Mit Max Aub ist Buñuel eng befreundet, und die Gespräche der beiden, die nach Aubs Tod publiziert werden, sind eine hervorragende Quelle zu Leben und Werk des Regisseurs (Aub 1984).

Aber Buñuel arbeitet nicht nur mit spanischen Exilanten zusammen, sondern bei seinen Drehbüchern auch mit bekannten mexikanischen Autoren wie Mauricio Magdaleno (*Gran Casino*), Rodolfo Usigli (*Susana –* *Carne y demonio* [*Susanna – Tochter des Lasters*], 1951), José Revueltas (*La ilusión viaja en tranvía* [*Die Illusion fährt mit der Straßenbahn*], 1954) und Emilio Carballido (*Nazarín*). Und er pflegt Umgang mit mexikanischen Künstlern und Intellektuellen, unter ihnen Fernando Benítez, Manuel Álvarez Bravo, Carlos Fuentes, Carlos Monsiváis und Octavio Paz. Darüber hinaus bindet er einige der Stars des mexikanischen Films in seine Regiearbeit ein, darunter María Félix, Lilia Prado, Pedro Armendáriz und

Fernando Soler, die er teilweise aus ihren stereotypen Rollen befreit, die sie ansonsten im Kino der „goldenen Epoche" einnahmen (Fuentes 1993: 33; Monsiváis 1983: 60). Jedoch ist es vor allem die Zusammenarbeit mit Gabriel Figueroa, dem wichtigsten Kameramann des mexikanischen Kinos der „goldenen Epoche", welche die Anerkennung Buñuels auf dem nationalen Filmmarkt fördert, denn durch sie entsteht eine Kontinuität in der Bildsprache zwischen seiner Filmproduktion und derjenigen anderer mexikanischer Regisseure (Higgins 2004). Diese visuelle Kontinuität sowie die Elemente des Melodramas und der dokumentarische Charakter einiger Filme dürften auch der Schlüssel zum Erfolg bei den Zuschauern in Mexiko gewesen sein, die nicht an die ästhetischen Vorgaben eines wie immer gearteten Autorenkinos gewöhnt waren. Und nur so dürften auch Buñuels Subversion der nationalistischen und indigenistischen Codes im mexikanischen Kino sowie seine antibürgerliche Haltung für das Publikum akzeptabel gewesen sein (Lillo 1994; D'Lugo 2003: 54-57). Seine Integration in die mexikanische Filmindustrie steht daher in dem beschriebenen filmhistorischen Kontext außer Frage.

Ich möchte im Folgenden kurz auf einen der Filme Buñuels eingehen, in dem seine Kritik an der mexikanischen Gesellschaft besonders deutlich wird: *Die Vergessenen* von 1950, eine seiner kompromisslosesten Produktionen.

Die Vergessenen spielt in Mexiko-Stadt in der Gegenwart der Dreharbeiten, das heißt Anfang der 1950er Jahre. Formal ist er eine Mischung aus dem dokumentarischen Stil des italienischen Neorealismus und Buñuels eigener Bildgestaltung, in die auch surrealistische, in erster Linie Traumelemente eingeflochten werden, wobei allerdings im Unterschied zu den frühen Filmen eine Chronologie und ein klares Handlungsgerüst erkennbar sind. Der dokumentarisch-realistische Anspruch des Films wird gleich zu Beginn deutlich, denn während des Vorspanns wird der folgende Satz eingeblendet: „Dieser Film basiert ausschließlich auf Ereignissen des realen Lebens, und alle seine Personen sind authentisch" (Übersetzung FSW)[153]. Dieser Anspruch reicht bis in die Sprache hinein, um deren Authentizität willen der Regisseur Pedro de Urdimalas anstellt, damit die Dialoge dem Jargon der ärmeren Schichten von Mexiko-Stadt angeglichen werden (Fuentes 1993: 30).

Der Film erzählt die Geschichte des Jungen Pedro, der in einem Elendsviertel von Mexiko-Stadt lebt und Umgang mit der Bande von El

---

[153] „Esta película está basada íntegramente en hechos de la vida real, y todos sus personajes son auténticos".

Jaibo hat, einer Gruppe jugendlicher Kleinkrimineller. Pedro wird Zeuge der Ermordung Juliáns durch El Jaibo, verrät ihn aber nicht und gerät so in dessen Abhängigkeit. Als Pedro bei einem Schmied Arbeit findet, besucht El Jaibo ihn dort und stiehlt ein Messer. Zeitgleich beginnt Letzterer ein Verhältnis mit Pedros Mutter, um deren Liebe und Anerkennung sich der Sohn stets umsonst bemüht hatte. Der Diebstahl des Messers wird Pedro angelastet, der daraufhin in ein Erziehungsheim gesteckt wird. Um dem Jungen sein Vertrauen zu demonstrieren, schickt ihn der Direktor der Anstalt zum Einkaufen nach draußen, wo El Jaibo ihm auflauert und ihm das Geld abnimmt. Da Pedro nicht wieder ins Erziehungsheim kann, kehrt er in sein Viertel zurück, wo er sich mit El Jaibo prügelt und ihn vor den Bewohnern des Mordes an Julián beschuldigt. Später kommt es erneut zum Kampf zwischen den beiden, bei dem El Jaibo Pedro umbringt. Anschließend wird er selbst von Polizisten auf der Flucht erschossen.

Am Anfang erläutert eine Stimme aus dem *off*, der Film biete keine Lösungen für soziale Probleme an, sondern überlasse diese den fortschrittlichen Kräften der Gesellschaft. Die soziale Anklage gegenüber den politisch-ökonomischen und sozialen Verhältnissen in Mexiko steht allerdings im Vordergrund. Der Skandal, den *Die Vergessenen* bei seinem Kinostart in Mexiko auslöste, ist in diesem Kontext weniger auf die krasse Darstellung des sozialen Elends, der Armut und der allgegenwärtigen Gewalt in diesem Milieu zurückzuführen, sondern auf den historischen Zusammenhang, in dem Letztere repräsentiert wird. Gewalt und Armut werden auch im mexikanischen Kino der „goldenen Epoche" thematisiert, jedoch immer im Kontext der Diktatur unter Porfirio Díaz oder als Ergebnis derselben; beide gilt es durch die Revolution und ihr soziales Projekt zu überwinden.

Buñuel zeigt aber gerade, dass dieses soziale Projekt und mit ihm die Ziele der Revolution in Mexiko gescheitert sind, indem er Armut, soziales Elend, Gewalt und Ausgrenzung als Ergebnisse des nachrevolutionären Modernisierungsprozesses darstellt. In diesem Zusammenhang ist es von entscheidender Bedeutung, sich die Orte zu vergegenwärtigen, die im Film vorkommen. Es sind nämlich nicht nur die Elendsviertel selbst, die ins Bild gesetzt werden, sondern mit ihnen kontrastieren die Zeugnisse des mexikanischen *desarrollismo*, der von schneller Modernisierung, Industrialisierung und massiver Migration geprägten Regierungszeiten von Manuel Ávila Camacho und Miguel Alemán zwischen 1940 und 1952. Symbole der modernen Konsumgesellschaft wie Leuchtreklamen, Autobahnen, Züge, Auslagen von Geschäften bilden mehrfach den Hintergrund des Geschehens, und immer wieder tauchen Baugerüste, Stahlskelette von halbfertigen Hochhäusern und Ruinen auf, die den widerspruchsvollen Prozess der unvollständigen Modernisierung des „Entwicklungs"-Landes Mexiko versinnbildlichen. Buñuel dekonstruiert damit den Fortschrittsmythos der Revolution und des *desarrollismo* ebenso wie die folkloristischen, an Selbstexotisierung grenzenden Darstellungen von Armut und idyllischem Landleben im mexikanischen Kino seiner Zeit.

Besonders deutlich wird dieser Gegensatz zum Kino der „goldenen Epoche" in der Figur des Migranten Ojitos, einem Jungen vom Land, der als einziger in traditioneller Bauernkleidung auftritt. Er wird von seinem Vater in die Stadt gebracht, dort verlassen und ist nun ganz auf sich gestellt. Pedro sagt ihm einmal, „Du weißt gar nichts", um ihm zu verdeutlichen, dass sein traditionelles Wissen im urbanen Umfeld nicht mehr von Nutzen ist. Die Tatsache, dass der Vater den Jungen verlässt, kann auch im abstrakten Sinne als Unverantwortlichkeit des Staates gegenüber seinen Bürgern interpretiert werden. Diese Abwesenheit des Staates zieht sich ebenfalls wie ein roter Faden durch den Film. Auch der Umstand, dass Pedro im Erziehungsheim in der Landwirtschaft arbeitet, deutet in die gleiche Richtung. Der Mythos der agrarischen mexikanischen Revolution erscheint nicht mehr zeitgemäß für das Einüben des modernen Lebens in der industrialisierten Metropole. In diesem Sinne ist es nur folgerichtig, dass Buñuel das alternative Ende des Films, dessen Material erst in den 1990er Jahren wiederentdeckt wurde, verworfen hat. In diesem erschlägt Pedro El Jaibo und kehrt in das Erziehungsheim, also symbolisch in die agrarische Gesellschaft zurück, die das Kino der „goldenen Epoche" so ausgiebig als den Ort mexikanischer Nationalidentität feierte.

Innerhalb der ideologischen Vorgaben des politischen und kulturellen Establishments in Mexiko im Jahr 1950 musste die Gesellschaftskritik des Films auf erbitterten Widerstand stoßen (Aub 1984: 119; Ros Galiana 2003: 166; Tuñón 2003: 137). So schreibt Álvaro Gálvez y Fuentes in einem offiziösen Buch der Regierung Miguel Alemán: „[...] es handelt sich um einen destruktiven, erniedrigenden Film, [...] ein Werk der geistigen Deformation seiner Schöpfer, [...] ein entstelltes Dokument, das die Grenzen unseres Landes nicht hätte verlassen dürfen, weil es ein negatives Zeugnis ist, das die soziale Realität des wirklichen Mexiko verfälscht" (Gálvez y Fuentes 1952: 199, Übersetzung FSW)[154]. Doch angesichts des Skandals wird bisweilen unterschlagen, dass der Film in Mexiko auch glühende

---

[154] „Se trata de una película destructiva, denigrante, [...] obra de la deformación espiritual de sus creadores [...] un documento deformado, que no debió haberse dejado salir de las fronteras de nuestro país porque es un testimonio negativo que falsea la realidad social del México verdadero" (Gálvez y Fuentes 1952: 199).

– 186 –

Befürworter hatte, unter ihnen Vertreter einer jungen Generation, die später selbst zum kulturellen Establishment des Landes aufsteigen sollte, wie etwa Carlos Fuentes, Octavio Paz, Carlos Monsiváis (Fuentes 1993: 27-28) und der ebenfalls eingebürgerte spanische Filmkritiker Emilio García Riera. Nach dem Erfolg von *Die Vergessenen* bei den Filmfestspielen in Cannes wird der Film mit dem „Ariel", dem bedeutendsten Filmpreis Mexikos, in elf von achtzehn Kategorien ausgezeichnet (Tuñón 2003: 137). 1965 dreht Buñuel seinen letzten Film innerhalb der mexikanischen Filmindustrie, *Simón del desierto* (*Simon in der Wüste*). Die „goldene Epoche" des mexikanischen Kinos ist längst zu Ende, und die schwierigen wirtschaftlichen Bedingungen führen dazu, dass dieser Film Fragment bleibt. Danach wird der Regisseur sich erfolgreich innerhalb der französischen Filmindustrie betätigen, lebt allerdings bis zu seinem Tod 1983 weiterhin in Mexiko, dessen Staatsbürgerschaft er fast fünfunddreißig Jahre zuvor angenommen hatte.

B. Traven, Malcolm Lowry und Luis Buñuel haben sich während ihrer Zeit in Mexiko in unterschiedlicher Intensität mit den konkreten sozialen und historischen Verhältnissen des Landes auseinandergesetzt. Obwohl es besonders bei Traven eine Tendenz gibt, Mexiko für seine anarchistische Utopie zu funktionalisieren, und obwohl Malcolm Lowry ausgerechnet Mexiko als Schauplatz für den inneren „Kampf eines Menschen gegen die Mächte der Finsternis und des Lichts" (Lowry 1989: 4) wählt und damit häufig verwendete Metaphern für Mexiko evoziert, enthalten sich sowohl die beiden Schriftsteller als auch Buñuel der allgemeinen Metaphern, die viele europäische und US-amerikanische Schriftsteller und Filmregisseure zur Repräsentation des kulturell Anderen und zu derjenigen Mexikos benutzen.

Lowry erkennt letztlich, dass die Projektionen und Stereotype mehr über die Psyche des Wahrnehmenden und seine persönliche Alteritätserfahrung sagen als über den kulturell Anderen, dass wir uns also lediglich (im günstigsten Fall) im Spiegel des Anderen selbst erkennen. Er dekonstruiert damit zugleich die Metaphern von Paradies und Hölle, die gerade die Alteritätserfahrungen und deren literarische Repräsentation bei englischen Schriftstellern kennzeichnen.

Traven und Buñuel entfernen sich insofern von den Stereotypen, als sie sich statt der Überhöhung eines sehr begrenzten Realitätsausschnitts zur Metapher Mexiko der konkreten historischen und sozialen Situation in genau definierten Teilen des Landes widmen und diese kritisch beleuchten. Gerade diese kritische Perspektive unterscheidet sie von denjenigen Schriftstellern und Regisseuren, die Mexiko für positiv gewendete utopische Vorstellungen funktionalisieren.

Damit soll nicht gesagt sein, dass die Mexikovisionen von Traven, Lowry und Buñuel heute nicht kritisch hinterfragt werden sollten, aber sie erscheinen im Kontext anderer hier vorgestellter Mexikobilder als ihrem Objekt und dessen historischem Kontext zum jeweiligen Zeitpunkt angemessener als die allumfassenden Metaphern, deren Konstruktion ich in den übrigen Kapiteln untersucht habe. Traven, Lowry und Buñuel (und mit gewissen Einschränkungen auch Egon Erwin Kisch) dekonstruieren die Mexikometaphern und -stereotype, um sich mit der Vielfalt mexikanischer Kulturen und Realitäten konkret auseinanderzusetzen und dabei auch Widersprüche innerhalb ihrer Mexikobilder gelten zu lassen.

11.

EXOTISIERUNG UND SELBSTEXOTISIERUNG

Wie ich anhand der Analysen von europäischen und US-amerikanischen literarischen Texten und Filmen des späten 19. sowie des 20. Jahrhunderts über Mexiko verdeutlicht habe, werden die einmal kreierten Stereotype, von wenigen Ausnahmen abgesehen, tradiert und relativ unverändert fortgeschrieben. Dabei lässt sich feststellen, dass die Klischees zunehmend intertextuell konstruiert werden, die konkrete Alteritätserfahrung folglich hinter eine medial oder literarisch immer bereits vorgeformte ‚Erfahrung‘ und Lektüre im weitesten Sinne zurücktritt. Daran haben auch die durch die Informationsgesellschaft und die neuen Medien erweiterten Möglichkeiten, sich Wissen über eine fremde (oder vielleicht gar nicht so fremde) Kultur zu verschaffen, wenig ändern können, wie sich etwa an der Lateinamerikaberichterstattung in Deutschland ablesen lässt (Lange 2002). Ganz zu schweigen von der in den meisten Texten und Filmen nicht einmal in Erwägung gezogenen Möglichkeit, den Anderen als mich Wahrnehmenden wahrzunehmen (Schmidt 1992b).

Bereits bei den englischen Schriftstellern (Huxley, Greene, Lowry) oder den Surrealisten (Breton, Artaud) zeichnete sich in der ersten Jahrhunderthälfte die Tendenz einer zunehmend intertextuellen Konstruktion des kulturell Anderen ab, ihre Lektüren früherer Reiseberichte, Romane und ethnologischer Texte (D. H. Lawrence, Lumholtz etc.) führen zu einer Vorstrukturierung der eigenen Reiserouten und Alteritätserfahrungen. Ähnliches gilt für Egon Erwin Kischs Entdeckungen in Mexiko, die mindestens ebenso auf Quellen (unter anderen Alexander von Humboldt) wie auf den unmittelbaren Erfahrungen des Reporters und den Zeugenberichten beruhen. Diese Tendenz verstärkt sich in der zweiten Jahrhunderthälfte, verschiebt sich allerdings mehr und mehr auf die „Lektüren" massenmedialer Inszenierungen von Alterität, vor allem auf diejenigen des Hollywoodfilms.

Die US-amerikanischen Schriftsteller der *Beat Generation*, die ab den 1950er Jahren über Mexiko schreiben, scheinen sich, im Unterschied etwa zu D. H. Lawrence oder den Surrealisten Artaud und Breton, der Klischees durchaus bewusst zu sein, die ihre Mexikoerfahrungen prägen. William S. Burroughs findet auf einer Drogenparty „[…] das echte Mexiko. Ein bißchen unverfälschte Folklore sozusagen …" (Burroughs 1979: 118). Und

Jack Kerouac thematisiert die Stereotype bereits vor dem Grenzübertritt im 1957 erschienenen Band *On the Road* (*Unterwegs*). Hier wird der Umgang mit den Klischees zum literarischen Spiel, zum ironischen Zitat des bereits Bekannten. Der Erzähler imaginiert einen märchenhaften Ausflug in den „magischen *Süden*" (Kerouac 1990: 245, Hervorhebung im Original), wo die reisenden Freunde wie in den klassischen Mexikowestern „Señoritas küssen" (Kerouac 1990: 249) werden. In der Tat treffen sie auf der anderen Seite der Grenze „heißblütige mexikanische Backfische" (Kerouac 1990: 250). Bereits nach wenigen Minuten im Land stellen sie sich Mexiko genau so vor, wie sie es aus dem Kino kennen (Kerouac 1990: 254-255). Obwohl sie das aus dem Western bekannte Stereotyp des *greaser* in einer Art umgekehrtem Rassismus ins Positive verkehren und aus allen Mexikanern freundliche und friedliche Menschen werden (Kerouac 1990: 258), löst der ironische Umgang mit den Klischees diese letztlich doch nicht auf. Im Gegenteil: Am Ende werden sie in den Texten der *Beat Generation* nicht mehr ironisch zitiert, sondern bestimmen wiederum ihre Alteritätserfahrungen und deren literarische Repräsentation, die Lektüre legt sich über die konkrete Erfahrung des Anderen. Der Mexikaner erscheint letztlich bei Burroughs ganz im Sinne von D. H. Lawrence als „grünes Reptil von geradezu unirdischer Schönheit, wie aus einer anderen Welt" (Burroughs 1979: 116). Das eigentliche Mexiko ist das indigene, ein irrationales, vormodernes, durch Körperlichkeit und „freie" Sexualität geprägtes Land (Burroughs 1979). Aus Kerouacs anfänglich reinem Land des Glücks (Kerouac 1981: 29-30) wird schon bald ein Hort der Gewalt (Kerouac 1981: 33-35) und der Barbarei, wie an der Interpretation seines Stierkampferlebnisses deutlich wurde.[155]

Was die Autoren der *Beat Generation* jedoch von früheren Schriftstellern unterscheidet, ist meines Erachtens die bewusste Verwendung und der wenigstens teilweise ironische Umgang mit den Stereotypen. Dieser findet sich auch in dem Comic *Lucky Luke. Tortillas für die Daltons* von Morris und Goscinny wieder. Die Reihe über den guten Cowboy Lucky Luke, der „schneller schießt als sein Schatten", ist an sich schon eine Parodie auf die Literatur und die Filme zur Eroberung des „wilden" Westens der USA, in der beständig die Klischees der Western ironisch zitiert werden. Genüsslich wird das aus den Mexikowestern bekannte Stereotyp der beständig den Río Bravo kreuzenden mexikanischen Banditen mit riesigen Hüten und Patronengurten in Szene gesetzt (Morris/Goscinny 1981: 5-6). Allerdings er-

---

[155] Vgl. Kapitel 9.1 des vorliegenden Buches. Diese Tendenz setzt sich in den späteren Texten Kerouacs fort, vor allem in *Tristessa* (Kerouac 1965).

scheinen diese nicht wie im Western als dümmlich, sondern sie sind zumindest den US-amerikanischen Banditen, den Gebrüdern Dalton, an Intelligenz und Sprachbegabung überlegen (Morris/Goscinny 1981: 8-9, 26-27) – was allerdings angesichts der Darstellung der Daltons in den Lucky-Luke-Heften auch nicht allzu schwierig ist.

Selbstverständlich hält die gesamte Bevölkerung des kleinen mexikanischen Dorfes, in dem ein Großteil der Handlung spielt, an die Wände der Häuser gelehnt ihren Mittagsschlaf (Morris/Goscinny 1981: 15); und genauso selbstverständlich gibt es die in den Mexikowestern obligatorische Fiesta (Morris/Goscinny 1981: 34-38). Allerdings sind Zivilisation und Barbarei hier nicht durch eine Staatsgrenze getrennt, sondern es gibt auf beiden Seiten der US-amerikanisch-mexikanischen Grenze zivilisierte und barbarische Figuren.

Bei aller Ironie scheinen allerdings auch Morris und Goscinny nicht ganz auf eine intertextuelle Referenz verzichten zu können, in der Mexiko als rückständiges Land repräsentiert wird. Die Dorfgemeinschaft ist bäuerlich, ihre Hütten sind ärmlich und die Infrastruktur vormodern. Als Lucky Luke bei seiner Ankunft ein Hotel sucht, muss er sich mit einem Strohlager in der örtlichen Kneipe zufrieden geben, die daraufhin sofort per Übermalung des Hinweisschildes am Haus in ein Gran Hotel verwandelt wird (Morris/Goscinny 1981: 14). Die Bank verfügt nicht einmal über einen Tresor (Morris/Goscinny 1981: 18-19). Die Zeichnungen tun ein Übriges, um das Bild des rückständigen Mexiko zu verstärken. Aber es ist wie gesagt die bewusste Aufnahme der Klischees und deren ironische Wiedergabe, welche die Repräsentation des Anderen in *Tortillas für die Daltons* von früheren Darstellungen unterscheidet – ohne dass damit die Stereotype aufgelöst würden.

Ähnlich wie im Lucky-Luke-Heft werden auch in vielen Spaghetti-Western die Klischees aus den klassischen Western ironisch zitiert. Hier lässt sich allerdings noch mehr als im Falle des Comic feststellen, dass die Mexikoklischees durch eine solch ironische Perspektive, die in der Hauptsache das Sendungsbewusstsein der Helden früherer Filme des Genres dekonstruiert, nicht hinterfragt werden. Sie erscheinen im Gegenteil durch den nur noch rudimentär erkennbaren Bezug auf Mexiko und seine Geschichte plakativer denn je.

Die Stereotype mit Bezug auf Mexiko sind allerdings keine lediglich einseitige kulturelle Konstruktion oder Inszenierung. Wie sich in den vorhergehenden Kapiteln gezeigt hat, spielt immer auch die inter- oder transkulturelle Kommunikation eine Rolle für ihre Entstehung. In diesem Kontext sind vor allem mexikanische Intellektuelle und Künstler wie Diego

Rivera und Frida Kahlo bedeutsam, die durch eigene Exotisierung der indigenen Kulturen Mexikos die Exotisierung von außen zusätzlich befördern.

Diese Tendenz zur Selbstexotisierung auf der Basis indigenistischer Traditionen sowie inter- und transkultureller interner Konflikte der mexikanischen Gesellschaft, mehr aber noch die Selbstexotisierung als Antwort auf die Exotisierung von außen, verstärkt sich in den letzten Jahrzehnten des 20. Jahrhunderts in erster Linie in der Außenwerbung des Landes, teilweise aber auch in der Inszenierung von Folklore und „indigenen" Festen für den internationalen Tourismus sowie in der veränderten Produktion des Kunsthandwerks. Ich möchte im Folgenden wesentliche Linien dieser „nationalen" Selbstexotisierung Mexikos nachzeichnen, ohne den Anspruch auf Vollständigkeit zu erheben. Es geht mir um die Folgen der Fremdbilder für die Selbstbilder, um die Eigenwahrnehmung der exotisierten Kulturen beziehungsweise Gesellschaften, sowie die Funktionalisierung der in diesem Prozess entstehenden Fremd- und Selbstbilder für die Vermarktung dieser Kulturen in den Ländern, in denen sie exotisiert wurden.

In diesem Prozess, so behaupte ich, werden Klischees und Stereotype über das jeweilige Land wenigstens teilweise in die Außendarstellung des Landes übernommen, da sich hiermit – vermeintlich oder auch tatsächlich – erfolgreicher für das zuvor exotisierte Land werben lässt.

Die Selbstexotisierung lässt sich am deutlichsten an der bisher kaum erforschten Werbung für den internationalen Tourismus ablesen.[156] Fernsehen und auf Lateinamerika spezialisierte Reiseveranstalter bedienen sich im Allgemeinen der Klischees eines geschichtslosen oder vormodernen Kontinents, wie sie im literarischen und filmischen Exotismus, den ich in den vorhergehenden Kapiteln analysiert habe, gang und gäbe sind. Sie inszenieren eine Wirklichkeit, die der Flucht aus dem Alltag dienlich sein soll und in hohem Maße simulatorischen und ästhetisierenden Charakter hat.

Dabei ergibt sich allerdings ein gravierendes Problem bei der Inszenierung und Vermittlung der Stereotype. Die in den Massenmedien und Reiseprospekten erzeugten Bilder werden immer beliebiger, das heißt, das Klischee wird vom geografisch konkreten „exotischen" Ort, der zum Teil

---

[156] Zwar gibt es im deutschsprachigen Raum Untersuchungen zur Tourismuswerbung und ihren Stereotypen bzw. den in ihr häufig verwendeten Topoi (Thonhauser-Jursnick 1997 sowie eine Reihe von Arbeiten des Starnberger „Studienkreises für Tourismus"), aber es fehlen nach meinem bisherigen Kenntnisstand Arbeiten mit explizitem Lateinamerika- oder gar Mexikobezug.

erst durch die Tourismusindustrie inszeniert oder in den neu geschaffenen Ferienurbanisationen kreiert wird, abgetrennt. Hans-Friedrich Foltin hat diese Entwicklung bereits 1987 anhand von Fernsehserien wie „Traumschiff" analysiert. Er kommt dabei zu dem Schluss, dass das Exotische in solchen Serien austauschbar wird (Foltin 1987: 371-372). Es stellt eine bloße Kulisse für die Aktivitäten der Handlungsträger dar, die Fremden bleiben dagegen stumme Statisten (Foltin 1987: 373-375). Das exotische Milieu ist schön, harmonisch, stimulierend und vorindustriell (Foltin 1987: 374-375). Foltin kommt zu dem ernüchternden Ergebnis, „[...] die nur dem Anschein nach unpolitische Fernsehunterhaltung transportier[e] – großenteils über das Unterbewußtsein – überwiegend Botschaften, die allen Aufklärungsbemühungen im Informationsbereich diametral entgegengesetzt sind" (Foltin 1987: 379). Um dieser Tendenz zur Beliebigkeit des Exotischen und seiner Deterritorialisierung entgegenzuwirken, muss die Tourismuswerbung notgedrungen auf vorhandene Klischees zurückgreifen, um das Exotische wiederum an konkrete Orte rückzubinden und damit die Attraktivität bestimmter touristischer Ziele und deren Differenz zu anderen vorgeblich zu erhöhen.

Das Staatliche Mexikanische Verkehrsamt lancierte Anfang der 1990er Jahre eine Kampagne in verschiedenen deutschen Magazinen, mit der auf je einer Doppelseite für touristische Ziele in Mexiko geworben wird. Gemeinsam sind den unterschiedlichen Motiven der Satz „México – Wo die Phantasie blüht" sowie der Hinweis, „Die Lufthansa fliegt 6 x wöchentlich nach México. Und zurück, falls Sie überhaupt noch wollen". In der Kampagne werden, durchaus vergleichbar mit der Tourismuswerbung auch weniger „exotischer" Ziele (Thonhauser-Jursnick 1997), die Klischees eines paradiesischen Ortes bedient, der die Flucht aus dem fantasielosen Alltag, aus dem in der Kampagne so bezeichneten „Hamsterkäfig", in das Abenteuer Mexiko ermöglicht. Die Illustrationen stellen wie schon die exotistische Literatur des 20. Jahrhunderts über Mexiko die indigenen Kulturen der Vergangenheit (Pyramide von Uxmal) und Gegenwart (Rarámuri-Frau mit Kind in traditioneller Tracht) in den Vordergrund. Und selbst wenn die moderne Metropole Mexiko-Stadt ins Bild gesetzt wird, „buddelt sich Ihre Phantasie tiefer", nämlich erneut in die präkolumbische Vergangenheit. Es ist die Differenz der Landschaften und der kulturell Anderen, die beworben wird, und selbstverständlich werden in der Tourismuswerbung ausschließlich die positiven Klischees bedient, die Mexiko allerdings einmal mehr als ein von vorindustriellen, prämodernen indigenen Menschen bewohntes Abenteuerland erscheinen lassen.

Die Kampagne unterscheidet sich insofern nicht von europäischer Tourismuswerbung, als sie die Textmuster von *locus amoenus* und Abenteuer bedient (Thonhauser-Jursnick 1997). Ihre Entstehung muss aber als Ergebnis der Zusammenarbeit des Staatlichen Mexikanischen Verkehrsamtes mit einer deutschen Werbeagentur (Wüschner und Rohwer, München) betrachtet werden, welche die „Bedürfnisse" der deutschen Kundschaft von vornherein in den Mittelpunkt stellt und insofern das Heterostereotyp in die Planung der Kampagne einbezieht.

Dass solche Bilder beziehungsweise Selbstbilder, seien sie inszeniert oder nicht, in erster Linie kommerziellen Zwecken dienen, hat Pierre van den Berghe in seiner Untersuchung zum Ethnotourismus in Chiapas und zur Vermarktung von indigener Folklore für denselben noch einmal deutlich hervorgehoben (Van den Berghe 1994). Und Néstor García Canclini weist nach, dass die Verkäufer von Folkloreartikeln an der US-amerikanisch-mexikanischen Grenze ähnlich verfahren, um US-amerikanischen Touristen eine Reise „in die Vergangenheit, ins Barbarische" (García Canclini 1990: 300, Übersetzung FSW)[157] vorzugaukeln. Ähnliches geschieht bei der Inszenierung indigener Tänze und Feste in den Häusern internationaler Hotelketten, wie sie mittlerweile in den mexikanischen Touristenhochburgen üblich sind.

Und bei den Produkten des mexikanischen Kunsthandwerks lässt sich in den letzten zehn Jahren eine Verschiebung von den einst rituellen Zwecken dienlichen Objekten (Masken etc.) oder den ursprünglich als Haushaltsgegenständen verwendeten Keramiken oder Olinalá-Lackarbeiten zu solchen Objekten feststellen, die keinem anderen Zweck als dem Vergnügen des Souvenirjägers dienen. Der reich bestickte riesige Sombrero und der am Kaktus lehnende schlafende Mexikaner aus Keramik oder der „typische" Bandit sind auf den Kunsthandwerksmärkten keine Seltenheit mehr. Sie verdrängen die traditionellen Darstellungen und reagieren zugleich auf die Exotisierung von außen, indem sie deren Klischees bedienen.

Dass die zuvor analysierte Werbung des mexikanischen Fremdenverkehrsamtes wenig mit der Realität des europäischen Tourismus in Mexiko zu tun hat, wird aus einer Untersuchung von Peter Voigt deutlich. Danach wird der Mexikotourismus hauptsächlich in den beiden Formen der Enklave und der Rundreise-Gruppe organisiert (Voigt 1981: 105). Die Reisegruppe will meist in erster Linie nicht kommunizieren, sondern Sehenswürdigkeiten betrachten und ist mehr an der Vergangenheit als an der Ge-

---

[157] „[…] cruzar la frontera hacia el pasado, hacia lo salvaje […]" (García Canclini 1990: 300).

genwart interessiert (Voigt 1981: 105). Liegt der Schwerpunkt dagegen auf der Gegenwart, wird die Kommunikation durch die Gruppensituation und Sprachbarrieren weitgehend verhindert (Voigt 1981: 105-106). Und die Enklave ist von vornherein nicht auf Kommunikation angelegt und lässt sie auch dann nicht zu, wenn Folklore in sie hineinverpflanzt wird (Voigt 1981: 106-107). Insofern kommt der Autor in seiner Studie zu dem Schluss, dass für den Touristen „eine landestypisch gemeinte Scheinwelt aufgebaut" wird (Voigt 1981: 108), die seinen Erwartungen entsprechen soll und interkulturelle Kommunikation im Mexikotourismus nur eine minimale Chance zur Verwirklichung hat (Voigt 1981: 195-196). Das vom staatlichen Fremdenverkehrsamt angepriesene Abenteuer im wilden, vormodernen, folkloristisch indigenen Mexiko bleibt also ein mehr oder weniger leeres Versprechen.

Die Werbung, die sich nicht dem Tourismus widmet, nimmt wiederum die Stereotype und Klischees der Exotisierung und Selbstexotisierung aus Literatur, Film und Tourismuswerbung auf, um zugleich eingängige, aber auch möglichst abstrakte Bilder zu schaffen, in denen Mexiko erneut als Metapher für den oder das kulturell Andere erscheint. Ich möchte diesen Prozess im Folgenden an einigen Beispielen aus der deutschsprachigen Mexikowerbung veranschaulichen.[158]

Die Bilder, die von Mexiko in der zeitgenössischen Werbung im deutschsprachigen Raum entworfen werden, sind zum Teil als Reaktion auf die zuvor dargestellten Prozesse der Selbstexotisierung in der Außendarstellung der mexikanischen Kulturen, zum Teil aber auch als Fortschreibung früherer exotistischer Klischees zu verstehen. Dabei spielen auch Kulturkontakte durch den Tourismus sowie die Präsenz mexikanischer Kultur im deutschsprachigen Raum und in den Massenmedien eine Rolle. Gleichzeitig kommt ein Prozess zunehmender Internationalisierung zum Tragen, das heißt, Werbung deutscher oder nicht deutscher Firmen ist kaum unterscheidbar, sondern entweder auf den deutschen bzw. deutschsprachigen Markt und die erwartete Rezeption durch dessen Konsumenten zugeschnitten, oder sie gehorcht von vornherein den Gesetzmäßigkeiten interkultureller Standardisierung.[159]

---

[158] Siehe zu einer ausführlicheren Interpretation der deutschsprachigen Mexikowerbung Schmidt-Welle (2010a).

[159] Vgl. zur Debatte um interkulturelle Werbung bzw. internationale Standardisierung in der Werbung Müller (1997).

Vor allem im Bereich der Werbung für Lebensmittel ist die quantitative Präsenz Mexikos groß, und die Faszination an ‚mexikanischer'[160] Küche oder deren Ingredienzien hat sich in den letzten Jahren auch zunehmend auf andere Bereiche übertragen, so dass es eine breite Vielfalt an Werbung mit Mexikobezug in Deutschland gibt.

Es lassen sich grob vereinfachend zwei Tendenzen in der Mexiko-werbung hierzulande feststellen. Einerseits Sprachspiele mit spanischen oder ins spanisch-deutsche Kauderwelsch übertragenen Begriffen, die beim Konsumenten Konnotationen zu Mexiko herstellen sollen; andererseits die Verwendung bestimmter bildlicher und sprachlicher *icons*, die repräsentativ für Mexiko stehen sollen, sozusagen als Inkarnation des Landes und seiner Kulturen. Beide Varianten werden teilweise kombiniert.

So bewirbt die Fast-Food-Kette McDonald's ihre Hamburger und die mit Käse gefüllten Chilischoten während der „Los Wochos"-Aktionswochen in den 1990er Jahre mit den Namen „El Pikante" und „Los Scharfos". Der Erfolg der Aktion lässt sich im Internet nachvollziehen. Fast 37.700 Einträge auf der deutschen Google-Seite (Stand: 18.09.2010) für den Begriff „Los Wochos" und Nachahmer vom Segelverein bis zur Punkband sprechen zumindest für die umfassende Bekanntheit der „Los Wochos". Ähnlich verfährt der Mineralwasser- und Limonadenhersteller RhönSprudel mit seiner Limonadenreihe „Fiesta", die er mit dem Satz „Hasta la Dursta" bewirbt (vgl. Abb. 1: „Fiesta"). Er greift dazu auch auf die in der US-amerikanischen Populärkultur beliebte Darstellung der Mexikaner als Mäuse (erinnert sei an die *Looney-Tunes*-Comicfigur Speedy Gonzales von Warner Brothers) zurück. Wie überhaupt der Begriff „Fiesta" in der Werbung immer wieder mit Mexiko assoziiert wird, unter anderem bei einer weiteren Fast-Food-Reklame der Firma Pizza Hut (vgl. Abb. 2: „Pizza Fiesta").

Bei den Assoziationen lässt sich in den letzten Jahren ein Prozess der Reduzierung erkennen, der wie bei der Exotisierung fremder Kulturen im Allgemeinen auf einen kleinen Ausschnitt der Kultur(en) Mexikos Bezug nimmt und diesen mit dem Land und seiner Nationalkultur gleichsetzt. Neben sprachlichen *icons* wie „Fiesta" (siehe oben) und „feurig" (für scharfe Chili oder Chilisaucen, zum Beispiel für Bad Reichenhaller „Mexiko JodSalz" [sic!] oder Mr. Knabbits mais- und paprikahaltige „Mexicana Hörnchen" der Firma Lekkerland) wird Mexiko auch bildlich in erster

---

[160] Die Anführungszeichen beziehen sich hier auf das Verständnis von mexikanischer Küche in Deutschland, das stark von der texanischen oder Tex-Mex-Küche geprägt ist und zumeist mit dieser gleichgesetzt wird.

Linie mit Nahrungsmitteln gleichgesetzt: Mais und Bohnen stehen nicht für zwei unter Hunderten von Zutaten mexikanischer Küche, sie **sind** Mexiko! Ist diese Konnotation erst einmal etabliert, lässt sich dann jedes Lebensmittel, das Mais und bzw. oder Bohnen enthält, und sei es in noch so geringen Mengen, als „mexikanisch" bewerben: von der Fischkonserve (Hawesta Heringsfilets Mexiko) bis zum Tiefkühlgemüse (vgl. Abb. 3: „Pfannengemüse NEU Mexikanisch").

Bei so viel Mexikobegeisterung kann natürlich auch der Hobbygärtner nicht zurückstehen, und so gibt es für ihn das entsprechende Angebot: „Mexikanerin", die besondere Geranie, welche ein wenig Exotik in den Vorgarten oder auf den Balkon bringt (vgl. Abb. 4: „Mexikanerin"): „innen rein weiß, außen ein tiefroter Rand wie ein mexikanisches Tanzkleid", verspricht vollmundig der Quelle-Katalog. Ähnliches gilt für die Anhänger(innen) von Tönungen, die sich die Haare mit „*Mexican Colours*" färben möchten; hier beschränkt sich der Mexikobezug auf die angeblich mexikanischen Farben und auf Accessoires wie den riesigen bestickten Sombrero (vgl. Abb. 5: „*Mexican Colours*"), liebstes Mitbringsel von Mexikotouristen aus aller Welt.

Hat die dermaßen generierte oder am Leben erhaltene Faszination für alles ‚Mexikanische' erst einmal eine gewisse Verbreitung gefunden, lässt sich auch mit der bloßen Erwähnung des Begriffes „Mexiko" für jegliches Produkt werben, selbst wenn sich ein Mexikobezug dafür gar nicht mehr herstellen lässt. So geschehen bei einer Kampagne des zum Otto-Konzern gehörenden Versandhauses Heine in dessen Winterkatalog 1998/99, in dem die „*fascination* Mexiko" der bloßen Hintergrundillustration der angebotenen Kleidung dient, ohne dass zwischen Kleidung und Mexiko irgendein Bezug hergestellt würde (vgl. Abb. 6: Heine-Katalog). Und könnte man bei der Nahrungsmittelwerbung noch den Eindruck gewonnen haben, dass sie sich von den früheren exotistischen Bildern insofern entfernt habe, als sie Paradiesvorstellungen zumindest nicht mehr explizit zitiert, wenn auch vielleicht bereits implizit voraussetzt, so wird das Bild eines paradiesischen Ortes (abgebildet werden menschenleere Strände) in der Heine-Werbung wieder direkt evoziert – gerade weil der Bezug zu dem zu bewerbenden Produkt nicht mehr gegeben ist und die unmittelbare Aufforderung, sich mit einem Kleid in das Paradies einzukaufen, wohl ihre Wirkung verfehlen würde.

Trotz dieses Rückgriffs auf die Paradiesvorstellungen sind solche in der Mexikowerbung in Deutschland eher selten anzutreffen. Vorherrschend ist derzeit die Reduzierung auf zwei Elemente: Einerseits der Mais, der für die kulinarischen Genüsse Mexikos oder für ganz Mexiko stehen soll und ein positives Klischee des Landes darstellt, das zumindest auf die historische Herkunft der Pflanze zurückgeführt werden kann. Andererseits „Fiesta" und „feurig", Begriffe, die verschiedene Konnotationen auslösen und teils auf die bereits analysierten Mexikobilder im US-amerikanischen Western zurückgehen, in denen „feurige", das heißt leidenschaftliche *señoritas* bei Festen als dekorative Zutat eingesetzt werden.

Wie dieser kursorische Einblick in die gegenwärtige Werbung mit Mexikobezug im deutschsprachigen Raum zeigt, werden auch in diesem Bereich die über die Jahrhunderte gewachsenen Stereotype fortgeschrieben, wobei naturgemäß nicht die negativen, sondern (ähnlich wie in den politisch motivierten Bildern der Filme aus der Zeit der *Good Neighbor Policy*) lediglich die positiven Klischees bedient werden. Dabei lässt sich, je bekannter und verbreiteter die Stereotype Mexikos werden, eine deutliche Tendenz zur fortschreitenden Reduzierung auf einige wenige Elemente (und seien diese nur Spuren von Mais oder Bohnen in Lebensmitteln) feststellen, die dazu führt, dass immer kleinere Ausschnitte des Fremden für die Kulturen des ganzen Landes stehen, die Mexikometaphern folglich auf extrem eingeschränkten Realitätsausschnitten beruhen.

Die Analysen im vorliegenden Buch haben verdeutlicht, dass das diskursiv konstruierte Fremde grundsätzlich in die Muster des Eigenen integriert oder übersetzt wird, um es zu entziffern. Dazu bedarf es, relativ unabhängig von den realen oder fiktiven Alteritätserfahrungen, des Rückgriffs auf Lektüren, und bisweilen werden die Intertexte bedeutender als die Alteritätserfahrungen selbst. In diesem Sinne lässt sich das Einschreiben in die Geschichte des Exotismus bis zu einem Punkt nachverfolgen, an dem die Erfahrung, das Konkrete von den einmal geschaffenen Klischees weitgehend überlagert werden oder der Intertext des Stereotyps nahezu ohne Realitätsbezug auskommt.

Besonders deutlich wird dieser Prozess an der Werbekampagne von McDonald's für die „Los Wochos". Griff diese noch in den 1990er Jahren auf die aus Westernfilmen sattsam bekannten Mexikoklischees zurück und karikierte sie diese in den Kampagnen Anfang des 21. Jahrhunderts, so kommt die Kampagne aus dem Jahr 2009 ohne „mexikanisch" aussehende Schauspieler aus, und die Mexikobezüge beschränken sich auf wenige *icons* wie Sombreros, *sarapes* und Schnurrbärte. Die Kampagne des Jahres 2010 wiederum nimmt nur noch am Rande Bezug auf die vorherige und nicht mehr unmittelbar auf Mexiko und dessen Klischees in der deutschen Werbung. Sie kommt praktisch gänzlich ohne Mexikobezüge aus. Zwei dieses Mal nicht mehr „mexikanisch" aussehende Männer sitzen in einem McDonald's-Restaurant und essen „Big Jalapeños". Dazu kommentiert eine Stimme aus dem *off*: „Er braucht keinen Sombrero, er braucht keinen Schnurrbart, er braucht keinen Poncho, denn er hat den Big Jalapeño mit saftigem Rindfleisch, feurigen Jalapeños und scharfer Mexikosauce". In diesem Moment berührt einer der Männer einen aufblasbaren Plastikmexikaner, der neben ihnen steht und der genau die Attribute hat, die die beiden angeblich nicht mehr für ihre Mexikoerfahrung benötigen: den großen Sombrero, den Schnurrbart und den *sarape*. Die Figur zerplatzt, und die Stimme aus dem *off* kommentiert: „Und ganz ehrlich: Mehr Mexiko braucht man nicht".

Damit ist die extremste Form der Intertextualität erreicht: Die McDonald's-Werbung nimmt nur noch auf die früheren McDonald's-Werbungen Bezug, die Realität einer wie immer gearteten Alteritätserfahrung tritt endgültig und vollständig hinter die Intertextualität und die medial vermittelte Virtualität zurück. Mexiko, das ist der Big Jalapeño von McDonald's, und davor waren es „Los Scharfos" von McDonald's, und in grauer Vorzeit waren es einmal die im Banditenkostüm auftretenden „Mexikaner" bei McDonald's, die wir, falls wir uns überhaupt erinnern, vielleicht noch mit den Banditen aus den Spaghetti-Western assoziieren oder, sofern wir ein gewisses Alter erreicht haben sollten, mit den Banditen klassischer Westernfilme. Mehr Mexiko braucht man nicht. Mexiko als völlig verselbstständigte Metapher, bei der jeglicher Bezug schließlich verloren gegangen ist. Mexiko als virtueller Raum für Fast-Food-Variationen ...

Abb. 1:
„Fiesta Limo" der Firma RhönSprudel
(Text im weiß unterlegten Rahmen: „Ein neues Abenteuer mit Los Fiestinos, den
4 Mäusetieren aus Mexiko, und eine tolle Gewinnchance für Dich, Amigo! Finde die
Lösungswörter heraus und trag' sie auf der Gewinnkarte hinten ein! Hasta la vista –
auf bald in Mexiko!")

Abb. 2:
„Pizza Fiesta"
der Firma Pizza Hut

Abb. 3:
„Pfannengemüse Neu
Mexikanisch"
der Firma Iglo

Abb. 4:
„Mexikanerin",
Quelle-Katalog

Abb. 5:
„Mexican Colours"
(Text in der Abb. oben rechts: „Haare à la nature – schlicht, edel und gepflegt. Den richtigen Farb-Touch bekommt das Haar durch die Töne im Mexican Colors-Trend.")

Abb. 6:
Hauptkatalog der Firma Heine

Bibliografie

A

Adorno, Rolena (1991): „Todorov y de Certeau: la alteridad y la contemplación del sujeto". *Revista de Crítica Literaria Latinoamericana* 17, 33: 51-58.

Albala, Eliana (2000): *El paraíso de Lezama y el infierno de Lowry: dos polos narrativos*. Cuernavaca: Instituto de Cultura de Morelos/Fondo Estatal para la Cultura y las Artes de Morelos.

Anaya Ferreira, Nair María (2001): *La otredad del mestizaje. América Latina en la literatura inglesa*. México, D.F.: Universidad Nacional Autónoma de México, Facultad de Filosofía y Letras.

Andermann, Jens (1992): „Heilung am Ende der Welt. Antonin Artaud auf der Suche nach dem Jungbrunnen". In: Schmidt, Friedhelm (Hg.): *Wildes Paradies – Rote Hölle. Das Bild Mexikos in Literatur und Film der Moderne*. Bielefeld: Aisthesis, 91-110.

Antle, Martine (2006): „Surrealism and the Orient". In: Conley, Katharine/Taminiaux, Pierre (eds.): *Yale French Studies* 109 [Sondernummer: „Surrealism and Its Others"]: 4-16.

Aranda, J. Francisco (1969): *Luis Buñuel: Biografía crítica*. Barcelona: Lumen.

Artaud, Antonin (1975): *Die Tarahumaras. Revolutionäre Botschaften*. München: Rogner & Bernhard.

___ (1979): *Œuvres complètes IX: Les Tarahumaras. Lettres de Rodez*. 2., durchgesehene und erw. Aufl. Paris: Gallimard.

___ (1980): *Œuvres complètes VIII: De quelques problèmes d'actualité aux messages révolutionnaires*. 2., durchgesehene und erw. Aufl. Paris: Gallimard.

Aub, Max (1984): *Conversaciones con Buñuel, seguidas de cuarenta y cinco entrevistas con familiares, amigos y colaboradores del cineasta aragonés*. Madrid: Aguilar.

B

Bachmann-Medick, Doris (2006): *Cultural Turns. Neuorientierungen in den Kulturwissenschaften*. Reinbek: Rowohlt.

Badenberg, Nana (1992a): „'Das Land diktiert und wir erleben'. Aus Berichten deutschsprachiger Mexiko-Reisender". In: Schmidt, Friedhelm (Hg.): *Wildes*

Paradies – Rote Hölle. Das Bild Mexikos in Literatur und Film der Moderne. Bielefeld: Aisthesis, 17-42.

(1992b): „Wandbilder – Bilderwandel. Diego Rivera im Blick seiner europäischen Betrachter". In: Schmidt, Friedhelm (Hg.): *Wildes Paradies – Rote Hölle. Das Bild Mexikos in Literatur und Film der Moderne*. Bielefeld: Aisthesis, 130-159.

Bailyn, Bernard (2005): *Atlantic History. Concept and Contours*. Cambridge (MA): Harvard University Press.

Barbáchano, Carlos (2000): *Luis Buñuel*. Madrid: Alianza.

Barth, Anja/Hof, Michael (1988): „Entdeckungen in Mexiko. Die Schriftsteller Renn, Regler und Kisch im mexikanischen Exil". *ILA* 115 (1988): 16-17.

Bartlett, Norman (1964): „A. Huxley and D. H. Lawrence". *Australian Quarterly* 36, 1: 76-84.

Basauri, Carlos (1929): *Monografía de los Tarahumaras*. México, D.F.: Talleres Gráficos de la Nación.

Bassnett, Susan/Trivedi, Harish (Hg.) (1998): *Postcolonial Translation Theory*. London/New York (NY): Routledge.

Baumann, Friederike (1987): „B. Traven's *Land des Frühlings* and the Caoba Cycle as a Source for the Study of Agrarian Society". In: Schürer, Ernst/Jenkins, Philip (Hg.): *B. Traven. Life and Work*. University Park (PA)/London: The Pennsylvania State University Press, 245-257.

Baxter, John (1996): *Luis Buñuel. Una biografía*. Barcelona: Paidós.

Bazin, André (1961): "Los olvidados". In: *Qu'est-ce que le cinéma. Vol. 3: Cinéma et sociologie*. Paris: Éditions du Cerf, 22.

Bedford, Sybille (1979): *Aldous Huxley. A Biography. Volume One: The Apparent Stability 1894 – 1939*. London: Quartet Books.

Benjamin, Walter (1988): *Versuche über Brecht*. Frankfurt am Main: Suhrkamp.

Bentley, Joseph (1967): „Huxley's Ambivalent Responses to the Ideas of D. H. Lawrence". *Twentieth Century Literature* 13, 3: 139-153.

Bernecker, Walther L. (1997): „Reiseberichte als historische Quellengattung für Mexiko im 19. Jahrhundert". In: Bernecker, Walther L./Krömer, Gertrut (Hg.): *Die Wiederentdeckung Lateinamerikas. Die Erfahrung des Subkontinents in Reiseberichten des 19. Jahrhunderts*. Frankfurt am Main: Vervuert, 325-352.

Birle, Peter/Schmidt-Welle, Friedhelm (Hg.) (2007): *Wechselseitige Perzeptionen: Deutschland – Lateinamerika im 20. Jahrhundert*. Frankfurt am Main: Vervuert.

Bloomekatz, Ari B. (2008): „Gilberto Bosques Saldívar, the ‚Mexican Schindler', is Honored by the Anti-Defamation League". <http://www.eurojewcong.org/ejc/news.php?id_article=3189> (02.06.2010).

Boardman, Gwen R. (1971): *Graham Greene: The Aesthetics of Exploration*. Gainesville (FL): University of Florida Press.

Bowering, Peter (1974): „Aldous Huxley and the Novel of Ideas". In: Kuehn, Robert E. (Hg.): *Aldous Huxley. A Collection of Critical Essays*. Englewood Cliffs (NJ): Prentice-Hall, 119-141.

Bradu, Fabienne (2008): „André Breton". In: *La voz del espejo*. México, D.F.: Universidad Nacional Autónoma de México/Consejo Nacional para la Cultura y las Artes/Equilibrista, 55-65.

Brecht, Bertolt (1967): *Gesammelte Werke. Bd. 18. Schriften zur Literatur und Kunst 1*. Frankfurt am Main: Suhrkamp.

Breton, André (1982): „Frida Kahlo de Rivera". In: *Frida Kahlo und Tina Modotti*. Frankfurt am Main: Neue Kritik, 35-36.

___ (1999a): „Souvenir du Mexique". In: *Œuvres complètes*. Bd. 3. Paris: Gallimard, 677-683.

___ (1999b): „Souvenir du Mexique, suite". In: *Œuvres complètes*. Bd. 3. Paris: Gallimard, 949-955.

___ (1999c): „Pour un art révolutionnaire indépendent [Première rédaction de la main de Breton]". In: *Œuvres complètes*. Bd. 3. Paris: Gallimard, 955-957.

___ /Rivera, Diego (1982): „Für eine unabhängige revolutionäre Kunst". In: *Wand Bild Mexiko*. Berlin: Frölich & Kaufmann, 138-141.

Briesemeister, Dietrich (1994): „Das deutsche Brasilienbild im 19. und 20. Jahrhundert". In: Bauschinger, Sigrid/Cocalis, Susan L. (Hg.): *„Neue Welt"/„Dritte Welt". Interkulturelle Beziehungen Deutschlands zu Lateinamerika und der Karibik*. Tübingen/Basel: Francke, 65-84.

Brotherston, J. G. (1972): „Revolution and the Ancient Literature of Mexico, for D. H. Lawrence and Antonin Artaud". *Twentieth Century Literature* 18, 3: 181-189.

Bueno Chávez, Raúl (2004): *Antonio Cornejo Polar y los avatares de la cultura latinoamericana*. Lima: Fondo Editorial Universidad Nacional Mayor de San Marcos.

Buñuel, Luis (1982): *Mi último suspiro*. México, D.F.: Plaza & Janés.

Burroughs, William S. (1979): „La Iguana". In: *Die alten Filme*. Augsburg: Maroverlag, 116-130.

Buscombe, Edward (1993): „The Magnificent Seven". In: King, John/López, Ana M./Alvarado, Manuel (Hg.): *Mediating Two Worlds. Cinematic Encounters in the Americas*. London: British Film Institute, 15-24.

C

Cain, James M. (1937): *Serenade*. New York (NY): Knopf.

___ (1985): *Serenade in Mexiko*. Frankfurt am Main: Suhrkamp.

Callsen, Berit (2010): „El (des)encuentro con el Otro: André Breton y Antonin Artaud en México". Unveröffentlichtes Typoskript. 26 S.

Carroll, Nöel (1998): „The Professional Western: South of the Border". In: Buscombe, Edward/Pearson, Roberta E. (Hg.): *Back in the Saddle Again. New Essays on the Western*. London: British Film Institute, 46-62.

Caso, Antonio (1972): *La existencia como economía, como desinterés y como caridad. Ensayo sobre la esencia del cristianismo*. In: *Obras completas*. Bd. 3. México, D.F.: Universidad Nacional Autónoma de México.

Certeau, Michel de (1986): *Heterologies. Discourses on the Other*. Minneapolis (MN): University of Minnesota Press.

Clifford, James (1988): *The Predicament of Culture. Twentieth Century Ethnography, Literature, and Art*. Cambridge (MA): Harvard University Press.

Colina, José de la/Pérez Turrent, Tomás (1986): *Prohibido asomarse al interior*. México, D.F.: Joaquín Mortiz/Planeta.

Corkin, Stanley (2004): *Cowboys as Cold Warriors. The Western and U.S. History*. Philadelphia (PA): Temple University Press.

Cornejo Polar, Antonio (1982): *Sobre literatura y crítica latinoamericanas*. Caracas: Universidad Central de Venezuela.

___ (1994): *Escribir en el aire. Ensayo sobre la heterogeneidad socio-cultural en las literaturas andinas*. Lima: Horizonte.

Costich, Julia F. (1978): *Antonin Artaud*. Boston (MA): Twayne.

Cowan, James C. (1970): *D. H. Lawrence's American Journey. A Study in Literature and Myth*. Cleveland (OH): Case Western Reserve University.

D

Day, Douglas (1973): *Malcolm Lowry. A Biography*. New York (NY): Oxford University Press.

Díaz de León, Martha (1965): „El México visto por D. H. Lawrence". *Cuadernos Americanos* 139, 2: 262-283.

D'Lugo, Marvin (2003): „*The Adventures of Robinson Crusoe*: The Transnational Buñuel in Mexico". In: Lillo, Gastón (Hg.). *Buñuel: El imaginario transcultural. L'imaginaire transculturel. The Transcultural Imaginary*. Ottawa: University of Ottawa, 47-67.

Drouzy, Maurice (1978): *Luis Buñuel: architecte du rêve*. Paris: L'Herminier.

Duke, David C. (1987): *John Reed*. Boston: Twayne.

E

Easton, Laird McLeod (2002): *The Red Count. The Life and Times of Harry Kessler*. Berkeley (CA)/Los Angeles (CA)/London: University of California Press.

Ebert, Roger (1986): „Three Amigos". In: *Chicago Sun-Times*, 12.12.1986, <http://rogerebert.suntimes.com/apps/pbcs.dll/article?AID=/19861212/REVIEWS/612120303/1023> (22.07.2010).

Eder, Klaus Peter/Jansen, Peter W. et al. (1975): *Luis Buñuel*. München/Wien: Hanser.

Eigenheer, Markus (1993): *B. Travens Kulturkritik in den frühen Romanen. Die Baumwollpflücker. Das Totenschiff. Die Brücke im Dschungel. Der Schatz der Sierra Madre. Die Weiße Rose*. Bern etc.: Peter Lang.

Eisenstein, Sergei (1952): *Que viva Mexico!* London: Vision.

___ (1971): „Dialektische Theorie des Films". In: Prokop, Dieter (Hg.): *Materialien zur Theorie des Films. Ästhetik, Soziologie, Politik*. München: Hanser, 65-81.

___ (1988): *Das dynamische Quadrat. Schriften zum Film*. Köln: Röderberg.

Estrada Carreón, Luis Felipe (2003): *La visión imperialista de Graham Greene en 'Caminos sin ley'*. México, D.F.: Universidad Nacional Autónoma de México, Escuela Nacional de Estudios Profesionales Acatlán.

Evans, Peter William (1995): *The Films of Luis Buñuel: Subjectivity and Desire*. Oxford: Clarendon Press.

F

Fischer, Bernd (1987): „Stirner im Dschungel. Zum ‚proletarischen' Kulturbegriff in B. Travens ‚Caoba-Zyklus'". In: Fischer, Jens Malte/Prümm, Karl/Scheuer, Helmut (Hg.): *Erkundungen. Beiträge zu einem erweiterten Literaturbegriff. Helmut Kreuzer zum sechzigsten Geburtstag*. Göttingen: Vandenhoeck & Ruprecht, 182-206.

Fischer-Lichte, Erika (2001): *Ästhetische Erfahrung. Das Semiotische und das Performative*. Tübingen: Francke.

Foltin, Hans-Friedrich (1987): „Das Traumschiff. Exotismus in Unterhaltungssendungen des Fernsehens". In: Koebner, Thomas/Pickerodt, Gerhart (Hg.): *Die andere Welt. Studien zum Exotismus*. Frankfurt am Main: Athenäum, 363-381.

Frayling, Christopher (1981): *Spaghetti Westerns. Cowboys and Europeans from Karl May to Sergio Leone*. London/Boston (MA)/Henley: Routledge & Kegan Paul.

Fuentes, Víctor (1993): *Buñuel en México. Iluminaciones sobre una pantalla pobre*. Zaragoza: Gobierno de Aragón/Instituto de Estudios Turolenses.

G

Gálvez y Fuentes, Álvaro (1952): „Esencia y valor del cine mexicano". In: Arias, José Alcazar et al.: *México, realización y esperanza*. México, D.F.: Superación, 189-201.

García Canclini, Néstor (1990): *Culturas híbridas. Estrategias para entrar y salir de la modernidad*. México, D.F.: Grijalbo/Consejo Nacional para la Cultura y las Artes.

García Muñoz, Gerardo (1997): *El almirante redivivo y otros ensayos*. o.O.: Gobierno del Estado de Coahuila/Consejo Nacional para la Cultura y las Artes.

García Riera, Emilio (1971): *Historia documental del cine mexicano. Época sonora. Tomo III: 1945/1948*. México, D.F.: Era.

___ (1987-1990): *México visto por el cine extranjero*. 6 Bde. México, D.F.: Ediciones Era/Universidad de Guadalajara.

Geduld, Harry M./Gottesman, Ronald (Hg.) (1970): *Sergei Eisenstein and Upton Sinclair: The Making and Unmaking of ‚Que viva Mexico!'*. Bloomington (IN)/London: Indiana University Press.

Geertz, Clifford (1973a): *The Interpretation of Cultures*. New York (NY): Basic Books.

___ (1973b): „Deep Play: Notes on the Balinese Cockfight". In: *The Interpretation of Cultures*. New York (NY): Basic Books, 412-453.

___ (1988): *Works and Lifes. The Anthropologist as Author*. Stanford (CA): Stanford University Press.

___ (1991): *Local Knowledge: Further Essays in Interpretive Anthropology*. 8. Aufl. New York (NY): Basic Books, 1991.

Geissler, Rudolf (1982): *Die Entwicklung der Reportage Egon Erwin Kischs in der Weimarer Republik*. Köln: Pahl-Rugenstein.

Gewecke, Frauke (1986): *Wie die neue Welt in die alte kam*. Stuttgart: Klett-Cotta.

Giobellina Brumana, Fernando (2000): „Artaud entre los Tarahumara: una etnografía delirante". *Cuadernos Hispanoamericanos* 603: 65-74.

Goldschmidt, Alfons (1985): *Mexiko. Auf den Spuren der Azteken. Ein mexikanisches Reisebuch*. Leipzig: Reclam.

Greenblatt, Stephen (1991): *Marvelous Possessions: The Wonder of the New World*. Chicago (IL): University of Chicago Press.

Greene, Graham (1965): *The Power and the Glory*. 19. Aufl. New York (NY): The Viking Press.

___ (1982): *Another Mexico*. New York (NY): The Viking Press.

___ (1990a): „Foreword: The Social Change of the Gospel". In: Keogh, Dermot (Hg.): *Church and Politics in Latin America*. London: MacMillan, XV-XVII.

___ (1990b): *Die Kraft und die Herrlichkeit*. Reinbek bei Hamburg: Rowohlt.

___ (1993): *The Lawless Roads*. London: Penguin.

Grunwald, Manuela (1992): „Maryse Holder – Liebe und andere sexuelle Verirrungen". In: Schmidt, Friedhelm (Hg.): *Wildes Paradies – Rote Hölle. Das Bild Mexikos in Literatur und Film der Moderne*. Bielefeld: Aisthesis, 194-202.

Gunn, Dewey Wayne (1977): *Escritores norteamericanos y británicos en México, 1556 – 1973*. México, D.F.: Fondo de Cultura Económica.

Guthke, Karl S. (1987): *B. Traven. Biographie eines Rätsels*. Frankfurt am Main: Büchergilde Gutenberg.

___ (1990): „Rätselraten um B. Traven". In: Koopmann, Helmut/Muenzer, Clark (Hg.): *Wegbereiter der Moderne. Studien zu Schnitzler, Hauptmann, Th. Mann, Hesse, Kaiser, Traven, Kafka, Broch, von Unruh und Brecht. Festschrift für Klaus Jonas*. Tübingen: Max Niemeyer, 124-143.

H

Hanffstengel, Renata von (1995): *Mexiko im Werk von Bodo Uhse. Das nie verlassene Exil*. New York (NY)/Berlin: Peter Lang.

Harbsmeier, Michael (1997): „Von Nutzen und Nachteil des Studiums älterer Reiseberichte: Zur Wiederentdeckung Hans Stadens im 19. und 20. Jahrhundert". In: Bernecker, Walther L./Krömer, Gertrut (Hg.): *Die Wiederentdeckung Lateinamerikas. Die Erfahrung des Subkontinents in Reiseberichten des 19. Jahrhunderts*. Frankfurt am Main: Vervuert, 79-104.

Harden, Theo (2003): „Fröhliche Tropen. Zur Rhetorik des Exotischen". In: Grossegesse, Orlando/Koller, Erwin/Da Silva, Armando Malheiro/Matos, Mário (Hg.): *Portugal – Alemanha – Brasil. Actas do VI Encontro Luso-Alemão. Deutsch-Portugiesisches Arbeitsgespräch*. Bd. II. Braga: Universidade do Minho, Centro de Estudios Humanísticos, 273-288.

Hayman, Ronald (1977): *Artaud and After*. Oxford/London/New York (NY): Oxford University Press.

Hess, Judith/Hess, John (1974): „Between History and Homage in *Reed: Insurgent Mexico*". *Jump Cut* 1: 7-8.

Higgins, Ceri (2004): „Exterminating Visions: The Collaboration of Luis Buñuel and Gabriel Figueroa". In: Santaolalla, Isabel/D'Allemand, Patricia et al. (Hg.): *Buñuel, siglo XXI*. Zaragoza: Prensas Universitarias de Zaragoza, 213-220.

Hoggart, Richard (1953): „The Force of Caricature: Aspects of the Art of Graham Greene, with Particular Reference to *The Power and the Glory*". *Essays in Criticism* 3, 4: 447-462.

Hohnschopp, Christine (1993): *Rebellierende Tote. Tod und Emanzipationsprozeß im Werk B. Travens*. Paderborn: Igel.

Holdenried, Michaela (2004): *Künstliche Horizonte. Alterität in literarischen Repräsentationen Südamerikas*. Berlin: Erich Schmidt.

Holder, Maryse (1979): *Give Sorrow Words*. New York (NY): Grove Press.

___ (1980): *Ich atme mit dem Herzen*. Reinbek bei Hamburg: Rowohlt.

Homberger, Eric (1990): *John Reed*. Manchester/New York (NY): Manchester University Press.

Hughes, Howard (2008): *Stagecoach to Tombstone. The Filmgoers' Guide to the Great Westerns*. London/New York (NY): I. B. Tauris.

Huxley, Aldous (1928): *Point Counter Point*. London: Chatto & Windus.

___ (1934): *Beyond the Mexique Bay*. London: Chatto & Windus.

___ (1955): *Eyeless in Gaza*. London: Chatto & Windus.

___ (1962): „Introduction". In: Lawrence, D. H.: *The Collected Letters of D. H. Lawrence*. 2 Bde. London: Heinemann, 1247-1268.

___ (1982): „Einleitung". In: D. H. Lawrence: *Briefe*. Zürich: Diogenes, 7-50.

___ (1987): *Geblendet in Gaza*. München: Piper.

I J

Iser, Wolfgang (1993): *Das Fiktive und das Imaginäre. Perspektiven literarischer Anthropologie*. Frankfurt am Main: Suhrkamp.

Jameson, Fredric (1988): „Metacommentary". In: *The Ideologies of Theory. Essays 1971 – 1986. Volume 1: Situations of Theory*. Minneapolis (MN): University of Minnesota Press, 3-16.

Jansen, Peter W. (1975): „Der organisierte Anarchist". In: Eder, Klaus Peter/Jansen, Peter W. et al.: *Luis Buñuel*. München/Wien: Hanser, 7-35.

Jenkins, Philip (1987): „B. Traven and the Wobblies". In: Schürer, Ernst/Jenkins, Philip (Hg.): *B. Traven. Life and Work*. University Park (PA)/London: The Pennsylvania State University Press, 199-215.

K

Karetnikova, Inga (1991): *Mexico According to Eisenstein*. (In Collaboration with Leon Steinmetz.) Albuquerque (NM): University of New Mexico Press.

Kerouac, Jack (1957): *On the Road*. New York (NY): Viking Press.

___ (1965): *Tristessa*. Reinbek bei Hamburg: Rowohlt.

___ (1972): „Mexico Fellaheen". In: ders. *Lonesome Traveler*. Frogmore: Panther Books, 29-42.

___ (1981): „Fellachen in Mexiko". In: *Lonesome Traveller*. Reinbek bei Hamburg: Rowohlt, 29-42.

___ (1990): *Unterwegs*. Reinbek bei Hamburg: Rowohlt.

Kessler, Harry Graf (1998): *Notizen über Mexico*. Frankfurt am Main/Leipzig: Insel.

Kießling, Wolfgang (1974): *Alemania Libre in Mexiko*. 2 Bde. Berlin: Akademie-Verlag.

___ (1989): *Brücken nach Mexiko. Traditionen einer Freundschaft*. Berlin: Dietz.

Kisch, Egon Erwin (1941): „Karl May, Mexico und die Nazis". *Freies Deutschland* 1: 11-12.

___ (1942): „Die wissenschaftliche Conquista". *Freies Deutschland* 11: 11-13.

___ (1981): *Entdeckungen in Mexiko*. München: Knaur.

___ (1990a). *Der rasende Reporter*. Berlin: Aufbau.

___ (1990b). *Marktplatz der Sensationen*. Berlin: Aufbau.

Klengel, Susanne (1994): *Amerika-Diskurse der Surrealisten. „Amerika" als Vision und als Feld heterogener Erfahrungen*. Stuttgart: Metzler.

König, Hans-Joachim/Siebenmann, Gustav (Hg.) (1992): *Das Bild Lateinamerikas im deutschen Sprachraum. Ein Arbeitsgespräch an der Herzog August Bibliothek Wolfenbüttel, 15. - 17. März 1989*. Tübingen: Niemeyer.

Köpke, Wulf (1986): „'Innere' Exilgeographie? Die Frage nach der Affinität zu den Asylländern". In: Pfanner, Helmut F. (Hg.): *Kulturelle Wechselbeziehungen im Exil – Exile Across Cultures*. Bonn: Bouvier, 13-24.

Kohl, Karl-Heinz (1981): *Entzauberter Blick. Das Bild vom Guten Wilden und die Erfahrung der Zivilisation*. Berlin: Medusa.

Kohut, Karl (2005): „Imperial y franciscana: La imagen de México en la Alemania del siglo XVI". In: Pietschmann Horst/Ramos Medina, Manuel/Torales Pacheco, María Cristina (Hg.): *Alemania y México: Percepciones mutuas en impresos, siglos XVI-XVIII*. México, D.F.: Cátedra Guillermo y Alejandro de Humboldt/Centro de Estudios de Historia de México Condumex/Fomento Cultural Banamex/Universidad Iberoamericana, 83-116.

Kohut, Karl/Mayer, Alicia/von Mentz, Brígida/Torales, María Cristina (Hg.) (2010): *Alemania y el México independiente. Percepciones mutuas, 1810-1910*. México, D.F.: Cátedra Guillermo y Alejandro de Humboldt/Centro de Investigaciones y Estudios Superiores en Antropología Social/Herder/Universidad Iberoamericana/Universidad Nacional Autónoma de México.

Kolesch, Doris (2004): „Rollen, Rituale und Inszenierungen". In: Jaeger, Friedrich/Straub, Jürgen (Hg.): *Handbuch der Kulturwissenschaften. Band 2. Paradigmen und Disziplinen*. Stuttgart/Weimar: J. B. Metzler, 277-292.

Krämer, Sabine (2000): *Lateinamerika schreiben. Zur Darstellung von kultureller Alterität in deutschen und lateinamerikanischen Texten*. Frankfurt am Main etc.: Peter Lang.

Kreutzer, Leo (1989): „Land des Frühlings, gründlich verändert. B. Traven und Egon Erwin Kisch reisen durch nachrevolutionäre Gesellschaften". In: ders.: *Literatur und Entwicklung. Studien zu einer Literatur der Ungleichzeitigkeit*. Frankfurt am Main: Fischer, 64-75.

Kristeva, Julia (1990): *Fremde sind wir uns selbst*. Frankfurt am Main: Suhrkamp.

L

Lange, Silvia (2002): *Auf verlorenem Posten? Deutschsprachige Auslandskorrespondenten in Lateinamerika. Eine qualitative Kommunikatorstudie zu Arbeitsrealität und Rollenselbstverständnis*. Magisterarbeit, Freie Universität Berlin.

Lawrence, D. H. (1927): *Mornings in Mexico*. London: Secker.

___ (1936): *Phoenix. The Posthumous Papers of D. H. Lawrence*. London: Heinemann.

___ (1962): *The Collected Letters of D. H. Lawrence*. 2 Bde. London: Heinemann.

___ (1964): *Studies in Classic American Literature*. London: Heinemann.

___ (1985): *Mexikanischer Morgen. Reisetagebücher*. Zürich: Diogenes.

___ (1986): *Die gefiederte Schlange*. Zürich: Diogenes.

___ (1990): *The Plumed Serpent (Quetzalcoatl)*. London: Penguin Books.

Le Clézio, Jean-Marie Gustave (1980): „Antonin Artaud: el sueño mexicano". *Études Mexicaines* 3: 19-27.

Lewis, R. W./Conn, Peter J. (Hg.) (1970): *The Power and the Glory: Text and Criticism*. New York: Viking.

Leyda, Jay/Voynow, Zina (1982): *Eisenstein at Work*. New York (NY): Pantheon Books/Museum of Modern Art.

Lillo, Gastón (1994): *Género y transgresión: El cine mexicano de Luis Buñuel*. Montpellier: Université Paul Valéry/C.E.R.S.

López, Ana M. (1993): „Are all Latins from Manhattan? Hollywood, Ethnography and Cultural Colonialism". In: King, John/López, Ana M./Alvarado, Manuel (Hg.): *Mediating Two Worlds. Cinematic Encounters in the Americas.* London: British Film Institute, 67-80.

López de Abiada, José Manuel (2005): „Cambio estético y compromiso en Buñuel (1929-1933). Una interpretación de *Las Hurdes. Tierra sin pan*". In: Albert, Mechthild (Hg.): *Vanguardia española e intermedialidad. Artes escénicas, cine y radio.* Madrid/Frankfurt am Main: Iberoamericana/Vervuert, 385-404.

Lowry, Malcolm (1968): *Dark as the Grave Wherein my Friend is Laid.* New York (NY): The New American Library.

___ (1989): *Unter dem Vulkan.* Reinbek bei Hamburg: Rowohlt.

___ (1990): *Under the Volcano.* London: Pan Books.

___ (1992): *The Collected Poetry of Malcolm Lowry.* Vancouver: University of British Columbia Press.

___ (1996): *La Mordida.* Athens (GA)/London: The University of Georgia Press.

Ludszuweit, Christoph (1996): *B. Traven. Über das Problem der „inneren Kolonisierung" im Werk von B. Traven.* Berlin: Karin Kramer.

Lukács, Georg (1969): „Reportage oder Gestaltung? Kritische Bemerkungen anläßlich eines Romans von Ottwalt". In: Raddatz, Fritz J. (Hg.): *Marxismus und Literatur. Eine Dokumentation in drei Bänden.* Bd. II. Reinbek bei Hamburg: Rowohlt, 150-158.

Lumholtz, Carl (1902): *Unknown Mexico: A Record of Five Years Exploration Among the Tribes of the Western Sierra Madre; in the Tierra Caliente of Tepic and Jalisco; and Among the Tarascos of Michoacán.* New York (NY): Scribner's Sons.

___ (1904): *El México desconocido: cinco años de exploración entre los tribus de la Sierra Madre Occidental; en la Tierra Caliente de Tepic y Jalisco; y entre los Tarascos de Michoacán.* 2 Bde. New York (NY): Scribner's Sons.

Lürbke, Anna (2000): *Mexikovisionen aus dem deutschen Exil. B. Traven, Gustav Regler und Anna Seghers.* Tübingen/Basel: Francke.

Lusted, David (2003): *The Western.* Harlow: Pearson Education Limited.

M

Marvin, Garry (1988): *Bullfight.* New York (NY): Basil Blackwell.

McGee, Patrick (2007): *From Shane to Kill Bill. Rethinking the Western.* Malden (MA)/Oxford/Carlton: Blackwell.

Mecky Zaragoza, Gabrijela (Hg.) (2010): *Konquista spielen: Erzählungen und Dramen über Mexiko.* München: Iudicium.

Miró, Micheline (1988): *Le Mexique et la littérature anglaise de Lawrence a Lowry*. Diss. Université Paul Valéry, Montpellier III.

Mistron, Deborah F. (1983): The Role of Pancho Villa in the Mexican and American Cinema". *Studies in Latin American Popular Culture* 2: 1-13.

Mitry, Jean (1980): *Histoire du cinéma*. Bd. 5. Paris: Jean Delarge Éditeur.

Monsiváis, Carlos (1983): „Buñuel en México: el símbolo subordinado al placer". *Revista de la Universidad de Yucatán* 25, 147: 59-66.

___ (1984): „Los viajeros y la invención de México". *Aztlán. International Journal of Chicano Studies Research* 15, 2: 201-229.

Morris [Maurice de Bévère]/Goscinny [René] (1981): *Lucky Luke. Tortillas für die Daltons*. Stuttgart: Delta.

Morus, Thomas (1992): *Utopia*. Frankfurt am Main: Insel.

Müller, Wendelin G. (1997): *Interkulturelle Werbung*. Heidelberg: Physica.

Murphy, Patrick D. (1987): „B. Traven: Anarchist From the Jungle. Anarcho-primitivism in the Jungle Novels". In: Schürer, Ernst/Jenkins, Philip (Hg.): *B. Traven. Life and Work*. University Park (PA)/London: The Pennsylvania State University Press, 216-225.

O

Obermeier, Franz (2000): *Brasilien in Illustrationen des 16. Jahrhunderts*. (Unter Mitarbeit von Roswitha Kramer.) Frankfurt am Main: Vervuert.

O'Mahony, Mike (2008): *Sergei Eisenstein*. London: Reaktion Books.

Orellana, Margarita de (1991): *La mirada circular. El cine norteamericano de la Revolución Mexicana 1911 – 1917*. México, D.F.: Joaquín Mortiz.

P

Pacheco, José Emilio (1964): „El México de los novelistas ingleses". *Revista de la Universidad de México* 18, 12: 19-22.

Parmenter, Ross (1984): *Lawrence in Oaxaca. A Quest for the Novelist in Mexico*. Salt Lake City (UT): Peregrine Smith Books.

Paz, Octavio (1981): *El laberinto de la soledad. Postdata. Vuelta al laberinto de la soledad*. México, D.F.: Fondo de Cultura Económica.

Péret, Benjamin (1960): „Introduction". In: Péret, Benjamin (Hg.): *Anthologie des mythes, légendes et contes populaires d'Amérique*. Paris: Albin Michel, 7-38.

Pérez Montfort, Ricardo (2007): „'Down Mexico Way'. Estereotipos y turismo estadounidense en el México de 1920 a 1940". In: *Expresiones populares y estereotipos culturales en México. Siglos XIX y XX. Diez ensayos.* México, D.F.: Centro de Investigaciones y Estudios Superiores en Antropología Social (CIESAS), 267-298.

Peters, Michaela (2010): *„México insurgente* – la Revolución mexicana en el reportaje de John Reed y la película de Paul Leduc". In: Díaz Pérez, Olivia/Gräfe, Florian/Schmidt-Welle, Friedhelm (Hg.): *La Revolución mexicana en la literatura y el cine.* Madrid/Frankfurt am Main/México, D.F.: Iberoamericana/Vervuert/Bonilla Artigas/DAAD/Cátedra Humboldt, 205-216.

Pichardie, Jean Paul (1988): *D. H. Lawrence: La tentation utopique. De Rananim au Serpent à plumes.* Rouen: Publications de l'Université de Rouen.

Pick, Zuzana M. (2010): *Constructing the Image of the Mexican Revolution. Cinema and the Archive.* Austin (TX): University of Texas Press.

Piedra, José (1994): *„The Three Caballeros.* Pato Donald's Gender Ducking". *Jump Cut. A Review of Contemporary Media*, 39: 72-82, 112. <http://www.ejumpcut. org/archive/onlinessays/JC39folder/3caballeros.html> (18.07.2010).

Pietschmann, Horst (2005): „Introducción". In: Pietschmann, Horst/Ramos Medina, Manuel/Torales Pacheco, María Cristina (Hg.): *Alemania y México: Percepciones mutuas en impresos, siglos XVI-XVIII.* México, D.F.: Cátedra Guillermo y Alejandro de Humboldt/Centro de Estudios de Historia de México Condumex/ Fomento Cultural Banamex/Universidad Iberoamericana, XIII-XXV.

Pike, Fredrick B. (1992): *The United States and Latin America. Myths and Stereotypes of Civilization and Nature.* Austin (TX): University of Texas Press.

Podalsky, Laura (1993): „Patterns of the Primitive. Sergei Eisenstein's *Que viva Mexico!*". In: King, John/López, Ana M./Alvarado, Manuel (Hg.): *Mediating Two Worlds. Cinematic Encounters in the Americas.* London: British Film Institute, 25-39.

Pohle, Fritz (1986): *Das mexikanische Exil. Ein Beitrag zur Geschichte der politisch-kulturellen Emigration aus Deutschland (1937 – 1946).* Stuttgart: Metzler.

___ (1992): „Kriegsexil in Mexiko und mexikanische Stoffe bei Anna Seghers. Vom *Ausflug der toten Mädchen* (1943/44) zum *Wirklichen Blau* (1967)". In: Schmidt, Friedhelm (Hg.): *Wildes Paradies – Rote Hölle. Das Bild Mexikos in Literatur und Film der Moderne.* Bielefeld: Aisthesis, 111-129.

Porter, Katherine Anne (1970): „St. Augustine and the Bullfight". In: *The Collected Essays and Occasional Writings of Katherine Anne Porter.* New York (NY): Delacorte Press, 91-101.

Purssell, Andrew: „Regions of the Mind: The Exoticism of Greeneland". <http:// www.dur.ac.uk/postgraduate.english/AndrewPurssellArticle.pdf> (06.02.2010).

Q

Quennell, Peter (1974): "Electrifying the Audience: Music at Night and Beyond the Mexique Bay". In: Kuehn, Robert E. (Hg.): *Aldous Huxley: A Collection of Critical Essays*. Englewood Cliffs (NJ): Prentice-Hall, 29-32.

R

Raasch, Rolf (2006): *B. Traven und Mexiko. Ein Anarchist im Land des Frühlings: Eine politisch-literarische Reise*. Berlin: Oppo-Verlag.

Rall, Dietrich (2005): „Imágenes de México en textos literarios alemanes del siglo XVIII". In: Pietschmann, Horst/Ramos Medina, Manuel/Torales Pacheco, María Cristina (Hg.): *Alemania y México: Percepciones mutuas en impresos, siglos XVI-XVIII*. México, D.F.: Cátedra Guillermo y Alejandro de Humboldt/Centro de Estudios de Historia de México Condumex/Fomento Cultural Banamex/Universidad Iberoamericana, 345-360.

Rall, Dietrich/Rall, Marlene (2003): *Mira que si nos miran. Imágenes de México en la literatura de lengua alemana del siglo XX*. México, D.F.: Universidad Nacional Autónoma de México, Centro de Enseñanza de Lenguas Extranjeras.

Ramos, Samuel (1934): *El perfil del hombre y la cultura en México*. México, D.F.: Imprenta Mundial.

Ratzel, Friedrich (1969): *Aus Mexico. Reiseskizzen aus den Jahren 1874 und 1875*. Stuttgart: F. A. Brockhaus.

Reed, John (1969): *Insurgent Mexico*. New York (NY): International Publishers.

___ (1984): *Mexiko in Aufruhr*. 7. Aufl. Berlin: Dietz.

Reyes, Alfonso (1953): *Visión de Anáhuac: 1519*. México, D.F.: Imprenta Nuevo Mundo.

Reyes, Aurelio de los (2006): *El nacimiento de ¡Que viva México!* México, D.F.: Universidad Nacional Autónoma de México, Instituto de Investigaciones Estéticas.

Riesz, János (1997): „Rassen, Rassenmischung und die Zukunft des Landes: Französische Reiseberichte über Brasilien im zweiten Drittel des 19. Jahrhunderts". In: Bernecker, Walther L./Krömer, Gertrut (Hg.): *Die Wiederentdeckung Lateinamerikas. Die Erfahrung des Subkontinents in Reiseberichten des 19. Jahrhunderts*. Frankfurt am Main: Vervuert, 123-148.

Ritter, Alexander (1998): „Nachwort". In: Kessler, Harry Graf: *Notizen über Mexico*. Frankfurt am Main/Leipzig: Insel, 159-178.

Rivera Ochoa, María Clotilde (1987): *Estudio de la revista <Freies Deutschland>, órgano de difusión del movimiento <Alemania Libre> en México, 1941 – 1946*. México, D.F.: Instituto de Investigaciones Interculturales Germano-Mexicanas.

Rodríguez, Juan (2008): „La aportación del exilio republicano español al cine mexicano". <http://clio.rediris.es/exilio/cinejuan.htm> (05.09.2010).

Rodríguez Cruz, Rafael (2007): „Un río de corriente rápida: John Reed y la insurgencia mexicana, 1913-1914". *Rebelión*, 09.05.2007. <http://www.rebelion.org/noticia.php?id=50662> (25.02.2010).

Roloff, Volker (1991): „Die mexikanischen Filme Luis Buñuels". In: Wentzlaff-Eggebert, Harald (Hg.): *Europäische Avantgarde im lateinamerikanischen Kontext*. Frankfurt am Main: Vervuert, 547-570.

Römer, Diana von/Schmidt-Welle, Friedhelm (Hg.) (2007): *Lateinamerikanische Literatur im deutschsprachigen Raum*. Frankfurt am Main: Vervuert.

Ros Galiana, Fernando (2003): „El cine antropológico de Luis Buñuel: de *Las Hurdes* a *Los olvidados*". In: Peris Llorca, Jesús/Herráez, Miguel/Veres, Luis (Hg.): *Literatura e imaginarios sociales: Latinoamérica y España*. Valencia: Universidad Cardenal Herrera/Fundación Universitaria San Pablo, 157-175.

Rosenstone, Robert A. (1975): *Romantic Revolutionary. A Biography of John Reed*. New York (NY): Alfred A. Knopf.

Rossbach, Udo/Kopplin, Monika (1987): „Exotische Welten – Europäische Phantasien. Eine Bibliographie zum Exotismus". In: *Exotische Welten – Europäische Phantasien*. Stuttgart: Cantz, 510-533.

Rothe, Friedrich (2008): *Harry Graf Kessler. Biographie*. München: Siedler.

Ruffinelli, Jorge (1978): *El otro México. (México en la obra de B. Traven, D. H. Lawrence y Malcolm Lowry)*. México, D.F.: Nueva Imagen.

Ruiz Arrazola, Víctor (2003): „*La Sandunga*, de jaleo andaluz a himno del Istmo de Tehuantepec". *La Jornada*, 31.05.2003, <http://www.jornada.unam.mx/2003/05/31/04an1cul.php?origen=cultura.php&fly=2> (11.06.2010).

S

Said, Edward W. (1991): *Orientalism. Western Conceptions of the Orient*. London: Penguin.

Salazkina, Masha (2009): *In Excess. Sergei Eisenstein's Mexico*. Chicago (IL)/London: University of Chicago Press.

Sánchez Vidal, Agustín (1999): *Luis Buñuel*. 3. Aufl. Madrid: Cátedra.

Sandoval Pérez, Margarito (1998): *Arte y folklore en Mexican Folkways*. México, D.F.: Universidad Nacional Autónoma de México, Instituto de Investigaciones Estéticas.

Sawin, Martica (1990): „El surrealismo etnográfico y la América indígena". In: Lara, Diego (Hg.): *El surrealismo entre viejo y nuevo mundo*. Madrid: Fundación Cultural Mapfre Vida/Comisión Nacional Quinto Centenario, 81-87.

Schaffer, Scott (1996): „Disney and the Imagineering of Histories". *Postmodern Culture* 6, 3. <http://muse.edu/journals/postmodern_culture/v006/6.3schaffer. html> (18.07.2010).

Schimmelpfennig, Nina (1992): „Droben wie drunten – Sternenwelten. Notizen zu Wladimir Majakowskis Mexiko-Entdeckung". In: Schmidt, Friedhelm (Hg.): *Wildes Paradies – Rote Hölle. Das Bild Mexikos in Literatur und Film der Moderne*. Bielefeld: Aisthesis, 81-90.

Schlenstedt, Dieter (1985): *Egon Erwin Kisch. Leben und Werk*. Berlin: Volk und Wissen.

Schmidt, Friedhelm (Hg.) (1992a): *Wildes Paradies – Rote Hölle. Das Bild Mexikos in Literatur und Film der Moderne*. Bielefeld: Aisthesis.

___ (1992b): „Vorwort". In: Schmidt, Friedhelm (Hg.): *Wildes Paradies – Rote Hölle. Das Bild Mexikos in Literatur und Film der Moderne*. Bielefeld: Aisthesis, 9-16.

___ (1992c): „Fern der Utopie und jenseits moderner Zivilisation. Mexiko in den Reiseberichten von D. H. Lawrence und Aldous Huxley". In: Schmidt, Friedhelm (Hg.): *Wildes Paradies – Rote Hölle. Das Bild Mexikos in Literatur und Film der Moderne*. Bielefeld: Aisthesis, 61-80.

___ (1992d): „Im Labyrinth der Fremde. Stierkampf als exemplarische Mexiko-Erfahrung". In: Schmidt, Friedhelm (Hg.): *Wildes Paradies – Rote Hölle. Das Bild Mexikos in Literatur und Film der Moderne*. Bielefeld: Aisthesis, 203-224.

___ (1995): „Literarische Reportagen aus <anderen Zeiten und Breiten>. Egon Erwin Kischs *Entdeckungen in Mexiko*". In: Hanffstengel, Renata von/Tercero Vasconcelos, Cecilia/Wehner Franco, Silke (Hg.): *Mexiko, das wohltemperierte Exil*. México, D.F.: Instituto de Investigaciones Interculturales Germano-Mexicanas/Goethe-Institut etc., 72-81.

___ (1996a): *Stimmen ferner Welten. Realismus und Heterogenität in der Prosa Juan Rulfos und Manuel Scorzas*. Bielefeld: Aisthesis.

___ (1996b): „B. Traven in Mexiko – Mexiko in B. Traven. (Ein Kommentar zu neueren Forschungsergebnissen)". *Anuario del Instituto de Investigaciones Interculturales Germano-Mexicanas* 4, 7-9 (1994-96): 57-63.

___ (1997): „Paraíso e infierno. La imagen de México en las literaturas y el cine europeo y estadunidense". *Poligrafías. Revista de Literatura Comparada* 2: 87-99.

Schmidt-Welle, Friedhelm (2006): „Transkulturalität, Heterogenität und Postkolonialismus aus der Perspektive der Lateinamerikastudien". In: Antor, Heinz (Hg.): *Inter- und transkulturelle Studien: Theorien, Konzepte, Praxis*. Heidelberg: Winter, 81-94.

_____ (2007): „Exotisierung und Selbstexotisierung: kulturelle Inszenierungen Brasiliens und Mexikos". In: Birle, Peter/Schmidt-Welle, Friedhelm (Hg.): *Wechselseitige Perzeptionen: Deutschland – Lateinamerika im 20. Jahrhundert*. Frankfurt am Main: Vervuert, 267-291.

_____ (2008): „Todo lo sólido se desvanece... en la cultura. Interculturalidad, transculturación, heterogeneidad y ciudadanía cultural". In: Potthast, Barbara/Ströbele-Gregor, Juliana/Wollrad, Dörte (Hg.): *Ciudadanía vivida, (in)seguridades e interculturalidad*. Buenos Aires: Adlaf/Friedrich-Ebert-Stiftung/Fundación Foro Nueva Sociedad, 29-43.

_____ (2010a): „Imágenes de México en la literatura, el cine y la publicidad". In: Sánchez Loyola, Sergio/Velasco Martínez, Laura (Hg.): *Memorias del coloquio en homenaje al doctor Dieter Rall*. México, D.F.: Universidad Nacional Autónoma de México, Centro de Enseñanza de Lenguas Extranjeras, 53-76.

_____ (2010b): „La Revolución mexicana en las obras de Graham Greene y Aldous Huxley". In: Díaz Pérez, Olivia/Gräfe, Florian/Schmidt-Welle, Friedhelm (Hg.): *La Revolución mexicana en la literatura y el cine*. Madrid/Frankfurt am Main/México, D.F.: Iberoamericana/Vervuert/Bonilla Artigas/DAAD/Cátedra Humboldt, 91-109.

Schneider, Luis Mario (1973): „Introducción". In: Schneider, Luis Mario (Hg.): *Dos poetas rusos en México: Balmont y Maiakovski*. México, D.F.: SepSetentas, 9-39.

_____ (1978): *México y el surrealismo (1925-1950)*. México, D.F.: Arte y Libros.

Schütz, Erhard (1980): „Moral aus der Geschichte. Zur Wahrheit des Egon Erwin Kisch". *Text und Kritik* 67: 38-47.

Schwarz, Arturo (1997): *Breton e Trotsky. Storia di un'amicizia*. 3. Aufl. Bolsena: Erre Emme.

Seton, Marie (1978): *Sergei M. Eisenstein. A Biography*. London: Dobson Books.

Shelden, Michael (1994): *Graham Greene: The Enemy Within*. New York (NY): Random House.

Siebenmann, Gustav/López de Abiada, José Manuel (1998): *Lateinamerika im deutschen Sprachraum: eine Auswahlbibliographie/América Latina en el ámbito cultural alemán: selección bibliográfica*. Tübingen: Niemeyer.

Siegel, Christian Ernst (1973): *Egon Erwin Kisch. Reportage und politischer Journalismus*. Bremen: Schünemann.

Solloch, Conrad (2005): *Performing Conquista. Kulturelle Inszenierungen Mexikos in europäischen und U.S.-amerikanischen Medien im 20. Jahrhundert*. Berlin: Erich Schmidt.

Spengler, Oswald (1970): *Der Untergang des Abendlandes. Umrisse einer Morphologie der Weltgeschichte*. 2 Bde. München: Deutscher Taschenbuchverlag.

Steele, Cynthia (1987): „The Primitivist as Anarchist. Two Novels by B. Traven in the Mexican Literary and Political Context of the 1930s". In: Schürer, Ernst/ Jenkins, Philip (Hg.): *B. Traven. Life and Work*. University Park (PA)/London: The Pennsylvania State University Press, 307-315.

T

Taminiaux, Pierre (2006): „Breton and Trotsky: the Revolutionary Memory of Surrealism". In: Conley, Katharine/Taminiaux, Pierre (eds.): *Yale French Studies* 109 [Sondernummer Surrealism and Its Others]: 52-66.

Tarver, Gina M. (1996): *Issues of Otherness and Identity in the Works of Izquierdo, Kahlo, Artaud, and Breton*. Albuquerque (NM): The University of New Mexico, Latin American Institute.

Telotte, J. P. (2008): *The Mouse Machine. Disney and Technology*. Urbana (IL)/ Chicago (IL): University of Illinois Press.

„The Internet Movie Database (IMDb)". <http://www.imdb.com/title/tt0079020/> (15.07.2010).

Thonhauser-Jursnick, Ingo (1997): *Tourismus-Diskurse. Locus amoenus und Abenteuer als Textmuster der Werbung, der Trivial- und Hochliteratur*. Frankfurt am Main etc.: Peter Lang.

Tina Modotti. Mailand: Gruppo Editoriale Fabbri, 1983.

Todorov, Tzvetan (1982): *La conquête de l'Amérique. La question de l'autre*. Paris: Éditions du Seuil.

Traven, B. (1936): *Die Rebellion der Gehenkten*. Zürich/Prag: Büchergilde Gutenberg.

___ (1984): *Land des Frühlings*. Zürich: Diogenes.

___ (1990a): *Die Baumwollpflücker*. Reinbek bei Hamburg: Rowohlt.

___ (1990b): *Meistererzählungen*. Zürich: Diogenes.

Tuck, Jim (1984): *Pancho Villa and John Reed. Two Faces of Romantic Revolution*. Tucson (AZ): University of Arizona Press.

Tuñón, Julia (2003): „El espacio del desamparo. La Ciudad de México en el cine institucional de la edad de oro y en *Los olvidados* de Buñuel". In: *Iberoamericana* 3, 11 (2003): 129-144.

V

Valle, Rafael Heliodoro (1986): „Diálogo con André Breton". *México en el Arte* 14: 119-122.

Van den Berghe, Pierre L. (1994): *The Quest for the Other. Ethnic Tourism in San Cristóbal, Mexico*. Seattle (WA)/London: University of Washington Press.

Vega Alfaro, Eduardo de la (1997): *Del muro a la pantalla. S. M. Eisenstein y el arte pictórico mexicano*. Guadalajara: Universidad de Guadalajara/Instituto Mexiquense de Cultura/Instituto Mexicano de Cinematografía.

___ (1998): *La aventura de Eisenstein en México*. México, D.F.: Cineteca Nacional.

Veitch, Douglas W. (1978): *Lawrence, Greene and Lowry: The Fictional Landscape of Mexico*. Ontario: Wilfred Laurier University Press.

Voigt, Peter (1981): *Tourismus und Mexiko: eine Untersuchung über die Auswirkungen interkultureller Kontakte in der Dritten Welt*. München: Fink.

W

Walker, Ronald G. (1984): *Paraíso infernal. México y la novela inglesa moderna*. México, D.F.: Fondo de Cultura Económica.

Walter, Monika (1999): „Traumreise zu den Tarahumara? Über eine imaginäre Begegnung zwischen Antonin Artaud und Jean-Marie Gustave Le Clézio". In: Bremer, Thomas/Heymann, Jochen (Hg.): *Sehnsuchtsorte. Festschrift zum 60. Geburtstag von Titus Heydenreich*. Tübingen: Stauffenberg, 373-389.

Warraq, Ibn (2003): „Debunking Edward Said". *butterfliesandwheels.com*, <http://www.butterfliesandwheels.com/articleprint.php?num=23> (06.02.2010).

Waugh, Evelyn (1939): *Robbery Under Law. The Mexican Object-Lesson*. London: Chapman and Hall.

Weise, Eckhard (1975): *Sergej M. Eisenstein in Selbstzeugnissen und Bilddokumenten*. Reinbek bei Hamburg: Rowohlt.

Weisser, Thomas (1992): *Spaghetti Westerns – the Good, the Bad and the Violent. A Comprehensive, Illustrated Filmography of 558 Eurowesterns and Their Personnel, 1961 – 1977*. Jefferson (NC)/London: McFarland & Company.

Weisz, Gabriel (2005): *Cuerpos y espectros*. México, D.F.: Universidad Nacional Autónoma de México, Facultad de Filosofía y Letras.

Welle, Astrid (1992): „Großer Bruder, kleine Schwester. Die Überschreitung der *frontier* nach Mexiko im US-amerikanischen Western". In: Schmidt, Friedhelm (Hg.): *Wildes Paradies – Rote Hölle. Das Bild Mexikos in Literatur und Film der Moderne*. Bielefeld: Aisthesis, 160-182.

Whitaker, Thomas R. (1961): „Lawrence's Western Path: ‚Mornings in Mexico'". *Criticism* 3, 3: 219-236.

Whitehead, Neil L. (2000): „Hans Staden and the Cultural Politics of Cannibalism". *The Hispanic American Historical Review* 80, 4: 721-751.

Woll, Allen L. (1980): *The Latin Image in American Film*. 2., durchgesehene Aufl. Los Angeles (CA): University of California.

Woodcock, George (1956): „Mexico and the English Novelist". *The Western Review* 21, 1: 21-32.

___ (1972): *Dawn and the Darkest Hour. A Study of Aldous Huxley*. London: Faber and Faber.

Wright, Will (1975): *Six Guns and Society. A Structural Study of the Western*. Berkeley (CA)/Los Angeles (CA)/London: University of California Press.

Z

Zermeño, Guillermo (2009): „La mirada de un naturalista". In: Ratzel, Friedrich: *Desde México. Apuntes de viaje de los años 1874-1875*. México, D.F.: Herder, 15-34.

Zogbaum, Heidi (1992): *B. Traven: A Vision of Mexico*. Wilmington (DE): Scholarly Resources.

Zytaruk, George J. (Hg.) (1970): *The Quest for Rananim. D. H. Lawrence's Letters to S. S. Koteliansky 1914-1930*. Montreal: McGill-Queen's University Press.

FILMOGRAFIE

Barbarous Mexico. USA, 1912. Schwarzweiß. 1500 m = 5 Rollen. Regie: H. Hood.

Broncho Billy and the Greaser. USA, 1914. Schwarzweiß. 1 Rolle. Regie: Gilbert M. Anderson.

Butch Cassidy and the Sundance Kid. USA, 1969. Farbe. 110 Min. Regie: George Roy Hill.

Death Day. USA, 1934. Schwarzweiß. 11 Min. Regie: Don Hayes.

Die sieben Samurai. Japan, 1954. Schwarzweiß. 207 Min. Regie: Akira Kurosawa.

El ángel exterminador. Mexiko, 1962. Schwarzweiß. 93 Min. Regie: Luis Buñuel.

El gran calavera. Mexiko, 1949. Schwarzweiß. 87 Min. Regie: Luis Buñuel

El Mariachi. Mexiko/USA, 1992. Farbe. 78 Min. Regie: Robert Rodríguez.

Gran Casino. Mexiko, 1946. Schwarzweiß. 92 Min. Regie: Luis Buñuel.

Guns and Greasers. USA, 1918. Schwarzweiß. 1 Rolle. Regie: Larry Semon.

Juarez [sic!]. USA, 1939. Schwarzweiß. 125 Min. Regie: William Dieterle.

La ilusión viaja en tranvía. Mexiko, 1953. Schwarzweiß. 103 Min. Regie: Luis Buñuel.

Las Hurdes – Tierra sin pan. Spanien, 1932. Schwarzweiß. 27 Min. Regie: Luis Buñuel.

L'âge d'or. Frankreich, 1930. Schwarzweiß. 60 Min. Regie: Luis Buñuel.

Los olvidados. Mexiko, 1950. Schwarzweiß. 77 Min. Regie: Luis Buñuel.

Nazarín. Mexiko, 1959. Schwarzweiß. 94 Min. Regie: Luis Buñuel.

Pedro Esquirel and Dionecio Gonzales – Mexican Duel. USA, 1894 [?]. Schwarzweiß. Ca. 30 Sek. Regie: o.A.

Que viva Mexico! UdSSR, 1979. Schwarzweiß. 90 Min. Regie: Sergei Eisenstein/ Grigori Alexandrov.

Reed: México insurgente. Mexiko, 1970 [?], Uraufführung 1973. Farbe. 105 Min. Regie: Paul Leduc.

Salt of the Earth. USA, 1954. Schwarzweiß. 94 Min. Regie: Herbert J. Biberman.

Saludos Amigos. USA, 1942. Farbe. 42 Min. Regie: Norman Ferguson.

Simón del desierto. Mexiko, 1965. Schwarzweiß. 43 Min. Regie: Luis Buñuel.

Susana – Carne y demonio. Mexiko, 1951. Schwarzweiß. 82 Min. Regie: Luis Buñuel.

The Girl and the Greaser. USA, 1913. Schwarzweiß. 1 Rolle. Regie: Allan Dwan.

The Greaser's Revenge. USA, 1914. Schwarzweiß. 1 Rolle [?]. Regie: o.A.

The Gringo in Mañanaland. USA, 1995. Schwarzweiß/Farbe. 61 Min. Regie: Dee Dee Halleck.

The Magnificent Seven. USA, 1960. Farbe. 123 Min. Regie: John Sturges.

The Three Caballeros. USA, 1945. Farbe. 69 Min. Regie: Norman Ferguson.

The Wild Bunch. USA, 1969. Farbe. 145 Min. Regie: Sam Peckinpah.

¡Three Amigos! USA, 1986. Farbe. 104 Min. Regie: John Landis.

Thunder over Mexico. USA, 1933. Schwarzweiß. 72 Min. Regie: Don Hayes/Harry Chandler.

Time in the Sun. USA, 1939. Schwarzweiß. 59 Min. Regie: Marie Seton/Paul Burnford.

Tony the Greaser. USA, 1911. Schwarzweiß. 1 Rolle. Regie: William F. Haddock.

Un chien andalou. Frankreich, 1929. Schwarzweiß. 17 Min. Regie: Luis Buñuel.

Vera Cruz. USA, 1954. Farbe. 94 Min. Regie: Robert Aldrich.

Viva Villa! USA, 1934. Schwarzweiß. 115 Min. Regie: Jack Conway.

Viva Zapata! USA, 1952. Farbe. 113 Min. Regie: Elia Kazan.

Dr. phil. Friedhelm Schmidt-Welle ist seit 2000 am Ibero-Amerikanischen Institut Preußischer Kulturbesitz in Berlin als Verantwortlicher für den Bereich Literaturwissenschaft und Kulturstudien tätig. Er lehrte zuvor lateinamerikanische, vergleichende und deutsche Literatur an der Freien Universität Berlin, der Mexikanischen Nationaluniversität (UNAM), der Universidad Autónoma de Nuevo León (Monterrey) und der Universidad de Guadalajara. Von 2008 bis 2010 hatte er den Wilhelm und Alexander von Humboldt-Sonderlehrstuhl des DAAD am El Colegio de México und der UNAM inne. Im Sommer 2010 lehrte er als William P. and Dewilda N. Harris German/Dartmouth Distinguished Visiting Professor am Dartmouth College in Hanover, USA. Seit 2009 ist er Mitglied des Herausgebergremiums der Reihe „Nexos y Diferencias" im Verlag Iberoamericana/Vervuert. Er ist Autor bzw. Herausgeber einer Reihe von Büchern zu lateinamerikanischen und europäischen Literaturen, darunter zuletzt *Hugo Brehme und die mexikanische Revolution* (mit Claudia Cabrera Luna, Mayra Mendoza Avilés, Arnold Spitta) (2009); *El Quijote en América* (mit Ingrid Simson) (2010); *La Revolución mexicana en la literatura y el cine* (mit Olivia Díaz Pérez, Florian Gräfe) (2010); *Trans/citar la urbe. Representaciones simbólicas de las metrópolis* (mit Transborde 8) (2010).